KB191032

펄럭이는 세계사

드미트로
두빌레트 지음
한지원 옮김

인간이 깃발 아래 모이는 이유

윌북

추천의 글

광장에 나부끼는 깃발에는 많은 함의가 있다. 깃발에는 꿈과 의지, 역사와 미래가 깃들어 있다. 『펄럭이는 세계사』는 깃발 중에서도 가장 상징적이고 오랫동안 펄럭이는 국기의 역사를 다룬다. 삼색기의 세계를 탐색하는 작업은 제국주의의 역사를 살피는 데로 이어지고, 십자가, 독수리, 낫, 태양을 비롯한 상징들이 여러 나라들을 어떻게 연결 짓는지 알아가는 과정은 매력적이다. 깃발로 보는 세계사 책이라고 해도 손색이 없다.

이다혜 | 《씨네21》 기자

깃발 하나에는 묵직한 서사가 담겨 있다. 한 국가의 정체성을 담은 국기 속 이야기를 따라가다 보면 혁명과 종교적 신념, 저항과 독립의 함성 소리가 어느새 귓가를 맴도는 듯하다. 국기의 색상과 문양의 배치는 단지 국가 지도자의 개인적 취향이나 미학적 관점에서 결정된 것이 아니었다. 국기의 변천사는 시대적 이상과 숱한 사회 변화와 함께 걸음을 맞춰왔다. 우리가 잘 알고 있는 영국과 영연방 국가의 유니언잭부터 태극과 용이 그려진 아시아 국기, 이슬람의 초승달 상징에 이르기까지, 이 책은 익숙한 국기뿐만 아니라 낯선 나라의 역사까지 새로운 차원에서 탐험하도록 이끌어준다. 평면적인 그림 속에서 거대한 역사적 코드를 발견한 순간, 세계사를 한층 더 입체적으로 즐기는 방법을 깨닫게 될 것이다.

쏨작가 | 『요즘 어른을 위한 최소한의 세계사』 저자

일러두기

지은이 주는 본문 내에 괄호로 표시하였고, 옮긴이 주는 ▌로 표시했습니다.

첫 독자로서 아낌없이 조언해주신 부모님,
글쓰기 실력을 키워주시고 애서가로 성장할 수 있게 해주신 할아버지,
그리고 나의 뮤즈인 아내에게.

차례

한국에서
이 책을 읽을 당신께

지금도 기억이 생생하다. 줌 회의를 하면서 무심코 메일을 확인하던 찰나 한국의 한 출판사가 이 책의 한국어판 판권을 계약했다는 소식을 접했다. 이 책의 판권이 몇몇 유럽 출판사에 팔린 후였지만, 머나먼 아시아에 있는 누군가가 관심을 보였다니 순간 멍해져 회의 내용이 귀에 들어올 리가 없었다. 회의에 애써 집중하려고 해봐도 한국에 관한 기억이 머릿속에서 줄줄이 떠오르며 흥분되는 마음을 감출 수 없었다.

나는 한국에 가본 적이 있다. 그 자체만으로도 내게는 의미가 깊다. 2002년 우크라이나 온라인 매체의 편집장으로 일하던 시절, 한국 언론사가 주최한 회의에 초청을 받아 서울을 방문했다. 대학에서는 한국전쟁을 주제로 한 리포트를 쓰기도 했고, 비록 잘되지는 못했지만 여자에게 잘 보이기 위해 한글을 배운 적도 있다.

무엇보다 나와 한국을 깊이 연결해준 것은 다름 아닌 태극기였다. 태극기는 미학적으로 아름다울 뿐만 아니라 철학과 역사가 조화롭게 어우러져 있어 볼수록 빠져들게 된다. 더구나 점령군에 맞서 저항했던 한국의 지난날은 우크라이나인인 나로서는 결코 남의 일이 아니다. 일제강점기 독립운동의 한복판에서 휘날렸던 태극기에 눈길이 갈 수밖에 없는 까닭도 바로 그 때문이다.

최근 한국에서 비상계엄 선포의 여파로 대통령 탄핵 촉구 집회가 열렸다는 뉴스를 보다가 나도 모르게 웃음이 터졌다. 분노한 젊은이들이 태극기가 아니라 인터넷 밈과 가상 단체의 상징이 담긴 기발한 깃발을 들고 시위에 나섰기 때문이다. '만두 노총', '화난 고양이 집사 연맹', '일정이 밀린 사람 연합'(집회 나오느라 약속을 다 취소했다는 뜻)처럼 이색적인 깃발들이 인파 속에서 저마다 유쾌하게 개성을 드러내고 있었다.

한국의 집회는 목숨을 걸고 일장기 위로 태극기를 덧칠한 스님부터 인터넷 밈이 그려진 깃발과 케이팝 댄스로 무장한 풍경에 이르기까지, 지난 세기 동안 한국 사회가 얼마나 크게 변화하고 발전해왔는지 선명히 보여준다.

마침내 이 책이 여러분의 손에 닿게 되어 더없이 기쁘다. 나로서는 더욱 각별한 한국이라는 나라에서 이 책이 어떻게 읽힐지 무척 기대된다. 이제부터 우리는 세계 곳곳의 깃발에 얽힌 비밀을 하나씩 풀어가볼 것이다. 그 가운데 의외로 서로 닮아 있는 인간의 얼굴을 발견하게 될지도 모른다. 부디 여러분께도 의미 있는 여정이 되기를 바란다.

들어가며
깃발로 보는 세계는 처음이라

1994년 FIFA 월드컵이 한창이던 여름, 나는 크림반도에서 조부모님과 휴가를 보내며 아유다크산의 작은 호텔 방에서 매일 밤 텔레비전으로 생중계되는 축구 경기를 시청했다.

그 이후로는 참 많은 것이 변했다. 축구에 대한 열정은 이제 시들해졌고, 러시아의 점령으로 더 이상 크림반도로 가족여행을 다녀올 수 없게 되었으니 말이다. 하지만 월드컵을 보며 싹튼 깃발에 대한 흥미만큼은 굳건히 남았다.

텔레비전 화면 한구석에 자리한 스코어 옆의 알록달록한 사각형이 어째서 나에게 그런 따뜻한 느낌을 불러일으켰는지 설명할 길이 없다. 당시에는 그 깃발 뒤에 숨은 또 다른 세계에 대해 전혀 알지 못했다. 세상엔 깃발을 따로 연구하는 학문이 있고 그걸 기학旗學, vexillology이라 부른다는 것조차.

하지만 그때도 무언가 심상치 않다는 건 직감했다. 미국과 스위스의 첫 경기를 보면서는 스위스 국기가 다른 나라처럼 직사각형이 아니라 정사각형이라는 걸 알아차렸다. 또 다른 정사각형 국기를 가진 나라로는 바티칸 시국이 있는데, 당시 이 대회에 참가하지 않았다. 이탈리아와 아일랜드가 만난 그다음 경기에서는 이 두 나라의 국기가 몹시 유사하다는 점에 놀랐다. 각기 다른 무늬와 색이 의미하는 바를 모르는 채로도 그 안에 어떤 질서나 이야기가 숨어 있다는 막연한 인상을 느꼈다. 마치 읽을 수 없는 언어로 쓰인 책을 펼쳐 본 듯한 감각이었다.

나이가 들수록 좋아하던 것들도 하나둘 멀어지기 마련이라지만, 나는 오히려 반대였다. 깃발에 대한 관심의 불씨는 사그라들지 않고 커져만 갔다. 우연히 발견한 여러 국기에 관한 흥미로운 사실을 기록하기 시작했다. 가끔 SNS에도 그런 이야기를 올렸다. 반응이 좋아서 40만 명이 '좋아요'를 눌러 준 적도 있다. 텔레그램에도 '드미트로 두빌레트와 함께하는 깃발 이야기'라는 이름으로 별도의 페이지를 만들어 깃발에 대한 진심을 더 많은 사람들과 나누었다.

몇 년 전부터 깃발을 주제로 한 책을 쓰고 싶다는 생각은 줄곧 했다. 깃발을 다룬 책은 대부분 참고서나 아동용 책밖에 없어서 놀랐다. 그렇다면 내가 제대로 써보자고 수차례 마음먹었지만, 사느라 바빠서 이 프로젝트는 계속 미룰 수밖에 없었다.

그동안 무슨 일을 하고 살았느냐면 한때 기자로 활동하며 글을 썼고, 최근에는 우크라이나 내각에서 장관을 역임하기도 했다. 그 밖에도 여러 사업을 벌이며 숨 가쁘게 달려왔다. 그러다 마침내 최적의 시기가 왔다. 내가 몸담고 있던 내각이 총사퇴했고, 그러고 나서는 전 세계적으로 코로나 봉쇄가 닥친 것이다.

여러분은 지금 내가 2년 동안 온 힘을 다해 작업한 결과물을 손에 쥐고 있다. 이 책은 깃발을 다루지만, 더 정확히 말하자면 국기를 통해 주변의 모든 나라에 관심을 기울여보라고 권하는 초대장에 가깝다. 한 나라의 국기가 왜, 그리고 어떻게 특정 형태를 띠게 되었는지 배우다 보면 그 나라의 역사, 지리, 문화에 얽힌 흥미로운 사실들을 알게 될 것이다.

이를테면 콩고 민주 공화국 국기를 장식한 별은 아서 코난 도일 경이 1909년 『콩고의 범죄The Crime of the Congo』에서 인류 역사상 최악의 범죄라고 비판한 벨기에 정부의 인권침해 문제를 떠올리게 한다. 멕시코 국기에 등장하는 독수리는 아즈텍 부족이 라이벌 부족의 딸을 신에게 제물로 바친 사건을 상기시킨다. 투발루 국기를 수놓은 별들은 국명과 국기 사이의 묘한 모순을 담고 있다.

깃발은 필요할 때 언제든 머릿속에서 꺼내 쓸 수 있는 유용한 지식을 담고 있다. 기억에 접근하는 가장 빠른 경로는 시각 이미지를 통해서라는 건 누구나 동의할 것이다. 이 책을 읽고 나면 이제 여러분도 인도 국기를 보고 간디의 이루지 못한 신조를 바로 떠올리게 될 것이다.

앞으로 이 책에서 우리는 많은 나라의 국기를 알아볼 것이다. 어떤 국기는 좀 더 세세히, 다른 국기는 상대적으로 간략히 다루었는데 전적으로 깃발에 대한 독자 여러분의 흥미를 돋우고 싶다는 나의 목표를 기준으로 삼아 결정했다.

어떤 이유로든 시간을 내어 이 책을 펼쳐 들게 되었다면, 놀랍도록 멋진 깃발의 세계에 온 걸 환영한다. 자, 편히 앉아 키리바시 국기 위에 떠오르는 태양만큼이나 아름다운 풍경을 즐겨보자.

01

세계 곳곳의
삼색기

18세기가 끝나가던 1789년과 1799년 사이, 프랑스는 대격변의 물결에 휩쓸렸다. 절대군주제는 사라졌고 여러 나라가 혁명전쟁에 시달렸다. 이 장은 유럽을 완전히 뒤집어놓고 지도를 근본적으로 다시 그린 '프랑스혁명'에 관한 이야기다.

깃발 애호가들 사이에서 프랑스혁명은 특히 중요한 위치에 있다. 그 유명한 프랑스 삼색기를 탄생시켰기 때문이다. 삼색기는 전 세계 혁명가의 이성과 감정을 송두리째 흔들고 다수의 주권국 국기에 실로 엄청난 영향을 미쳤다. 이에 비할 만한 영향력을 자랑하는 국기는 영국의 유니언잭이 유일한데, 영국 국기가 식민지 확장을 통해 위상을 다졌다면 프랑스 국기는 삼색기가 상징하는 자유, 평등, 박애라는 원칙을 통해 영향력을 행사했다.

삼색기의 기원은 1789년 바스티유 감옥 습격 사건과 관련이 깊다. 파리 시민은 프랑스 왕정을 상징하는 바스티유 감옥을 습격하였고, 이 사건이 프랑스혁명의 시작을 알렸다. 당시 혁명군은 파

세계 곳곳의
삼색기

리의 상징색인 파랑과 빨강으로 된 모표帽標를 모자에 달고 다녔다. 그해 혁명군의 압박에 못 이겨 소집된 국민 제헌의회는 단순화된 도안의 국기를 채택했다. 프랑스가 과거와의 단절을 꾀한다는 걸 전 세계에 알리는 도안이었다.

부르봉 왕가를 상징하는 중앙의 흰색이 파리의 상징색인 파란색과 인민을 상징하는 빨간색에 둘러싸인 모습이었다. 헌법에 의해 권리를 보장받은 국민이 군주를 통제한다는 뜻이 담겨 있었다.

처음 몇 년간은 삼색기의 줄무늬 순서가 왼쪽에서 오른쪽으로 빨강, 하양, 파랑 순이었다. 그러다 프랑스대혁명으로 탄생한 제1공화국은 1794년에 삼색기를 공식적으로 프랑스 국기로 채택하였는데, 이때 순서가 반대로 되며 현재와 같은 모습이 되었다. 파리 시기市旗의 색 배열을 반영했거나, 아니면 단순히 미적 취향의 문제였을 수 있다.

프랑스혁명은 인권에 대한 높은 이상에서 시작했지만 이내 공포정치로 바뀌고 말았다. 파리의 단두대는 거의 하루도 쉴 날이 없었고 '공공의 적'을 바지선에 태워 센강으로 데려가 대포를 쏘기도 했다. 1795년부터 프랑스를 통치한 집정부는 공포정치의 종식을 목표로 삼았지만 1799년 나폴레옹이 일으킨 쿠데타에 의해 전복되고 말았다. 나폴레옹은 집권 후 국기를 손보기도 했다. 원래는 줄무늬 폭의 비율이 30(파랑), 33(하양) 37(빨강)로 조금씩 달랐지만, 모두 같은 폭으로 조정한 것이다.

나폴레옹은 프랑스 제국의 탄생을 공표하고 자신을 황제로

백합 문양은 프랑스혁명이 일어나기 전 프랑스 군주제의 상징이었다.

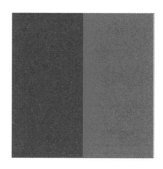

파리 시기

프랑스(1790~1794년)

프랑스(1848년 이후)

선포했다. 그는 원래 군주제에 강력히 반대했으나, 유혹을 뿌리치기란 이리도 어려운 법이다. 나폴레옹은 교황을 대관식에 불러 자신의 머리에 왕관을 씌우게 했는데, 그 찰나에 왕관을 낚아채 제 스스로 왕관을 썼다. 마치 "나를 황제로 만든 사람은 나 자신이다!"라고 말하려는 듯이.

흥미롭게도 나폴레옹은 세계 문장학에도 공헌을 하였는데, 고대 로마에서 널리 사용되던 독수리를 왕실 문장으로 선택했다.

대관식이 치러지는 동안에는 독수리 모양으로 만든 황금 왕좌에 앉기도 했다. 나폴레옹의 독수리는 프랑스 국기에 안착하지는 못했지만 다른 나라들의 문장에서 곧 다시 만나게 될 것이다.

나폴레옹이 타도된 이후 부르봉 왕가가 복원되면서 프랑스 국기는 혁명군의 삼색기에서 왕실의 백합기로 돌아갔다. 백합은 성경에서 중요한 의미를 지니고 있다. 도상학적으로 성모마리아는 순결을 상징하는 흰 백합을 든 모습으로 종종 묘사되기도 해서 이러한 상징성을 이유로 유럽 문장에서 자주 등장한다.

'플뢰르 드 리스'라고 하는 프랑스의 백합 문양(백합이 아닌 노란 붓꽃을 양식화한 걸 수도 있다)은 루이 7세가 왕위에 오른 이래로 프랑스 왕정의 상징이었다. 백합이 왕실 문장으로 쓰이게 된 배경에 대해서는 다양한 전설이 전해지는데, 대부분 클로비스 1세가 프랑크 왕국의 초대 왕으로 재위하던 5세기 무렵으로 거슬러 올라간다. 여러 이야기로 변주되지만 대체로 클로비스가 중요한 전투가 있던 전날 천사에게 백합을 선물로 받고 승리했다는 식이다.

1337년 영국의 왕 에드워드 3세가 프랑스 왕위에 대한 권리를 주장하면서 두 나라 간에 백년전쟁이 시작되었다. 3년 뒤인 1340년, 에드워드는 영국 왕실 문장에 프랑스의 백합 문양을 포함시켰다. 이것은 단순히 저작권 침해를 넘어서서 영국이 프랑스 영토에 대한 권리를 소유하고 있음을 명백히 드러내는 행위였다. 잔 다르크의 활약으로 프랑스는 전쟁에서 승리하였고 프랑스 왕실의 백합 문양도 함께 살아남을 수 있었다. 그런데도 영국은 500년 가까이 백합 문양을 왕실 문장에서 빼지 않았고, 조지 3세가 프랑스 왕위에 대한 권리를 공식적으로 포기한 1801년에 이르러서야 마침내 제거했다.

1515년 교황 레오 10세는 프랑스의 왕 프랑수아 1세에게 선물을 하겠다며 레오나르도 다빈치에게 대형 기계식 사자를 만들어달라고 의뢰했다. 걸어 다니는 이 나무 사자는 가슴이 열리면 백합을 가득 쏟아냈다고 한다. 꽃은 프랑스의 힘을 상징했고, 사자는 교황 레오 자신을 상징했다(레오나르도 다빈치의 '레오'는 보너스라고 할 수 있다).

이제 다시 나폴레옹 이후의 프랑스로 돌아가보자. 왕정은 오래가지 못했고 곧바로 프랑스 국기는 혁명군을 대표하는 삼색기로 돌아왔다.

그러다 1871년 사회주의 자치 정부인 파리코뮌이 72일간 권력을 장악하면서 프랑스의 삼색기는 다시 한번 공식적인 지위를 상실했다. 이 기간에 프랑스 국기는 아무 무늬 없는 빨간색 깃발이었다. 그 이후로 빨간색은 공산주의를 상징하게 되었으니 프랑스 국기가 소련과 중국 국기를 앞서간 셈이다.

프랑스 국기와 관련한 또 다른 돌발 사건은 1873년에 일어났다. 이 이야기는 기학의 세계에서 상당히 이례적인데, 대부분의 경우 국기는 역사적 사건의 결과일 뿐이지 원인이 되지는 않기 때문이다. 그해 프랑스는 나폴레옹 3세와 파리코뮌을 타도하고 왕정에 다시 한번 기회를 주기로 했다. 의회는 부르봉 왕가의 후손인 샹보르 백작 앙리에게 왕위를 제안했는데, 앙리는 프랑스혁명을 상징하는 삼색기를 거부하며 다시 백합기를 국기로 지정해달라고 요

프랑스 백합기
(1589~1972년,
1815~1848년)

삼색, 왕관, 백합 문
양이 모두 들어간 절
충안. 어쩌면 샹보르
백작 본인이 디자인
한 것일 수도 있다.

1871년 72일간 파리
코뮌 당시 프랑스의
국기였던 깃발

구했다.

의회는 삼색기 정중앙의 흰 줄무늬 속에 백합 문양을 넣어 혁명과 절대군주제의 상징을 모두 포함시키거나, 삼색기를 국기로 그대로 두는 대신 백합기를 왕기로 사용하라는 절충안을 제안했다. 하지만 샹보르 백작에게 그것은 있을 수 없는 일이었다. 결국 샹보르 백작은 왕좌를 거절했고 왕정 복구 계획은 무산되었으며 프랑스는 공화국으로 남게 되었다.

파리에 가면 어두운 색조와 밝은 색조로 된 두 종류의 프랑스 국기가 거리에 걸려 있는 광경을 볼 수 있다. 1976년에는 원래 것보다 밝은 색조가 사용된 삼색기가 도입되었는데, 밝은 색상이 텔레비전 화면발을 좀 더 잘 받았기 때문이다. 이후 프랑스 정부는 밝은 색조의 국기를 주로 사용해왔다. 그러다 2021년에 들어서면서 마크롱 대통령이 느닷없이 원래대로 어두운 색조의 국기를 사용하기 시작했다. 초심으로 돌아가 프랑스혁명의 이상을 기억하자는 상징적인 제스처였을 수도 있고, 아니면 이제는 미디어가 색을 한결 섬세하게 표현할 수 있게 되었다고 판단한 것인지도 모르겠다.

프랑스 방송계는 깃발을 다루는 데 있어 정말이지 창의적이다. 대통령이 대국민 연설을 할 때 흰 줄무늬 폭이 매우 좁은 이상한 버전의 프랑스 국기가 배경에 보일 때가 간혹 있다. 이 경우 표준 국기를 사용하면 대통령을 클로즈업할 때 흰 줄무늬밖에 보이지 않지만, 흰 줄무늬의 폭을 좁게 하면 세 가지 색을 한 화면에 잡을 수 있기 때문이다.

밝은 색조와 어두운 색조 국기의 색상 차이 　　　 흰 줄무늬의 폭이 더 좁은 프랑스 국기

　　프랑스혁명의 이상을 구현한 삼색기는 카리브해에서 아프리카에 이르기까지 전 세계의 깃발에 두루 영향을 미치기 시작했다. 이탈리아의 삼색기는 18세기 후반 나폴레옹이 이탈리아반도에 치살피나 공화국이라는 위성국을 수립하면서 처음 등장했다. 새 국기를 만드는 데 크게 힘을 쏟지 않았던 나폴레옹은 단순히 프랑스 국기에서 파란색 줄무늬를 초록색으로 대치했다. 초록은 과거 이탈리아 북부 롬바르디아 지방에 있었던 밀라노 공국의 문장에 사용된 색이기도 했다.

　　1802년 치살피나 공화국은 국명을 이탈리아 공화국으로 변경했다. 이 신생국가는 빨간색, 흰색, 초록색 정사각형을 서로 겹친 매우 특이한 형태의 국기를 채택했다. 그로부터 2년 후 나폴레옹이 스스로를 황제로 선포하며 이탈리아 공화국의 국기에 자신을 상징하는 독수리를 추가하였고, 정사각형 모양은 그렇게 폐기되었다.

　　한편 20세기에 정권을 잡은 무솔리니도 국기에 똑같은 독수리를 넣었는데, 나폴레옹의 승리에 기대는 것처럼 보일 걱정은 하지 않았던 게 분명하다. 훗날 나폴레옹의 독수리는 나중에 보게 될 아프리카 '제국'의 깃발에도 진출하게 된다.

이탈리아인은 몇 년간 나폴레옹의 통치를 받으면서 프랑스혁명의 핵심 사상을 받아들이게 되었고 단일국가로서의 소속감을 느끼게 되었다. 그리하여 리소르지멘토(오스트리아 제국에 맞서 이탈리아반도의 여러 국가를 점진적으로 통합해 단일국가를 수립하려고 한 운동)가 시작되었다. 이탈리아 혁명가가 나폴레옹 시대의 초록, 하양, 빨강 삼색기를 공식 깃발로 정한 것은 지극히 이해할 만한 선택이다.

더욱 흥미로운 사실은 나폴레옹이 이탈리아의 리소르지멘토에 영감을 주었다면, 1852년에서 1870년까지 프랑스를 통치한 그의 조카 나폴레옹 3세는 이탈리아의 통일에 실질적으로 도움을 주었다는 것이다. 처음에 나폴레옹 3세는 오스트리아와 동맹을 맺었는데, 1858년 이탈리아의 한 테러리스트가 그를 암살하려다 미수에 그친 사건이 일어났다. 테러리스트는 나폴레옹이 탄 마차 아래로 폭탄을 던졌지만 장갑 마차였던 탓에 실패로 돌아갔고, 결국 체포되어 사형을 선고받았다. 그리고 처형되기 전 나폴레옹 3세에게 오스트리아에 맞서 싸우는 이탈리아를 지원해달라고 간청하는 편지를 썼다. 놀랍게도 이 편지는 소기의 효과를 거두었고, 프랑스군은 이탈리아군과 손을 잡고 오스트리아에 대항했다. 어쩌면 이 사건은 테러리스트가 암살에 실패한 적의 마음을 움직인 유일한 역사적 사례인지도 모르겠다.

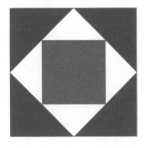

이탈리아 공화국(1802~1805년)　　　　**이탈리아 왕국(1805~1814년)**

무솔리니의 이탈리아 사회 공화국　　**이탈리아의 삼색기(1946년 이후)**
(1944~1945년)

　　이탈리아 국기의 세 가지 색이 무엇을 의미하는지에 대해서는 공식적인 해석이 존재하지 않지만, 한 가지 설은 각각 믿음, 소망, 사랑을 뜻한다는 것이다. 그보다 더 보편적인 설에 따르면 초록은 지중해의 초목을, 하양은 눈 덮인 알프스를, 빨강은 이탈리아 통일 투쟁을 상징한다고도 한다. 음식 덕분에 이탈리아 국기가 세계에서 가장 쉽게 알아볼 수 있는 깃발 중 하나가 된 만큼 초록, 하양, 빨강을 각각 바질, 모차렐라, 토마토로 볼 수도 있겠다. 아니

헝가리(1957년 이후)

루마니아(1848년 이후)

1831년 이후 벨기에 국기는 거의 정사각형에 가까운 형태다.

면 그냥 각자가 자기 마음에 드는 설명을 아무거나 선택해도 무방하다.

헝가리 국기에 얽힌 뒷이야기도 놀랍도록 비슷하다. 1848년 유럽 전역을 휩쓴 혁명의 물결은 '국민국가들의 봄the Spring of Nations'이라 흔히 알려져 있다. 이탈리아처럼 헝가리도 프랑스혁명에 영감을 받고 오스트리아 제국에 맞서 궐기했다. 초록, 하양, 빨강이 세로 줄무늬를 이룬 삼색기를 국기로 채택하려 했으나 이탈리아가 이미 수십 년 전에 선수를 쳤다는 걸 뒤늦게 알아차리고 대신 같은 색의 가로 줄무늬를 선택했다.

국민국가들의 봄은 지금의 루마니아 지역에서 활동하던 혁명가들에게도 영감을 주어 오스만 제국과 러시아 제국에 대한 항거를 촉발하기도 했다. 당시 파랑, 노랑, 빨강의 삼색기를 사용하기 시작했는데 아마 프랑스 삼색기에 영향을 받았을 것이다. 그리고 이것이 현대 루마니아의 국기가 되었다.

그보다 몇 년 전인 1830년, 벨기에는 브뤼셀 오페라극장에서 열린 공연을 시작으로 반란이 일어났다. 그렇다, 펍이 아닌 오페라극장에서 말이다. 열정적으로 자유와 독립을 외치는 〈포르티치의 침묵〉을 보고 감명을 받은 관객들은 거리로 뛰쳐나가 폭동을 일으키고 곳곳의 상점을 약탈했다. 반란은 외곽 지역으로까지 번져 벨기에가 네덜란드로부터 독립한 1년 후에야 막을 내렸다. 벨기에 혁명가들은 프랑스인에게 영감을 받아 검은색, 노란색, 빨간색으로 된 모표를 모자에 달고 다녔는데, 벨기에의 독립이 선포되자 반세기 전 프랑스가 제공한 디자인에 맞춰 이 민족 혁명의 색을 국기에 사용했다.

지금까지는 그리 복잡할 게 없다. 가장 중요한 점은 프랑스 국기의 정신이 유럽 대륙 너머로도 뻗어나갔다는 사실이다. 나폴레옹이 유럽을 순회하는 동안 프랑스혁명의 이상이 지구 반대편에 있는 아이티(당시에는 생 도맹그라는 이름의 프랑스 식민지였다)에까지 둥지를 튼 것이다.

아이티는 프랑스 식민지 중에서 가장 번창했던 곳으로, 프랑

아이티 공화국(1986년 이후, 1859~1964년)

프랑스 삼색기의 전신이 된 파리 시기

아이티 공화국의 첫 국기(1806~1811년)는
파리 시기와 거의 똑같다.

리히텐슈타인

스는 이곳을 '앤틸리스제도의 진주'라고 불렀다. 19세기 말 유럽
에서 소비하는 설탕과 커피의 절반 가까이가 이 섬에서 생산되었
을 정도다. 유럽인은 설탕을 '달콤한 소금'이라 부르며 향유했지
만, 아이티의 현지 주민은 대부분 아프리카 노예로 부려졌다. 연이
은 유혈 충돌과 황열병의 확산으로 섬에 주둔하던 프랑스군이 격
감하자, 1804년 1월 1일 아이티는 노예 출신들이 세운 세계 최초
의 공화국이 되었고 이웃한 라틴아메리카 국가에 성공적인 봉기
의 본보기를 제시해주었다.

새로 수립된 나라가 국기를 정한 방식은 상당히 단순했다. 혁

세계 곳곳의
삼색기

명군 수장인 장 자크 데살린이 프랑스 삼색기의 가운데 흰색 부분 (아마도 백인 식민지 개척자가 연상되었을 것이다)을 손으로 찢어낸 후 대녀에게 나머지 두 줄을 꿰매달라고 부탁했다는 것이다. 이렇게 탄생한 아이티 독립국의 첫 국기는 파란색과 빨간색으로 된 2개의 세로 줄무늬를 가지게 되었는데, 이것은 파리 시기와 완전히 일치한다. 이 연결 고리는 실로 놀라웠다. 파리 시기는 흰 줄무늬를 추가해 프랑스 국기가 되었고, 지구 반대편 식민지에서는 이 흰 줄무늬를 제거해 파리 시기와 꼭 닮은 아이티 국기를 만들었으니 말이다.

아이티 국기와 관련한 또 다른 흥미로운 사건은 아이티가 독립하고 한 세기가 지난 뒤 발생했다. 1936년 하계 올림픽이 열리기 직전, 리히텐슈타인 대표단이 자국 국기가 아이티의 국기와 완전히 똑같다는 사실을 알아차린 것이다. 그래서 리히텐슈타인은 혼란을 피하기 위해 국기에 황금색 왕관을 공식적으로 추가했다. 결론적으로 프랑스 국기는 먼 나라 아이티의 국기를 경유해 이웃나라 리히텐슈타인의 국기에도 영향을 미친 셈이다.

1964년 아이티 국기는 일명 파파 독▪이라 불린 독재자 프랑수아 뒤발리에가 두 가지 사안에 대해 국민투표를 실시하면서 또 한 번 변화를 겪었다. 프랑수아 뒤발리에는 자신을 종신 대통령으로 임명해줄 것을 요청하는 한편, 국기 색을 파랑과 빨강에서 아

▪ Papa Doctor의 준말로, 뒤발리에는 전염병 퇴치에 힘쓰며 친근한 의사 이미지였지만 대통령이 된 후 잔혹한 독재자와 공포정치의 상징이 되었다.

프리카를 상징하는 검정과 빨강으로 변경하자고 했다. 국민투표는 철저히 공개투표로 진행되었기 때문에 질문에 선택할 수 있는 답은 '찬성' 하나밖에 없었다. 프랑수아 뒤발리에는 1971년 사망하며 아들인 장 클로드 뒤발리에에게 대통령직을 물려주었지만, 1986년 아들 장 클로드 뒤발리에가 쫓겨나며 아이티 국기의 검은 띠도 파란 띠에게 다시 자리를 내주게 되었다.

프랑스 국기가 영향력을 행사한 서반구 나라가 또 하나 있었으니, 아이티보다는 조금 더 남쪽에 위치한 칠레다. 1817년 스페인으로부터 독립하기 위해 투쟁하던 칠레는 프랑스에 영감을 받아 파랑, 하양, 빨강이 가로 줄무늬를 이룬 국기를 채택했다. 참고로 당시 유고슬라비아 왕국의 국기와 모양이 똑같았다. 그리하여 네덜란드, 러시아, 파라과이 국기에 더해 파랑, 하양, 빨강으로 이루어진 줄무늬 국기가 하나 더 세상에 등장하게 되었다.

얼마 지나지 않아 칠레는 좀 더 독창적인 디자인을 도입했다. 어쩌면 처음엔 너무 독창적이었는지도 모르겠다. 캔턴canton이라 불리는 좌측 상단 귀퉁이의 직사각형 부분에 흰 별을 추가하고 그 안에 원주민인 마푸체 부족을 상징하는 또 다른 별을 삽입한 것이다. 국기의 파란색과 흰색 줄무늬는 황금비(이웃한 두 변의 길이가 시각적으로 가장 보기 좋은 비율)를 따랐고, 가운데에는 칠레의 국장이 배치되었다. 하지만 결국 이 깃발은 현재의 형태로 단순화되었다.

한편 칠레 국기는 다른 두 공화국에 영감을 주기도 했다. 바로 텍사스(1836년에서 1845년까지 독립국이었다)와 쿠바다. 또한 쿠바는 가까이 있는 푸에르토리코는 물론이고 멀리 떨어진 필리핀에도

칠레의 첫 국기는 일
명 전환기 국기라고
불렸다. 1817년에 채
택되어 5개월간 사용
되었다.

독자적으로 새로 디
자인한 국기. 어쩌면
너무 복잡해 보였는
지도 모르겠다.

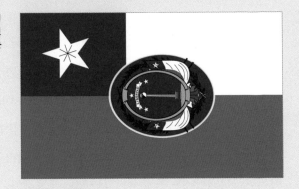

오늘날의 칠레 국기
(1817년 이후)

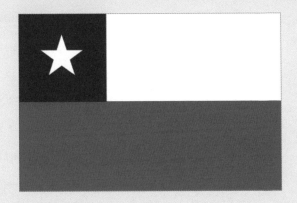

국기의 틀을 제공했다.

신대륙에서 아프리카로 넘어가면 이 거대한 땅덩어리에서도 프랑스 국기가 남긴 흔적을 발견할 수 있다. 이제는 독립국이 되었지만 과거 프랑스 식민지였던 중앙아프리카 공화국의 매우 독특한 국기도 프랑스의 영향을 받은 것이다. 네 가지 색상으로 구성된 중앙아프리카 공화국의 가로 줄무늬 중 위쪽 두 줄은 프랑스 국기에서 가져온 것이고 아래쪽 두 줄은 에티오피아 국기에서 가져온 것이다. 빨간색 세로 줄무늬는 가로 줄무늬들과 교차하고 있는데, 이는 독립을 위해 흘린 피를 의미한다. 빨간색은 국기에 가장 자주 사용되는 색이며 대부분 피를 상징한다.

1966년에서 1979년까지 중앙아프리카 공화국의 대통령으로 재임한 사람은 장 베델 보카사였다. 그렇다, 다른 여러 죄목에 더해 식인 혐의를 받은 그 사람 맞다. 일설에 의하면 보카사는 내각 인사들에게 전직 장관의 인육을 대접했다고 한다(나는 내각에서 일한 적이 있어서 이 상황을 보다 실감 나게 상상할 수 있을 것 같다). 보카사는 1976년 리비아의 독재자 무아마르 카다피의 영향을 받아 이슬람교로 개종하였다. 또한 중앙아프리카 공화국을 중앙아프리카 제국으로 바꾸고 스스로를 황제로 선포하며 보카사 1세를 자처했다. 이때 이슬람 국가의 국기에 종종 등장하는 초승달과 별이 그려진 국기를 채택하기로 결심했다.

보카사는 자신의 우상이었던 나폴레옹을 모델로 삼았다. 1977년 나폴레옹의 대관식을 그대로 재현한 호화로운 대관식을 거행하기도 했다. 이 행사를 치르느라 안 그래도 가난한 나라의 재

중앙아프리카 공화국(1958년 이후)

보카사가 이슬람으로 개종한 후 제안한 국기

산을 심각하게 고갈시켰으니 호화롭다는 말로도 부족하다. 도금한 청동으로 날개를 펴고 앉은 독수리 모양의 거대한 왕좌를 만들기까지 했다. 그리고 나폴레옹의 깃발에서 착안했을 독수리는 중앙아프리카 제국 황실 깃발의 정중앙에 위치했다.

　보카사는 나폴레옹과 그가 사랑했던 조제핀에게서 힌트를 얻어 열아홉 명에 달하는 아내 중 '넘버 원'인 카트린 뎅기아데를 황후로 즉위시켰다. 나중에 보카사가 수감 생활을 할 때 그의 넘버 원 아내가 프랑스 대통령 발레리 지스카르 데스탱과 불륜을 저질렀다는 소문이 돌기도 했다.

　보카사는 대규모 시위 끝에 1979년 축출되었다. 이 시위를 처음 시작한 것은 교복 제한 정책에 항의한 학생들이었다. 황제가 학생들에게 자기 아내가 소유한 회사에서 생산한 교복을 구매하도록 강제하는 칙령을 내렸기 때문이었다. 정권의 무자비한 시위 진압으로 100여 명의 아이들이 목숨을 잃었고, 일설에 의하면 보카사가 직접 자신의 차로 시위 학생을 치어 죽였다고도 전해진다. 지정학적 이유로 보카사 정권을 비호했던 프랑스마저 인내심을 잃은 나머지 낙하산부대를 동원해 무혈 쿠데타를 지원했다. 그리하여 이전 대통령인 다비드 다코가 다시 정권을 잡으며 중앙아프리카 공화국을 복원했고 이전의 독특한 국기를 되살리게 되었다.

차드는 프랑스 국기에서 파생한 국기를 가진 또 다른 아프리카 국가다. 프랑스의 통치를 받던 차드가 1959년 독립을 준비하면서 최대한 단순한 디자인의 국기를 원해서 범아프리카색인 초록, 노랑, 빨강이 세로 줄무늬를 이룬 도안을 선택했다. 하지만 몇 달 전 말리가 이 색 조합을 선점했기 때문에 차드 국기의 초록색은 파란색 줄무늬로 대체되었다.

하지만 그럼에도 차드는 또 다른 나라와 같은 디자인의 국기를 공유하게 되었다. 1989년 루마니아가 사회주의를 폐기하면서 국기에서 사회주의 문장을 빼는 바람에 결과적으로 차드의 국기와 거의 비슷한 국기를 가지게 된 것이다. 차드 국기의 파랑이 명도가 상대적으로 어둡다는 차이 외에는 똑같다. 이 문제를 해결하

차드(1959년 이후)

말리(1961년 이후)

루마니아

기 위해 유엔에서 공식 청문회를 여는 방안을 고려하고 있다는 언론 보도도 나왔는데, 결국 두 나라는 체념하고 이 모든 것을 운명으로 받아들였다.

1960년으로 돌아가 차드의 독립 이후를 설명하자면 초대 대통령으로 취임한 프랑수아 톰발바예는 독재자였다. 10대 시절 그는 부족의 다소 잔인한 전통 의식을 치러야 했는데, 그로 인해 얼굴에 흉터를 지니게 되었다. 어느 날 톰발바예는 내각의 모든 각료와 전국 수천 명의 공무원에게 채찍질이나 생매장을 비롯하여 끔찍한 의식을 의무화하는 법령을 발포했다. 차드 국민은 참을 만큼 참았고, 결국 1975년 군사 쿠데타가 일어나 톰발바예는 총살되고 말았다.

프랑스 국기의 흔적이 곳곳에서 보이지만 프랑스 국기를 그자체로 사용하고 있는 주권국가는 단 한 곳도 없다. 프랑스 삼색기가 남아 있을 뻔했던 유일한 국기는 아프리카의 가봉 국기다. 1958년 프랑스로부터 자치권을 얻어낸 후 가봉은 새 국기의 캔턴

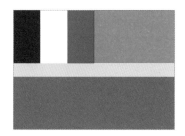

가봉(1960년 이후)　　　　　　가봉(1958~1960년)

에 프랑스 국기를 넣었다. 이 국기에서 눈에 띄는 또 다른 특징은 기 중앙을 가로지르는 가느다란 노란색 가로줄인데, 이것은 가봉 영토를 관통하는 적도를 상징한다.

　하지만 2년 후 가봉은 완전한 독립국이 되면서 국기에 두 가지 변화를 주었다. 프랑스 국기를 완전히 제거했고, 가운데 노란색 줄의 폭을 파란색과 초록색 줄의 폭과 동일하게 조정한 것이다.

　이렇게 프랑스 국기는 전 세계의 수십 개 국기에서 그 흔적을 어렴풋하게 엿볼 수 있지만, 프랑스 삼색기가 온전하게 들어가 있는 다른 국기는 없다. 한 나라의 국기가 완전한 형태로 다른 국기에도 등장하는 일로는 프랑스가 영국을 부러워하며 한 발 물러설 수밖에 없으리라. 자, 다음 정차할 곳이 바로 영국이다.

02

유니언잭

수 세기 전 레바논 베이루트 근처의 한 작은 마을에 심각한 문제가 발생했다. 마을 바로 옆에 악룡이 보금자리를 튼 것이다. 괴물은 끊임없이 제물을 요구했다. 처음에는 양으로 만족했지만 곧 인간이 더 입맛에 맞는다는 걸 알게 되었다. 마을 주민들은 매일 자기 자식을 용에게 바쳤는데, 그러다 마침내 마을 통치자 딸의 차례가 되었다. 아름다운 옷을 입고 금으로 치장한 소녀는 불행하게도 용의 먹잇감이 될 운명으로 제단에 바쳐졌다. 하지만 다행히 바로 그때 독실한 기독교 신자인 게오르기우스라는 로마 군인이 근처를 지나고 있었다. 게오르기우스는 용을 물리치고 마을로 끌고 갔다. 거기서 그는 마을 사람들이 기독교로 개종한다는 조건하에 이 괴물을 죽이겠노라고 선언했다. 선교를 위해서는 모든 수단과 방법이 허용되기 마련이다.

이 용 이야기가 진짜인지는 알 수 없지만, 오늘날 게오르기우스, 즉 성 조지가 가톨릭교와 정교회를 아울러 기독교인에게 가장 존경받는 성인이며 무슬림에게도 성인으로 추앙된다는 사실은 분명하다. 우리 깃발 연구자도 성 조지에 대한 깊은 존경심을 가지고 있다. 성 조지의 십자가가 영국 국기를 비롯하여 다른 많은 깃발의 기초가 되었기 때문이다.

영국 국기의 기원은 십자군 전쟁으로 거슬러 올라가야 한다. 국기 속 십자가는 영국이 기독교 국가라는 것을 상징한다. 잉글랜드의 헨리 2세는 흰 십자가를 사용했지만, 언제부턴가 잉글랜드군은 붉은 십자가를 사용하기 시작했다. 전설에 따르면 헨리의 아들인 사자심왕 리처드가 제3차 십자군 원정부터 성 조지를 상징하는 붉은 십자가를 채택했다고 하는데, 그 무렵 성 조지가 잉글랜드의 수호성인이 되었기 때문이다.

리처드는 군대를 꾸리는 데 있는 돈을 다 쏟아붓다시피 했지만, 함께 출정한 거의 모든 나라와 분쟁을 일으키면서 원정은 실패로 끝나고 말았다. 특히 프랑스 왕 필리프 2세와의 관계는 그가 리처드의 동생과 결혼하기를 거부한 뒤 파탄에 이르게 되었다. 오스트리아 공작 레오폴트 5세와의 다툼은 팔레스타인의 도시 아크레가 함락된 후에 일어났다. 아크레 성벽에 예루살렘 왕국, 잉글랜드, 프랑스의 국기와 함께 레오폴트 공작의 깃발이 걸리자 리처드가 레오폴트의 깃발을 치워버리라고 했기 때문이었다.

이 깃발 사건은 국기가 어떻게 역사의 흐름을 바꿀 수 있는지 보여주는 또 하나의 사례다. 십자군 원정을 마치고 마침내 잉글랜드로 돌아가는 리처드를 레오폴트가 생포한 것이 이 사건 때문이라고 전해지니 말이다. 그 대가로 잉글랜드 왕국의 국민은 리처드의 몸값을 지불하기 위해 거액을 모금해야 했다.

리처드는 훗날 영국 국장이 된 사자 세 마리를 세상에 내놓으며 역사에 또 다른 족적을 남겼다. 이 영국 사자는 이 책에 두 번이상 등장할 예정인데, 단순히 영국 국장에만 나오는 게 아니라 전세계 여러 국기에 사용되고 있기 때문이다.

런던탑을 방문했을 때 나는 리처드보다 한 세기 뒤 인물인 에드워드 1세 왕의 침실 벽난로 위에 그려진 사자 세 마리를 보고 웃음을 참지 못했다. 사자가 어떻게 생겼는지 아주 대략적으로만 아는 화가가 그렸는지 사자를 꼬리 달린 사람처럼 묘사했던 것이다.

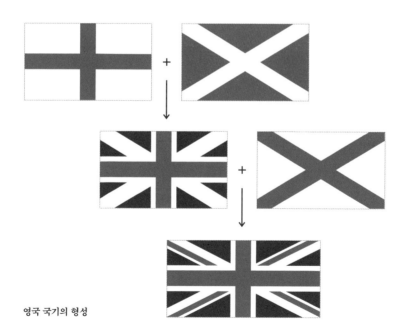

영국 국기의 형성

잉글랜드와 스코틀랜드의 연합으로 탄생
한 유니언기(1606년)

스코틀랜드 버전의 유니언잭은 성 앤드루
십자가가 성 조지 십자가 위에 놓여 있다.

영국 국기의 형성에 크나큰 영향을 준 다음 사건은 1603년 엘
리자베스 1세 여왕이 직계 후계자를 남기지 않고 세상을 떠난 후
스코틀랜드 왕 제임스 6세가 왕위에 오르면서 발생했다. 그리하여
잉글랜드와 스코틀랜드가 공식적으로는 별개의 나라로 남아 있었
음에도 같은 군주를 모시게 된 것이다. 새로운 연합을 상징하는 깃
발은 영국의 성 조지 십자가를 스코틀랜드의 성 앤드루 십자가 위
에 겹쳐 그려졌다.

성경에 따르면 성 앤드루는 예수 그리스도의 첫 제자로 등장
하여 '첫 번째 부름을 받은 앤드루'라고 불리기도 한다. 성 앤드루
는 예수처럼 십자가에 못 박혀 순교했는데, 다만 차이가 있다면 그
의 십자가는 직선 2개가 대각선으로 교차한 X자 모양이었다.

둘 중 어떤 십자가를 위에 놓을지는 순전히 미학적 관점에서
만 따질 문제가 아니었다. 공식적으로 동등하게 맺어진 연합이었
지만 사실은 잉글랜드가 약간 더 우세했다. 1606년 잉글랜드의 십
자가가 스코틀랜드 십자가 위에 배치되었는데, 이는 당시 대다수

스코틀랜드 사람에게는 만족스럽지 않은 결과였다. 스코틀랜드가 붉은 십자가 위에 흰 십자가가 그려진 비공식 연합기를 가지게 된 것도 이런 연유에서였다. 17세기에 스코틀랜드 선박은 이 비공식 깃발을 휘날리며 항해했다고 한다. 이 깃발은 돛대에 매다는 작은 기, 즉 잭jack으로 사용되기 시작했으니 유니언잭이라는 명칭은 해상 용어에 뿌리를 둔 셈이다.

개인적으로는 스코틀랜드 버전이 좀 더 흥미로워 보인다. 붉은 십자가가 중앙을 가리키는 화살표처럼 보이는 효과 덕분에 또 다른 상징적 의미를 도출할 수 있기 때문이다. 당시에는 그래픽에 화살표를 사용하는 사례가 없었다는 점은 말해두어야 할 테지만 말이다.

반세기 후인 1649년 영국에서 청교도혁명이 발발했다. 국왕 찰스 1세가 처형되고, 지주 출신인 청교도파 올리버 크롬웰이 스스로에게 호국경, 즉 왕을 대신하는 섭정 귀족에게 붙이던 호칭을 부여하며 권력을 잡았다. 그 뒤로 잉글랜드는 11년 동안 공화국 체제를 유지했고 유니언잭 대신 잉글랜드와 스코틀랜드의 십자가가 서로 대각선을 이루며 반복적으로 배치된 형태의 깃발을 국기로 사용했다. 문장학에서는 이런 디자인을 4분할quartering이라고 부른다.

그러고 나서 몇 년 후 크롬웰이 아일랜드를 무자비하게 정벌하면서 아일랜드의 상징인 하프가 국기에 추가되었다. 크롬웰의 정책으로 인해 전쟁과 기근이 발생했고, 아일랜드 인구의 3분의 1이 죽어나갔으며, 아일랜드 땅은 잉글랜드 신교도의 차지가 되었

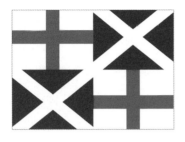

크롬웰이 채택한 영국 공화국 국기

영국 공화국 국기에 아일랜드의 하프와 크
롬웰의 문장이 추가되었다.

다. 이로 인해 개신교와 가톨릭 간에 갈등이 극심해지고 결국 나라
는 분열되었다.

　아일랜드 원정을 마치고 귀국하던 어느 날, 크롬웰의 수행원
은 크롬웰을 열렬히 환영하는 사람들의 모습에 깊은 인상을 받았
다. 그러자 크롬웰은 저 사람들은 자신이 처형되더라도 똑같이 환
호할 거라고 철학적인 한마디를 남겼는데, 이 말은 예언이 되고 말
았다. 크롬웰이 죽고 왕정이 복원되자 사람들은 그의 시신을 무덤
에서 꺼내 교수대에 매달고 머리는 창에 꽂아 모두가 보게 했다.

　당시 영국의 문장은 국가적 차원뿐만 아니라 개인적으로도
결합되었다. 귀족 가문의 남녀가 결혼하면 양가의 문장을 합쳐 새
로운 문장을 만드는 식이었다. 따라서 문장에 들어가는 요소는 기
하급수적으로 늘어날 수 있었다. 한 영국 공작의 문장에는 무려
719개에 달하는 요소가 포함되었다고도 한다.

　영국 국기는 1801년 그레이트브리튼과 아일랜드가 합쳐져

연합 왕국United Kingdom을 이루면서 최종적으로 완성되었다. 잉글랜드의 성 조지 십자가와 스코틀랜드의 성 앤드루 십자가에 더해 성 패트릭을 상징하는 아일랜드의 붉은 십자가가 추가된 형태였다. 새 국기에 다시 하프가 추가되기를 바랐던 아일랜드 국민으로서는 다소 실망스러운 결과였다. 하지만 이미 충분히 복잡한 국기에 하프까지 넣기는 무리라고 판단한 영국 문장학자들의 결정은 아마 옳은 선택이었을 것이다. 그 이후 영국 국기에는 더 이상의 변화가 없었다.

웨일스의 상징은 유니언잭에 별도로 등장하지 않는데, 잉글랜드와 스코틀랜드가 그레이트브리튼 왕국으로 병합되었을 때 웨일스는 이미 잉글랜드의 지배를 받고 있었기 때문이다. 게다가 웨일스를 상징하는 용이 영국 국기에 들어갔다 한들 매우 어색한 상황이 되었을 텐데, 앞서 소개했듯이 성 조지가 용을 죽인 것으로 유명한 인물이기 때문이다.

말이 났으니 말하자면 2019년 도널드 트럼프는 X에 영국 왕세자the Prince of Wales를 만났다는 글을 게시하려다 고래의 왕자the Prince of Whales라고 쓰는 실수를 저지른 적이 있다. 이때 짓궂은 네티즌들은 용 대신 고래가 그려진 웨일스 국기를 만들어내기도 했다.

그리고 2014년 스코틀랜드의 독립에 관한 국민투표가 실시되면서 또 다른 가능성이 생겨났다. 스코틀랜드가 연합을 탈퇴한다면 국기는 어떻게 바뀌어야 할까? 다행히 반대파가 근소한 차이로 승리를 거두면서 영국 문장학자들은 이 문제를 해결할 필요가

붉은 용이 그려진 웨일스 국기

웨일스의 상징이 추가된 영국
국기의 변형

웨일스의 또 다른 상징인 성
데이비드의 깃발

용 대신 고래가 그려진 웨일스
국기

없어졌다.

영국 국기는 오스트레일리아, 뉴질랜드, 피지, 투발루의 국기에서도 찾아볼 수 있다. 이처럼 다른 국기에도 완전한 형태로 등장하며 존재감을 한껏 드러내는 국기는 유니언잭 말고는 전무하다. 영국이 평화적으로 이혼하는 법을 잘 알고 있다는 명백한 증거다. 비유를 하자면 전 부인이 헤어진 남편의 인스타그램 사진에 여전히 '좋아요'를 누르는 상황이다. 물론 영연방의 다른 51개국▪은 독립하면서 유니언잭을 제거하기로 결정했지만, 그렇다 해도 유니언잭의 영향력을 결코 폄하할 수는 없다.

오늘날 사용되는 오스트레일리아 국기의 역사는 1901년 6개의 영국 식민지가 독립하여 오스트레일리아 연방을 이루면서 시작되었다. 바로 그해 국기 공모전이 열렸는데, 우승자에게 돌아가는 상금이 상당했던 터라 3만 2823개에 달하는 도안이 제출되었다고 한다. 단 조건은 국기에 유니언잭과 남십자성이 담겨야 한다는 것이었다. 이 대회 후원사 중 하나가 현지 담배 회사였던 걸 감안하면 국기에 담배가 등장하지 않는 게 다행일지도 모르겠다.

이처럼 엄격한 조건이 달렸던 만큼 제출된 도안이 대부분 거기서 거기였던 것은 당연한 결과였다. 결국 거의 동일한 디자인을 제출한 다섯 명의 참가자(그중에는 10대 청소년 둘과 뉴질랜드 거주자도 포함되었다)가 공동 우승자가 되었고 상금을 나눠 가졌다. 채택되

▪ 영국의 식민지였던 국가로 구성된 국제기구를 가리키며, 이 숫자는 시점에 따라 달라지므로 대략적으로 살펴보면 좋다.

오스트레일리아의 현대 국기(1908년 이후)

오스트레일리아의 초기 국기에는 영연방을 상징하는 육각별과 꼭짓점의 수가 각기 다른 별들이 그려져 있다.

오스트레일리아 반이송 연맹의 깃발
(1851~1852년 이후)

붉은색 바탕의 오스트레일리아 국기

지 않은 도안 중에는 크리켓을 하는 오스트레일리아 동물들이 그려진 깃발도 있었다고 한다.

　　오스트레일리아 국기에는 별 6개가 등장하는데, 이는 연방을 이룬 6개의 영국 식민지를 나타낸다. 왼쪽에는 영연방을 상징하는 별이 하나 있고, 오른쪽에는 남십자성을 상징하는 별 5개가 지구 남반구를 보여주고 있다. 이 별자리는 앞으로 우리와 여러 차례 만나게 될 것이다. 영연방을 상징하는 큰 별은 원래 다윗의 별처럼 꼭짓점이 6개였는데, 몇 년 후 꼭짓점이 7개인 별로 대체되었다. 파푸아 뉴기니가 오스트레일리아에 새롭게 편입되었기 때문이다. 시간이 흘러 1975년 파푸아 뉴기니는 오스트레일리아에서 독립했지만, 오스트레일리아는 꼭짓점이 7개인 별을 그대로 유지하기로 결정했다.

국기 오른쪽에 보이는 별들의 모양은 늘 지금과 같진 않았다. 처음에는 별들의 꼭짓점 수가 5개부터 9개까지 다양하게 이르며 각 별의 밝기를 나타냈다. 하지만 나중에 디자인이 단순화되면서 가장 작은 별을 제외한 모든 별이 7개의 꼭짓점을 갖게 되었다.

이 나라의 첫 이주민은 남쪽 땅으로 추방된 영국 죄수들이었는데, 놀랍게도 그 역사가 국기에도 드러나 있다. 국기가 탄생하기 반세기도 전에 오스트레일리아 반反이송 연맹(영국 죄수들을 오스트레일리아로 보내는 것을 저지하기 위해 결성된 단체)이 거의 유사한 깃발을 사용했던 것이다.

20세기 중반까지 오스트레일리아에는 두 가지 버전의 국기가 있었다. 하나는 푸른색 바탕, 다른 하나는 붉은색 바탕이었는데, 둘 다 공식 국기로 간주되었다. 붉은색이 약간 더 인기가 많았지만 말이다. 그러나 1953년 오스트레일리아 정부는 푸른색 국기를 유일한 공식 국기로 지정하는 포고를 발표했는데, 붉은색이 공산주의를 연상시키기 때문에 푸른색이 선택되었다는 설이 있다.

유니언잭이 국기에 들어간 나라들은 하나같이 주기적으로 국기를 변경하려고 시도한다. 그중에서 캐나다는 국기를 변경하는 과정이 얼마나 지난할 수 있는지 보여주는 좋은 예다. 이 나라는 유니언잭이 들어간 국기를 단풍잎이 그려진 새로운 국기로 대체했다.

캐나다는 16세기부터 유럽인이 진출하며 새로운 역사가 시작된 이래로 거의 늘 영국과 프랑스의 지배하에 놓여 있었다. 이 두 나라의 영향은 캐나다 국기에도 영향을 미쳤는데, 이를테면 국기의 중심색인 붉은색과 흰색은 각각 영국의 성 조지 십자가와 프랑스의 왕실 문장에서 유래한 것이다.

1965년까지 캐나다는 영연방 국가의 전형적인 국기 도안을 사용했다. 붉은색 바탕에 왼쪽 상단에는 유니언잭이 들어갔고 오른쪽에는 국장을 넣었다. 영국 귀족이 결혼 후 가문의 문장을 갱신하듯 캐나다는 새로운 주가 편입될 때마다 4분할 방식으로 새로운 주의 문장을 국장에 추가했다.

캐나다의 국장은 처음에는 4개의 주로 시작했지만 1907년에 이르자 9로 늘어났다. 디자인이 너무 복잡해지자 새로운 국장을 디자인하고자 위원회를 설립하였고, 마침내 1921년 최종안이 채택되었다. 새 국장은 각 주의 문장 대신 건국의 주축이 된 잉글랜드, 스코틀랜드, 아일랜드, 프랑스의 상징으로 각각 사자 세 마리, 사자 한 마리, 하프, 백합 문양을 넣었고 그 밑에 캐나다의 상징인 단풍잎을 담았다. 단풍잎은 처음엔 초록색이었지만 1957년 빨간색으로 변경되었다.

그 무렵 캐나다 국장의 또 다른 요소에도 변화가 생겼다. 사자가 쓴 왕관은 영연방에서 사용하는 영국 왕관인데, 이 모양이 바뀐 것이다. 1953년 대관식에서 엘리자베스 2세 여왕은 수 세기 동안 사용되어온 튜더 왕관 대신 성 에드워드 왕관을 영국 왕실 문장에 넣기로 결정했다. 영국의 문장학자들은 영국 문장뿐 아니라 캐나다를 비롯해 영국 왕관을 사용하는 다른 여러 나라의 국장까지 손

캐나다 4개 주의 문장을 4분할한 국장
(1868~1870년)

매니토바주가 추가된 국장
(1870~1873년)

브리티시컬럼비아주와 프린스에드워
드섬이 추가된 국장(1873~1907년)

서스캐처원주와 앨버타주가 추가된
국장(1907~1921년)

봐야 했다. 하지만 2022년 엘리자베스 2세가 서거하고 찰스 3세가 왕위에 오르면서 튜더 왕관은 다시 영국 왕실의 문장에 복귀했다.

또한 캐나다 국장에서 영국의 유니언잭과 프랑스의 백합기가 휘날리고 있다는 점 역시 눈에 띈다. 이때 영국 국기는 붉은 대각선의 위치로 보아 좌우가 반전되어 있다는 것을 확인할 수 있다.

1963년 캐나다에서는 국기를 둘러싸고 소란스러운 논쟁이 일었다. 그해 보수당이 선거에 패배하고 원기 왕성한 레스터 피어슨이 이끄는 자유당이 집권한 것이 계기가 되었다. 피어슨은 캐나다 외무부 장관으로 활동했을 당시 1956년 수에즈 위기를 해결한 공로로 노벨 평화상을 수상한 바 있다. 그리고 이집트 당국이 캐나다 국기를 영국 국기로 오인해 캐나다 선박의 수에즈운하 출입을 막은 사건이 있었는데, 나중에 피어슨은 캐나다만의 독자적인 국기를 제정해야 한다고 주장하며 선거 공약에 포함시켰다. 보수당은 이에 반대했지만 캐나다의 프랑스령 주민을 주요 유권자로 둔 자유당은 지지했다.

집권에 성공한 후 피어슨은 이 공약을 본격적으로 추진했다. 피어슨이 가장 마음에 들어 했던 디자인은 양 측면에 푸른색 띠가 있고 중앙에 붉은 잎 3개가 그려진 것으로, 캐나다의 표어인 '바다에서 바다로'를 구현한 형태였다. 양쪽의 푸른 줄무늬는 태평양과 대서양을 상징했다. 몇몇 중앙아메리카 나라의 국기도 비슷한 아이디어에서 착안되었다. 그러나 야당에서는 이 도안을 경멸하며 '피어슨 깃발'이라고 불렀다.

새 국기를 선정하는 과정은 지지부진했다. 야당은 자유당의

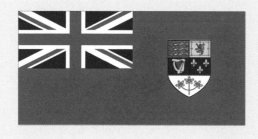

캐나다(1921~1965년)

피어슨 시기에 제안된 국기 디자인, '바다에서 바다로'

캐나다의 현재 국장

캐나다의 공식 국기(1965년 이후)

피를 말리는 전략을 구사했다. 먼저 특별 국기 위원회를 설립해 무려 서른다섯 번에 걸쳐 기나긴 회의를 거듭했고, 마침내 위원회에서 국기를 선정한 후에도 필리버스터를 동원해 무제한 토론에 나서며 의회 토론을 저지하려 했다.

캐나다 국민도 국기 공모에 참여했다. 위원회는 총 3541개의 도안을 심사했는데, 이 중 60퍼센트에 단풍잎이 들어갔고 11퍼센트에는 비버가 등장했다. 여기서 최종적으로 채택된 도안은 캐나다 역사학자 조지 스탠리가 디자인했는데, 양쪽 가장자리에 붉은 띠를 두른 흰 바탕에 붉은 단풍잎 1개가 들어간 형태였다. 이 도안은 마지막 순간에 위원회에 제출되어 피어슨 깃발과 함께 결선에 진출했다. 위원회의 보수당 의원은 자유당 의원이 피어슨 깃발에 투표하리라 예상하고 만장일치로 단풍잎 도안에 표를 던졌지만, 자유당 의원 대다수도 단풍잎을 선택해 이 도안이 최종적으로 선택되었다.

이 국기는 1965년 영국 엘리자베스 2세 여왕의 최종 승인을 받으며 캐나다의 공식 국기가 되었다. 왕실 포고령에 서명이 이루어진 것은 캐나다의 총리 피어슨이 윈스턴 처칠의 장례식에 참석하기 위해 런던을 방문했을 때였다고 한다. 다른 어떤 국기보다 알아보기 쉬우면서 세련된 캐나다 국기는 이렇게 탄생하게 되었다.

한 가지 눈에 띄는 점은 국기 중앙의 흰 부분이 정사각형이라는 것이다. 3개의 세로띠로 구성된 국기에서 가운데 띠가 국기 가로 길이의 절반을 차지하는 이 새로운 디자인 요소는 기학 용어로 캐나다 세로띠Canadian pale라고 불리게 되었다.

캐나다 국기의 단풍잎은 꼭짓점이 11개인데, 이 숫자가 공식적으로 상징하는 바는 없다. 위키피디아에 따르면 바람이 불었을 때 어떤 모양의 단풍잎이 가장 덜 왜곡되어 보이는지 공기 터널에서 특수 실험을 한 끝에 선택되었다고 하는데, 정말 그런지는 의구심이 든다. 원래는 단풍잎의 꼭짓점이 13개였는데 깃발이 바람에 펄럭일 때 모양을 알아보기 쉽지 않아 11개로 줄였다는 설도 있다. 하지만 지금과 같은 형태의 단풍잎이 선택된 것은 순전히 미적인 이유 때문이었을 것이다.

국기를 변경하는 일은 큰 위험 부담이 따른다. 한 디자인이 국가의 상징이 되면 곧바로 특별한 의미를 갖게 되기 때문이다. 특히 그 국기로 전쟁까지 치렀으면 더욱 그러하다. 그런데 캐나다가 국기를 변경할 수 있었던 까닭은 인구 중 일부가 프랑스 출신이었기 때문이다. 만약 영국 통치를 받던 시기의 오스트레일리아나 뉴질랜드처럼 국민성이 동질적인 나라였으면 이런 일은 아마도 일어나지 못했으리라.

캐나다의 10개 주 중 4개 주의 깃발에서는 유니언잭을 여전히 찾아볼 수 있다. 그중 브리티시컬럼비아주와 뉴펀들랜드 래브라도주의 깃발이 특별히 눈에 띈다. 브리티시컬럼비아는 으레 그렇듯 캔턴에 유니언잭을 두지 않고, 상단에 가로로 길게 배치했다. 이 아름다운 주에 사는 주민에게는 무척 실례되는 말이지만, 이 왜곡은 정말이지 끔찍하다. 깃발 아래쪽에 표현된 햇살처럼 머리카락이 쭈뼛 서는 느낌이다.

뉴펀들랜드 래브라도주의 기는 여기서 한 발 더 나아가 미완

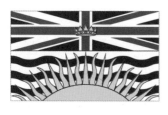

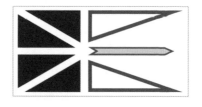

브리티시컬럼비아주　　　　　　뉴펀들랜드 래브라도주

성 그림처럼 보인다. 지역 예술가인 크리스토퍼 프랫이 디자인한 이 깃발에는 온갖 상징이 난무하는데, 차라리 뉴펀들랜드와 래브라도 강아지를 그려 넣었다면 얼마나 귀여웠을지 자꾸만 상상하게 된다.

　뉴펀들랜드는 1949년에야 캐나다 연방에 가입했다. 그 전에는 캐나다, 오스트레일리아, 뉴질랜드와 마찬가지로 별개의 영연방 자치령이었다. 1932년 채무불이행으로 인한 재정 위기만 아니었다면 다른 자치령처럼 독립국이 되었을 수도 있다.

　캐나다가 새 국기를 채택한 후, 유니언잭이 들어간 붉은 바탕의 국기는 세상에 딱 하나 남게 되었다. 바로 버뮤다 국기다. 국기 오른쪽에 자리한 국장에 대해 이야기하려면 책 한 권을 써도 모자를 것이다. 여기서 붉은색 영국 사자는 일반적인 문장에서 좀처럼 볼 수 없는 독특한 포즈를 취하고 있다. 앞발로 방패를 거머쥐고 있는데 마치 광고판을 들고 있는 것처럼 보이기도 한다. 방패 속의 침몰하는 배 그림은 불가사의한 버뮤다 삼각지대를 연상할 뿐만 아니라 이 섬에 얽힌 역사를 떠올리게 한다.

버뮤다

버뮤다 국장에 등장하는 배는 실존했으며 시벤처호Sea Venture
로 불렸다. 이 배는 1609년 영국 플리머스에서 출발해 신대륙으로
향했다. 항해를 시작한 지 한 달이 지났을 무렵 극심한 폭풍우를
만난 시벤처호는 물이 새기 시작했고 침몰하지 않기 위해 암초 지
대로 들어갔다. 기적처럼 승객 150명과 개 한 마리가 구조되었는
데, 나중에 알고 보니 그들이 상륙한 곳이 버뮤다의 동부였다.

생존자 중에는 선장 존 롤프도 있었다. 롤프는 북아메리카 해
안에 도착해 담배 재배에 성공했고, 최초의 영국 담배 회사를 설립
해 스페인의 오랜 독점 체제를 무너뜨렸다. 그는 이 과정에서 트
리니다드섬에서 담배 씨앗을 밀수해야 했는데, 이는 스페인 법에
따라 사형에 처해질 수도 있는 범법 행위였다. 아메리카에 정착한
롤프의 아내는 바로 훗날 디즈니 만화영화로 유명해진 포카혼타
스다.

다시 오스트레일리아로 돌아가 국기에서 유니언잭을 삭제하
려는 운동이 어떻게 진행 중인지 살펴보자. 국기 변경에 관해 찬성

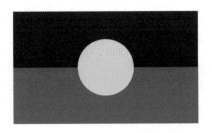

오스트레일리아 원주민 깃발(1995년 이후)

파가 내세우는 주장은 크게 세 가지다. 첫째, 국제 행사에서 오스트레일리아 국기와 뉴질랜드 국기를 헷갈리는 사람들이 너무 많다. 둘째, 독립국가의 국기에 다른 나라의 국기가 들어가는 건 이상한 일이다. 셋째, 현 국기에는 오스트레일리아 원주민의 상징이 포함되어 있지 않다.

마지막에 제시된 문제를 해결하기 위해 1995년 오스트레일리아 정부는 원주민 깃발을 공식 국기 중 하나로 지정했다. 검정색과 빨간색 바탕에 노란 원반이 그려진 이 기는 1971년 원주민 예술가 해럴드 토머스가 그린 것으로 공식 행사와 비공식 행사에 두루 사용된다. 가령 2000년에는 오스트레일리아의 육상 선수 캐시 프리먼이 올림픽 경기에서 우승한 뒤 이 기를 몸에 두르고 승리를 자축했다.

원주민 깃발과 관련해서는 놀라운 이야기가 있다. 이 도안의 저작권은 해럴드 토머스가 소유하고 있고, 이를 상업적으로 이용하기 위해서는 사용권을 구매해야 한다. 그런데 2020년 한 의류

현재 오스트레일리아 국기의 대안으로 제시된 여러 깃발에는 캥거루와 부메랑 등 널리 알려진 국가 상징이 포함되어 있다.

브랜드가 이 깃발의 사용권을 사들인 후 다른 상품에는 일절 사용하지 못하게 하면서 일대 파문이 일었다. 심지어 이 브랜드의 소유주는 원주민도 아니었다.

오스플래그Ausflag는 1981년부터 국기 변경을 부르짖으며 활발히 활동하는 단체다. 대안으로 제시한 일부 깃발은 상당히 세련되고 독창적이지만, 설문 조사에 따르면 오스트레일리아인 대다수가 국기 변경을 원하지 않는다고 한다.

뉴질랜드에서도 국기를 새로 제정하자는 운동이 일어나고 있다. 많은 뉴질랜드인이 자국 국기가 오스트레일리아 국기와 종종

▬ 2022년 정부는 누구나 원주민 깃발을 자유롭게 사용할 수 있도록 해럴드 토머스와 협상했다.

뉴질랜드(1902년 이후)

혼동되는 것에 불만스러워한다. 물론 뉴질랜드 국기에 들어간 별이 개수가 더 적고 빨간색이라는 차이가 있지만 거의 흡사하다. 그리고 오스트레일리아인과 마찬가지로 국기에 유니언잭 대신 원주민의 상징을 넣고 싶어 한다.

뉴질랜드 국민은 2015년과 2016년에 이 문제를 놓고 국민투표까지 두 차례 실시했다는 점에서 오스트레일리아 국민보다 한 발 더 나아갔다고 볼 수 있다. 이를 주도한 사람은 당시 총리였던 존 키였다. 캐나다의 레스터 피어슨 못지않게 새 국기 제정에 열정적이었던 키는 이 문제에 대해 전 국민적인 호응을 끌어내기 위해 애썼다.

국민투표는 두 단계로 진행되었다. 1차 투표 때는 '뉴질랜드의 국기를 변경한다면 어떤 디자인을 선호하십니까?'라는 질문과 함께 5개의 후보가 제시되었다. 그 결과 영국 국기 대신 양치식물이 들어가고 왼쪽 상단 모서리가 검은색으로 칠해진 디자인이 가장 많은 선택을 받았다.

3개월 후 실시된 2차 국민투표에는 현 국기를 유지하는 안과 1차 국민투표에서 가장 많은 선택을 받은 도안으로 변경하는 안 중 하나를 선택해야 했다. 결과는 57대 43으로 현 국기의 승리였다. 국기 변경 지지자들은 비록 패배했지만 43퍼센트의 지지를 얻은 것은 다른 국민투표 결과에 비하면 꽤 만족할 만한 결과라고 자평했다.

오스트레일리아와 뉴질랜드의 국기가 곧잘 혼동된다는 사실은 여전히 많은 이의 공분을 산다. 국민투표가 아무런 변화도 가져오지 못한 채 끝난 뒤 뉴질랜드는 자신이 이 디자인을 먼저 채택했다며 오스트레일리아에 국기를 바꿀 것을 주기적으로 요구하고 있다. 이를테면 2018년 당시 총리 대행이었던 윈스턴 피터스도 이런 불만을 표출한 바 있다.

피지에서도 국기를 변경하려다 결국 실패로 끝났다. 유니언잭을 국기에 포함하는 나라는 자치 정부를 운영하지만, 대부분 명목적으로는 영국 군주를 국가원수로 두고 있다. 앞서 소개한 캐나다, 오스트레일리아, 뉴질랜드가 모두 그렇다. 그러나 피지는 공화국이기 때문에 공식적으로 영국 군주를 국가원수로 삼지 않는다. 그렇기 때문에 이 섬나라 국기에 유니언잭이 여전히 남아 있다는 사실은 더 놀랍게 다가온다.

피지의 국기에는 영국 국기와 함께 성 조지 십자가가 그려져 있다. 따라서 성 조지는 이중으로 사용되었다고 볼 수 있다. 그리고 사자 역시 영국이 남긴 또 다른 흔적이지만, 이 사자에는 지역적인 특색이 물씬 가미되었다. 앞발로 코코넛을 잡고 있는 모습이

뉴질랜드 국기 변경에 관한 1차 국민투표 때 1순위로 뽑힌 도안

2순위

3순위

4순위

5순위

피지(1970년 이후)

마치 실뭉치를 가지고 노는 고양이처럼 보이기도 한다.

바우섬의 추장이었던 세루 에페니사 카코바우가 19세기에 여러 섬을 통합해 피지 왕국을 이뤘지만, 왕국은 부족 간의 전쟁이 이어지며 갈등이 완전히 해소되지 못했고 경제적으로도 어려웠다. 그리고 피지 주민은 영국 선교사들의 영향을 받아 영국과 영국 문장을 믿고 따르며 존경하기 시작했다. 피지의 처음이자 마지막 왕인 카코바우 역시 젊었을 적에는 식인 풍습을 행했지만, 기독교로 개종한 후 자신의 권력을 영국 왕실에 자발적으로 위임했다.

이 글을 쓰는 지금 피지의 현 총리는 조세이아 보렝게 바이니마라마인데, 그는 두 차례 군사 쿠데타에 성공한 인물로 2013년에 국기 변경을 제안한 바 있다. 나라가 새롭게 나아가야 할 길을 강조하고 식민지 시대의 역사와 작별하기 위해서였다. 그러나 아마도 다른 계기가 있었을지 모른다. 2006년 바이니마라마는 군사 쿠데타를 주도하며 민주주의 원칙을 위반했다는 이유로 국제사회에서 강력히 비판받고 그 뒤로 2014년까지 영연방 회원 자격이 정지되었기 때문이다.

피지 정부는 2년에 걸쳐 국기 디자인을 공모하는 대회를 열었는데, 결과 발표를 한없이 미루다가 2016년 마침내 계획을 폐기했다. 이 결정도 그 무렵 피지가 다시 영연방 회원국 자격을 회복한 일과 관련이 있을 것이다. 그리고 그해 피지는 사상 최초로 올림픽에서 메달을 획득했다. 남자 7인제 럭비 종목에서 금메달을 거뒀는데, 이 일로 현 국기의 인기가 치솟자 그 후 새 국기에 대한 논의는 쏙 들어갔다.

한편 오세아니아의 투발루에서는 국기 변경 계획이 좀 더 진전을 보였다. 영국 국기 문제로 머리를 썩이는 다른 나라들과 달리, 비록 짧은 시간이었지만 실제로 국기 변경에 성공했던 것이다. 투발루의 섬들은 1978년 영국에서 완전히 독립했다. 투발루 국기는 캔턴에 유니언잭이, 오른쪽에 투발루의 9개 섬을 상징하는 별 9개가 하늘색 바탕 위로 그려져 있다.

그러나 투발루라는 국명은 '함께 선 여덟'을 뜻하는데, 실제로 사람이 거주하는 섬이 8개이기 때문이다. 사실 국기의 아홉 번째 별이 상징하는 무인도가 하나 더 존재하기는 하지만, 독립국가의 국명과 국기 도안 사이에 발생한 가장 놀라운 모순이 아닐까 한다. 1995년 투발루는 이 모순을 제거하기 위해 국기에서 별 하나를 뺐다. 이듬해에는 국기에 유니언잭 대신 국장을 넣었지만, 영국 군주제를 존중하는 국민의 의견을 받아들여 1997년 도로 유니언잭을 넣기로 결정했다. 이와 함께 아홉 번째 별도 다시 살아

투발루(1997년 이후)

유니언잭과 별 1개가 빠진 국기(1996~1997년)

별 1개가 삭제된 국기(1995년)

나면서 국명과 국기 도안 사이의 이상한 모순이 지금까지 이어지고 있다.

　사실 투발루 국기는 지구온난화의 상징으로 해석될 수도 있다. 과학자들의 예측에 따르면 앞으로 수백 년 후에는 해수면이 상승해 투발루의 모든 섬은 사람이 더 이상 거주할 수 없는 땅이 될 수도 있다고 하니 말이다. 투발루라는 국명에는 한 가지 중요한 이점이 있는데, 국가 코드의 두 글자가 텔레비전의 약자와 동일하여 .tv 도메인에 대한 권리를 얻은 것이다. 몇 년간 텔레비전 회사에 이 도메인을 임대하여 얻은 수익이 국가 수입의 약 10퍼센트를 차지하기도 했다.

　투발루에서 멀지 않은 니우에는 뉴질랜드와 자유 연합 협정

니우에

Free Association Agreement*을 맺고 있으나, 자체적인 도메인과 국기를 가지고 있는 나라다. .nu 도메인을 확보한 니우에 역시 도메인 대여로 쏠쏠한 수익을 올리고 있다. 이 도메인은 'nu'가 'now지금'를 의미하는 스칸디나비아 국가와 네덜란드에서 특히 인기가 많다.

니우에 국기도 유니언잭이 들어가 있지만 바탕은 노란색이기 때문에 앞서 살펴본 국기들 중에서 뚜렷한 차별성을 보인다. 노란색 바탕에 유니언잭을 배치하는 것은 매우 이례적이라 할 수 있는데, 이 국기를 만든 사람이 전문 문장학자가 아닌 수상 부인이었다는 사실에 유념해야 한다. 공식 문서에 따르면 노란색은 "니우에의 밝은 햇살과, 니우에 국민이 뉴질랜드와 뉴질랜드 국민에게 품은 따뜻한 감정"을 상징한다고 한다.

■ 두 국가가 서로 독립적인 정치체제를 유지하며 일정한 범위 내에서 협력하는 관계를 말한다. 니우에의 경우 독립된 주권과 자치권을 행사하며 외교 및 국방은 뉴질랜드에 위임한다.

하와이

　유니언잭은 예전에 영국의 지배를 받았거나 지금도 받고 있는 여러 나라와 영토의 깃발에서 찾아볼 수 있지만, 독특한 예외도 한 곳 있다. 바로 미국 하와이주다. 1778년 영국의 탐험가 제임스 쿡이 하와이제도를 발견한 후, 하와이는 독립국으로 남아 있다가 1959년 미국의 주로 편입되었다. 그러나 미국에 편입되기 전인 1845년에 하와이 국왕은 유니언잭이 그려진 공식 국기를 승인했다. 당시 외교적으로 영국과의 관계가 긴밀하였는데, 그 때문이었는지는 확실치 않다. 하와이가 미국의 50번째 주가 된 후에도 이기는 그대로 유지되었다. 그러므로 하와이 출신의 전직 미국 대통령 버락 오바마는 영국 국기 아래 태어났다고 봐도 무방할 것이다.

　하와이 깃발에 그려진 줄무늬 8개는 8개의 섬을 상징한다. 원래는 줄무늬가 9개로 9개의 섬을 상징했다고 하는데, 투발루 국기의 역사와 근사한 짝을 이루는 이야기가 아닐 수 없다.

03

깃발 속
불길한 징조

앞서 우리는 프랑스와 영국 국기가 어떻게 지대한 영향력을 떨치게 되었는지 알아보았다. 이 외에도 에티오피아와 콜롬비아처럼 다른 나라 국기에 영향을 준 국가가 더 있는데, 그 이야기는 나중에 다룰 것이다. 이 장에서는 국기는 아니지만 그 못지않게 중요한 깃발, 바로 유엔기에 대해 알아보자.

새로운 국제기구에 대한 발상은 제2차 세계대전 중 이루어졌다. 윈스턴 처칠은 워싱턴 방문 중 미국 대통령 프랭클린 루스벨트가 '국제연합United Nations'이라는 명칭을 처음 떠올렸던 순간을 회고록에 기록한 바 있다. 이 단어를 듣고 윈스턴은 바이런의 시 한 소절을 떠올렸는데, "여기, 연합국가들United Nations이 검을 빼든 곳에서 그날 우리의 동포는 전쟁을 하고 있었구나!"라는 구절이다. 처칠은 이전에 제안된 '연합 열강Allied Powers'이라는 명칭보다 이 명칭을 훨씬 마음에 들어 했다고 한다.

깃발 애호가라면 뉴욕의 유엔 본부 옆을 꼭 한번 걸어보고 싶을 것이다. 그 옆에 회원국들의 국기가 걸린 거대한 깃대가 줄지어 늘어서 있기 때문이다. 총 194개의 국기가 걸려 있는데, 아프가니스탄에서 짐바브웨까지 알파벳 순서로 배열된 193개 회원국의 국기와 함께, 다른 국기들보다 좀 더 높이 걸린 유엔기가 휘날리고 있다. 평일에는 악천후를 제외하고 매일 오전 8시에 국기를 게양해 오후 4시에 내리고, 주말에는 유엔기만 게양한다.

유엔은 1945년 50개국의 대표가 캘리포니아에서 회의를 열어 세계 평화 유지를 위한 기구를 설립하면서 탄생했다(없느니만 못한 국제연맹보다는 잘해보자는 것이 목표였다). 처음에는 유엔기를 만들 계획이 없었다. 회의 주최 측은 그저 참가자 배지에 넣을 표장을 만들어야 한다는 생각뿐이었다. 하지만 이 임시 표장을 영구적으로 사용하게 될지도 모른다는 걸 곧 깨닫고 디자인 제작 위원회를 설립했다.

이 표장은 미국의 건축가 도널 맥러플린이라는 사람이 디자인했다. 맥러플린은 제2차 세계대전 동안 군사작전에 필요한 시각 자료를 만들었으며 뉘른베르크재판에 사용된 법정을 설계하기도 했다.

유엔 표장과 깃발 속 모든 디자인 요소는 이 기구의 주요한 목표인 평화와 번영을 나타낸다. 전쟁을 상징하는 빨간색과 정반대로 파란색이 주요 색상으로 선택된 이유도 마찬가지다. 심지어 깃발에 쓰인 파랑의 색조를 뜻하는 이름으로 '유엔 블루'라는 말도 생겨났다.

유엔기에서 흰색으로 표현된 부분은 방위각 투영azimuthal pro-

유엔기

처음에 사용한 유엔 표장. 북미가 정중앙을 차지하고 있는 반면 일부 국가는 보이지 않는다.

jection으로 본 세계지도. 방위각 투영이란 중심에서 특정 지점으로 향하는 각도를 기준으로 지구 표면을 평면으로 나타내는 방식이다. 북극에서 바라본 이 지도의 각도는 모든 국가로부터의 등거리等距離를 상징한다. 하지만 제일 처음에 사용한 지도는 이렇지 않았다. 원래는 북미 대륙이 중앙에 있었고 아르헨티나나 남아프리카 공화국과 같이 남극에 가까운 몇몇 나라는 보이지도 않았다. 현재는 그리니치자오선, 즉 경도 0도가 정중앙을 차지하고 있다.

유엔기의 세계지도 주위에는 올리브 가지 2개가 그려져 있다. 올리브 가지는 고대 그리스 시대부터 평화의 상징으로 사용되었는데, 나중에 기독교 문화로 전파되며 비둘기와 짝을 이루게 되었다. 또한 새들과 올리브 가지가 지닌 상징성은 미국 문장학자들의 선택을 받아 미국 국장은 오른발에는 올리브 가지를, 왼발에는 화살 다발을 쥐고 있는 독수리로 장식하게 되었다.

19세기에 볼리비아와 파라과이는 이미 올리브 가지를 국기

키프로스(1960년 이후)

도안에 적용했는데, 유엔기의 등장 이후로 키프로스, 에리트레아, 투르크메니스탄 이 세 나라가 추가적으로 올리브 가지를 국기에 넣었다. 안타깝게도 아직은 올리브 가지가 키프로스와 에리트레아에 평화를 가져다주지 못했지만 말이다. 깃발을 잘 아는 누군가는 국기에 남은 유엔의 흔적이 앞으로 그 나라가 걷게 될 가시밭길이라고 해석하기도 한다.

키프로스의 현대사는 1960년 영국, 그리스, 튀르키예가 독립을 승인하면서 시작한다. 같은 해 국기도 공식적으로 채택되었다. 키프로스 국기는 유엔기와 비슷하게 중앙에 지도가 놓여 있고 그 밑에 올리브 가지 2개가 그려져 있으며 전체적으로 평화를 상징한다. 키프로스 헌법에 국기 디자인이 중립적이어야 한다는 조항이 명시되어 있기 때문에 그리스의 색인 파란색과 튀르키예의 색인 빨간색을 사용하는 것은 불가능했다. 또한 그리스 국기에 등장하는 십자가나 튀르키예 국기에 등장하는 초승달도 사용하지 못했다.

최종적으로 선택을 받은 도안은 튀르키예 출신의 교사이자 화가였던 이스메트 귀네이의 작품이다. 귀네이는 섬의 실루엣을 그려 넣은 뒤 구릿빛 오렌지색으로 칠했는데, 키프로스의 풍부한 구리 매장량을 상징한다. 키프로스라는 국명도 '구리'를 뜻하는 라틴어 cuprum에서 유래했다는 설이 있을 만큼 이 나라를 대표하는 광물이다. 그리고 섬 이미지 밑에는 올리브 가지가 들어갔다.

정통 기학자들은 이 디자인에 반대했다. 문장학에서는 흰 바탕에 오렌지색을 사용하는 것이 부적절하게 여겨지기 때문이다. 익살꾼들은 키프로스 국기에 '달걀프라이'(올리브 가지는 일종의 고명인 셈이다)라는 별명을 붙이기도 했다. 올리브 가지는 비둘기 부리에 물려 있는 형태로 키프로스의 국장에도 등장한다.

키프로스의 초대 대통령이자 키프로스 정교회의 대주교이기도 했던 마카리오스 3세가 튀르키예계 예술가가 디자인한 국기를 선택했다는 사실은 평화에 대한 기대감을 드높였다. 귀네이는 디자인 보수로 평생 매년 20파운드를 받기로 약속받았지만 실제로 돈을 받은 적은 한 번도 없었다. 귀네이는 정부를 상대로 소송을 준비하다가 2009년 세상을 떠났는데, 생전에 그가 오스트레일리아 원주민 기를 디자인한 해럴드 토머스에게 국기로 돈 버는 법을 전수받지 못한 것이 못내 아쉽다.

키프로스가 독립할 당시 대략적으로 인구의 80퍼센트는 그리스계, 20퍼센트는 튀르키예계였다. 그리스계는 그리스와의 통일을 뜻하는 에노시스 운동을 벌인 반면, 튀르키예계는 이웃한 크레

타섬이 그리스령이 된 후 겪어야 했던 고초를 강조하며 키프로스의 분할을 요구했다.

그리스계와 튀르키예계 간의 충돌은 키프로스의 역사를 주기적으로 장식하였고 양쪽 모두에 사상자를 내며 귀결되었다. 1974년에는 그리스에서 권력을 장악한 군사정부가 불난 집에 기름을 부었다. 이들이 키프로스에서 군사 쿠데타를 일으켜 마카리오스 대통령을 축출하고 키프로스의 그리스 편입을 주장하는 사람을 대통령으로 앉힌 것이다. 그러자 튀르키예는 섬 북부에 군대를 파병해 북키프로스 튀르키예 공화국을 세웠다. 비록 튀르키예 말고는 아무도 이 나라를 합법 정부로 인정하지 않지만 말이다.

그 이후 남북으로 분단된 섬을 다시 통일하려는 시도는 몇 차례 있었다. 2004년에는 유엔에서 아난 계획Annan Plan을 제안하며 키프로스를 하나의 연방 국가로 재통일하고 그리스계와 터키계 키프로스인의 권리를 동등하게 보장할 것을 목표로 했다. 이에 대한 국민투표가 부쳐졌지만, 찬성표를 던진 튀르키예계와 달리 그리스계는 거부했다.

당시 유엔 평화안은 통일 키프로스의 새 국기를 만들기 위해 국민 공모로도 이어졌다. 이 대회를 통해 1000개 이상의 도안이 제출되었지만 통일 계획이 부결되면서 새 국기는 더 이상 필요하지 않게 되었다.

가장 최근에 독립한 신생국 중 하나인 에리트레아는 국기에 유엔의 올리브 가지가 들어간 또 다른 나라다. 제2차 세계대전이 발발하기 전 이 아프리카 국가는 이탈리아의 식민지였다(에리트레

통일 키프로스 공화국의 새 국기로 제안된 도안 중 하나

아의 수도인 아스마라에는 아름다운 이탈리아풍 건물이 많이 있다). 전쟁이
끝난 후 승리한 연합군은 이 영토를 어떻게 처리해야 할지 선뜻 결
정을 내리지 못했다. 현지 주민은 독립을 요구했지만, 연합국 편에
섰던 에티오피아가 에리트레아를 자기 땅으로 주장하며 나섰고
연합국으로서는 이를 무시하기 어려웠기 때문이다. 결국 1941년
영국이 에리트레아를 임시로 통치하기로 하였다.

　그러다 1952년 유엔이 제시한 타협안에 따라 에리트레아는
10년간 에티오피아의 자치령으로 편입되었다. 이 연방 시기에 사
용된 에리트레아 국기는 유엔기의 영향을 받아 푸른색 바탕에 곧
게 뻗은 올리브 가지 하나를 올리브 가지 2개가 화환처럼 둘러싼
모양이었다. 평화와 번영의 강력한 상징이라 할 수 있겠다. 그러나
1950년대 후반부터 에티오피아는 에리트레아의 자치권을 점차
제한하기 시작하였고 결국 1961년 에리트레아 무장 독립 운동이
일어났다. 독립 전쟁은 1993년 에리트레아가 마침내 독립국이 될

에티오피아 연방 시기의 에리트레아
국기(1952~1962년)

에리트레아(1995년 이후)

때까지 30년간 지속되었다.

　삼각형 3개로 구성된 에리트레아 공식 국기에는 여전히 둥근 올리브 가지와 곧은 올리브 가지가 들어가 있다. 화환을 이루는 30개의 잎은 에티오피아로부터 독립할 때까지 치른 30년간의 전쟁을 상징한다. 삼각형은 에리트레아 인민 해방 전선Eritrean People's Liberation Front, EPLF의 깃발에서 가져온 것인데, 독립 전쟁에 나서 싸웠던 이 단체는 이 나라의 유일한 정당인 민주 정의 인민 전선이 되었다.

　가장 큰 빨간색 삼각형은 해방을 위해 흘린 피를 의미한다고 하는데, 나에게는 이중적 상징으로 조금 달리 다가온다. 일단 이 삼각형은 에리트레아의 땅 모양과 얼추 비슷하다. 또한 에리트레아라는 단어가 '빨강'을 의미하는 그리스어 단어에서 유래했으며, 고대 그리스인은 홍해와 맞붙어 있는 에리트레아를 이렇게 불렀다고 한다. 하지만 순전히 내 개인적인 생각일 뿐이다.

　에리트레아 국기가 정치단체의 깃발에서 모티브를 얻었다는

투르크메니스탄(2001년 이후)

대통령의 말이 등장하는 투르크메니스탄
의 국장

사실은 서글픈 이야기다. 오늘날 에리트레아는 일당독재제를 유지하고 있으며 전 세계에서 가장 가난한 나라 중 하나이기 때문이다.

세 번째로 소개할 나라는 투르크메니스탄이다. 투르크메니스탄은 소련이 붕괴된 직후 1992년에 국기를 채택했다. 초창기 국기에는 올리브 가지가 들어가지 않았는데, 1995년 투르크메니스탄의 '영세중립' 선언을 기념하여 추가되었다. 영세중립국이란 자국의 영토와 주권을 보호하기 위해 영원히 중립 상태를 유지하기로 국제적으로 인정받은 국가를 의미한다. 유엔 총회도 투표를 통해 투르크메니스탄의 중립을 공식적으로 승인해주었다. 국제적으로 중립국 지위를 부여받은 국가는 투르크메니스탄 외에도 스위스, 오스트리아, 리히텐슈타인, 코스타리카 등이 있다. 그 외에도 중립을 선언한 국가가 더 있지만 특정 시기의 정치적 상황에 따른 선언이었기에 영세중립국과는 차이가 있다.

투르크메니스탄의 수도 아슈하바트에는 중립 기념비가 있다.

이 기념비 꼭대기에는 초대 대통령인 사파르무라트 니야조프의 황금 동상이 놓여 있는데, 2010년에 이 기념비를 이전할 때까지 낮 동안 항상 태양을 향하도록 회전했다고 한다.

또한 투르크메니스탄 국기에는 이 나라의 지역 다섯 곳을 상징하는 5개의 카펫 디자인이 등장한다. 국장에서도 동일한 패턴이 아름다운 말을 에워싸고 있는 것을 볼 수 있다. 이 말은 단순히 문장학적으로 추상화된 말이 아니라 특정 말을 가리킨다. 바로 니야조프의 애마다.

다시 동아프리카로 돌아가보자. 에리트레아 근처에는 유엔의 불길한 흔적이 남은 국기를 가진 또 다른 국가 소말리아가 있다. 제2차 세계대전이 끝난 후 1960년, 영국령 소말릴란드와 이탈리아령 소말릴란드가 합쳐져 독립 소말리아 공화국이 탄생했다. 프랑스령 소말릴란드는 이웃 나라로 남았다.

독립한 소말리아는 그해 12월 20일에 유엔에 정식 회원국으로 가입하였다. 에리트레아의 경우와 마찬가지로 유엔은 이 나라

소말리아(1954년 이후)

지부티(1977년 이후)

TTPI 기

미크로네시아(1979년 이후)

운명에 중요한 역할을 했다. 그리하여 1954년 소말리아는 파란색 바탕의 국기를 채택했다. 프랑스령 소말릴란드는 지부티라는 이름으로 새롭게 바뀌었고 1977년 프랑스로부터 독립하였다. 그리고 지부티의 독립을 지지한 소말리아에 경의를 표하기 위해 국기의 주요 색상 중 하나를 파란색으로 정했다.

　동아프리카에서 현대 정치 지도가 한창 그려지고 있을 무렵, 지구 반대편 태평양에서는 미크로네시아Micronesia라는 또 다른 독립국이 등장했다. 국명에서도 알 수 있듯이 이 나라는 총면적이 7만 2800헥타르인 싱가포르보다도 면적이 더 작은 소국이다. 미크로네시아의 작은 섬들은 1914년부터 1944년까지 식민 통치를 받았으며 제2차 세계대전 중 군사적 목적으로도 사용되었다. 이후에는 유엔의 감독을 받는 태평양 제도 신탁통치령Trust Territory of the Pacific Islands, TTPI이 되었다. 푸른색 바탕의 TTPI 기에는 이 영토의 여섯 지역을 상징하는 별 6개가 그려져 있었다.

　1986년 미국과 자유 연합 협정을 체결하며 독립을 선언한 미크로네시아는 그 전에 이미 TTPI 기를 모델로 하여 자체적인 국기를 만들었다. 유엔의 푸른색과 일치하도록 톤만 약간 조정하고 별 6개를 4개로 줄였을 뿐이다. 그중 하나는 미크로네시아 연방을 상징하고 나머지 별들은 팔라우 공화국, 마셜 제도, 북마리아나 제도(현재는 미국령이다)를 가리킨다. TTPI에 속했던 6개 주 중 세 곳만이 미크로네시아 연방에 편입되었기 때문이다.

앞서 .tv와 .nu 도메인을 갖게 된 투발루와 니우에의 행운에 대해 언급했는데, 미크로네시아 연방Federated states of Micronesia 또한 이 점에서 운이 좋았다. 라디오 방송국들의 수요가 많은 .fm 도메인을 차지한 것이다.

캄보디아 역시 유엔의 영향을 강하게 받은 나라다. 20세기 후반 거의 내내 캄보디아는 내전과 분열에 시달렸다. 폴 포트는 공산당 활동가였는데, 도시를 '악의 소굴'이라 부르고 모든 국민을 농부로 만들고자 했다. 1975년 폴 포트가 공산주의 혁명 세력인 크메르 루주를 이끌고 수도 프놈펜에 입성하자 폭력 사태는 최고조에 달했다. 크메르 루주는 단 며칠 만에 250만 명에 달하는 프놈펜 시민을 강제로 농촌으로 이주시켰다. 폴 포트는 국경 지대의 베트남인을 포함해 캄보디아의 소수민족을 말살하는 데에도 남다른 열정을 보였다.

폴 포트는 스탈린의 제자를 자처할 만큼 그를 존경하였는데, 실제로 포트가 저지른 엄청난 학살을 보면 가히 수제자라 할 만하다. 포트가 권력을 장악하면서 약 4년 동안 사망한 캄보디아인이 대략 200만 명인데, 1975년 당시 전체 인구의 3분의 1에 해당한다. 그러다 마침내 1979년 1월, 베트남 군대가 프놈펜 함락에 성공

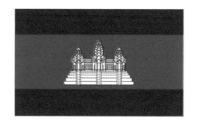

유엔 캄보디아 과도 통치 기구 시절의 국기
(1992~1993년)

캄보디아(1948~1970년, 1993년 이후)

하자 폴 포트와 크메르 루주는 정글로 도망쳤다.

1991년 파리에서 평화 회담이 열린 후 캄보디아는 잠정적으로 유엔 체제하에 들어갔다. 유엔이 독립국가를 직접적으로 통치한 것은 이때가 처음이었다. 유엔 캄보디아 과도 통치 기구United Nations Transitional Authority in Cambodia, UNTAC는 18개월간 지속되었는데, 이 시기에 사용된 공식 국기에는 유엔 블루 바탕에 캄보디아 지도가 그려져 있고 아름다운 크메르 문자로 국명이 적혀 있었다.

국기의 변화는 그 나라의 역사가 얼마나 평화로웠는지 혹은 격동적이었는지 보여주는 좋은 지표다. 국기가 자주 바뀌었다면 그 나라의 운명은 순탄치 않았다는 확실한 징후라 할 수 있다. 캄보디아 국기는 지난 세기 동안 여덟 번이나 바뀌었는데, 그때마다 국기를 장식한 앙코르와트 사원(세계 최대 규모의 사원이며 12세기 초에 지어졌다)의 디자인이 조금씩 변경되었다. 또한 캄보디아는 스페인, 포르투갈, 산마리노, 볼리비아와 함께 국기에 건물이 들어간 다섯 나라 중 하나가 되었다.

동티모르

동티모르는 거의 3세기 가량 포르투갈의 식민지였다. 1974년 포르투갈은 카네이션 혁명[*]이 일어나며 동티모르를 미처 신경 쓸 여력이 없었다. 그러자 이웃 나라 인도네시아는 이때를 틈타 동티모르에 침공했다. 동티모르는 20년간 이어진 인도네시아 강점기에 100만 인구 중 무려 20만에 달하는 수가 목숨을 잃었고, 결국 국제사회가 개입해 동티모르는 3년간 유엔의 통치를 받았다.

2002년 독립한 후에는 검은색 삼각형에 별 하나가 그려진 붉은 도안을 새로운 공식 국기로 채택했다. 여기서 붉은색은 동티모르 국민이 겪어야 했던 고난을 상징한다. 또 검은색이 상징하는 바가 흥미로운데 반드시 극복해야 할 반계몽주의, 즉 계몽주의를 나타낸다고 한다. 그리고 검은색 삼각형 뒤에 배치된 역동적인 노란

---

[*] 48년간 이어진 독재 정부를 무너뜨리고 민주주의 체제를 만든 사건이다. 명칭은 당시 시민들이 카네이션을 군인들에게 나눠 주고 군인들은 카네이션을 총구에 꽂은 일에서 유래되었다.

색 삼각형은 독립을 위한 투쟁을 의미한다.

동티모르의 국장에도 흥미로운 상징이 눈에 띈다. 중앙에 칼라시니코프 돌격 소총이 그려져 있는데, 이 무기는 인도네시아의 침공과 지배에 맞서 싸울 때 사용했다고 한다. 짐바브웨와 모잠비크의 국장에도 칼, 삽, 곡괭이, 그리고 소총이 등장하는데, 모두 독립을 위한 투쟁과 역사를 상징한다.

다시 유럽으로 돌아가보자. 1990년대 초반 구舊유고슬라비아 사회주의 연방 공화국의 영토에서 6개의 국가가 탄생했다. 그중 하나가 보스니아 헤르체고비나다. 이 나라의 국기는 국기도 포스트모더니즘적일 수 있다는 걸 보여주는 좋은 사례다.

보스니아 헤르체고비나가 어째서 이런 특이한 국기를 갖게 되었는지 이해하려면 1992년에서 1995년까지 맹위를 떨친 보스니아계, 세르비아계, 크로아티아계 간의 무력 충돌을 기억해야 한다. 그러다 마침내 데이턴 평화협정을 체결하며 전쟁이 종식되었고, 그 후 전쟁 당사자들은 평화에 합의하여 보스니아 헤르체고비나를 단일 주권국으로 인정했다.

그런데 보스니아 헤르체고비나가 새로운 국기를 정하지 못하자, 1998년 유엔에서 자체적으로 만든 국기가 도입되었다. 유엔이 처음 제안한 3개 도안 중 하나는 푸른색 바탕에 흰색 지도가 그려진 디자인이었지만, 이보다 조금 더 특별한 국기를 바랐던 듯하다.

그리하여 보스니아 헤르체고비나의 새 국기에 노란색 삼각형이 등장하게 되었다. 이 삼각형은 보스니아 헤르체고비나의 정치 지도를 빼닮았는데, 도형을 이루는 세 변은 최근까지도 서로 필사

보스니아 헤르체고
비나(1998년 이후)

유엔 블루를 사용한
초기 국기

유엔에서 제안한 다
른 후보 국기

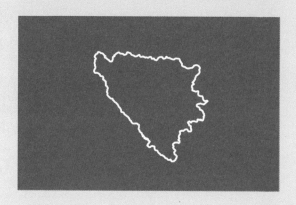

적으로 싸웠던 세 민족 보스니아인, 세르비아인, 크로아티아인을 상징하기 때문이다. 이 깃발의 특이한 요소는 삼각형뿐만이 아니다. 삼각형의 왼쪽 변을 따라 흐르는 별은 유럽을 상징하는데, 양쪽 끝에 있는 별이 중간에 잘려 있다. 특정한 수를 나타내는 것은 아니라는 뜻이다. 국기의 바탕색은 유엔 블루였으나 1998년 이후로 유럽연합 깃발을 연상시키는 진한 청색으로 변경되었다.

유엔의 흔적이 남아 있는 또 하나의 깃발은 남극의 깃발이다. 남극은 특정 국가의 영토가 아니기 때문에 공식 기는 존재하지 않지만, 이 지역을 상징하는 도안이 몇 차례 만들어졌다. 쉬이 짐작할 수 있겠지만, 유엔 블루 바탕에 남극 대륙 모양의 흰 지도가 그려진 도안이 대표적이다. 이 그림을 로르샤흐 테스트로 사용해 어떤 이미지가 보이는지 확인해보는 것도 재밌을 것 같다(나부터 말하자면 털북숭이 코뿔소가 보인다).

흥미롭게도 이 기를 만든 그레이엄 바트럼은 영국의 깃발 연구소 소속 수석 기학자로, 보스니아 헤르체고비나의 국기를 만드

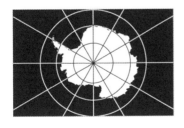

남극조약에서 제안한 남극 기

그레이엄 바트럼이 제안한 남극 기

는 데 일조하기도 했다. 그러고 보면 기학자에게도 자신만의 스타일이라는 것이 있는 모양이다.

2002년 남극조약에서 채택한 남극 기에도 똑같이 남극 지도가 그려져 있지만, 보다 어두운 바탕색이 사용되었고 위도와 경도의 주요 선이 표시되었다는 차이가 있다. 하지만 전 세계적으로 이 모티콘에 사용되는 남극 기는 그레이엄 바트럼의 도안이라는 사실을 알아두길 바란다.

04

깃발에
십자가가
등장한다면

깃발에 그려진 십자가는 국기라는 개념만큼이나 오래된 역사를 자랑한다. 덴마크 국기(덴마크어로 '단네브로'라고 한다)는 세계에서 가장 오랫동안 사용된 국기로 빨간 바탕에 흰 스칸디나비아 십자가가 그려져 있다.

1000여 년 전, 덴마크 왕 하랄드 '블루투스' 고름손은 기독교를 덴마크의 공식 종교로 지정했다. 여기서 흥미로운 이야기를 들려주자면 우리가 아는 블루투스를 처음 개발한 사람은 이 왕에게서 이름을 따왔다고 한다. 하랄드가 덴마크와 노르웨이를 통일한 것처럼 이 기술이 모든 장치를 통합할 거라고 생각했기 때문이다. 다시 본론으로 돌아가 덴마크가 기독교를 받아들인 후 벌인 전쟁은 야만인의 싸움이 아니라 신앙의 이름으로 행한 거룩한 행위로 여겨지게 되었다.

1219년 덴마크는 탈린 근처에서 비기독교 국가였던 에스토니아와 맞서 싸우고 있었다. 덴마크가 패배를 눈앞에 두고 있을 때

덴마크 국기에는 왼쪽으로 치우친 전통적인 스칸디나비아 십자가가 그려져 있다.

갑자기 하늘에서 흰 십자가가 그려진 붉은 깃발이 뚝 떨어지자, 용기를 얻은 덴마크군이 결국 승리했다는 전설이 전해진다. 그렇게 빨간 바탕에 흰 십자가가 그려진 기가 왕실 깃발로 채택되었다. 좀더 세속적으로 보자면, 덴마크 국기의 십자가는 사자심왕 리처드의 제3차 십자군 원정 시절에 만들어진 잉글랜드 국기의 성 조지 십자가와 같은 뿌리를 가지고 있다고 봐야 할 것이다.

대칭을 중요시하는 사람이라면 왼쪽으로 치우친 스칸디나비아 십자가가 다소 못마땅하게 보일 수도 있다. 이 디자인을 정당화하기 위해 한마디하자면, 원래 덴마크 국기는 엄밀히 말해 직사각형이 아니었다. 비둘기 꽁지 모양의 꼬리가 2개 달린 오각형 형태▐로 주로 선박에 내걸었기 때문에 당시에는 다분히 대칭적으로

▐ 상상하기 어렵다면 덴마크 해군기 또는 Danish naval ensign을 검색해 보라.

보였을 것이다.

단네브로의 놀라운 점은 이 국기가 세계에서 가장 오래되었기 때문만이 아니다. 가장 놀라운 점은 그 긴 역사 동안 공식적으로 도안이 변경된 적이 단 한 번도 없다는 사실이다. 그러니 덴마크 기업들이 제품 포장에 국기를 즐겨 사용하는 것도 당연하다.

덴마크는 여러 면에서 독특한 나라다. 이 국가를 이루는 440개 이상의 섬 중 하나인 그린란드는 세계에서 가장 큰 섬이다. 또한 지금은 독일 땅이 된 슐레스비히홀슈타인도 과거에 덴마크가 보유했다. 이 영토의 역사는 덴마크와 독일이 끊임없이 부딪치고 있는 문제 중 하나다. 20세기 초 독일은 이 지역에 사는 덴마크인을 대상으로 덴마크 국기 게양을 금지했다. 그러자 덴마크 농부들은 특별한 품종의 돼지를 길러 '덴마크 항거 돼지Danish Protest Pig'라는 별명을 붙였는데, 등에 커다란 흰 줄무늬가 들어간 이 붉은 돼지들은 아니나 다를까 덴마크 국기를 빼닮았다.

덴마크는 국기법 또한 상당히 이례적이다. 통상적으로 각 나라는 국기 모독 행위를 엄격히 금지하는데, 덴마크의 경우에는 세계 모든 나라의 국기 화형식을 금지하면서도 자국 국기에 대해서는 예외를 허용하기 때문이다. 마찬가지로 일본에도 일장기 모독죄는 없으나 외국 국기 모독죄는 있다. 혹자는 평화로운 이 북유럽 나라의 국기를 불태울 일이 뭐가 있겠느냐고 고개를 갸웃할지도 모르겠다. 하지만 2006년 덴마크 국기는 세계에서 화형식을 가장 많이 당한 국기 중 하나가 되었다. 어쩌면 미국의 성조기를 능가했을지도 모른다. 그 당시 덴마크의 한 신문사가 예언자 무함마드를

스웨덴

풍자한 만평을 싣자 급진주의 이슬람 단체들이 이에 항의하며 세계 곳곳에서 시위를 벌였던 탓이다.

　이웃 나라 스웨덴의 국기도 덴마크 국기와 비슷한 기원 설화를 가지고 있다. 전설에 따르면 12세기경 스웨덴은 한 전투에서 핀란드를 무찔렀다. 처음에는 스웨덴이 지고 있었는데, 스웨덴 왕이 푸른 하늘에서 태양의 십자가를 본 후 전세가 역전되었다고 전해진다. 뭐, 어쨌든 이 이야기가 덴마크 쪽 이야기보다는 좀 더 그럴듯하게 들리기는 한다. 구름 속에서 어떤 이미지를 보는 건 꽤 흔한 일이니 말이다.

　단네브로처럼 스웨덴 국기도 변화가 거의 없는 국기의 역사를 자랑한다. 유일한 예외는 스웨덴이 약 100년간 노르웨이와 동맹을 맺었던 19세기뿐이다. 그때 이 두 나라의 국기는 영국 국기와 비슷하게 십자가들이 뒤섞인 모양이 되었다. 그러다가 왼쪽 상단 귀퉁이에 이 연합의 상징을 넣는 방식의 절충안이 나오게 되었

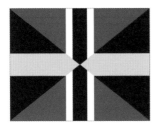

스웨덴과 노르웨이의 연합 상징. 일명 실살라텐(청어샐러드)으로 불렸다.

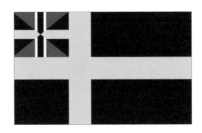

연합 상징이 들어간 스웨덴 국기(1844~1905년)

핀란드(1918년 이후)

핀란드의 국기가 될 뻔한 붉은 기

는데, 스웨덴 사람들은 이를 영 탐탁지 않게 여겨 청어, 비트, 사과를 버무린 스웨덴 전통 요리를 뜻하는 '실살라텐'이라 불렀다. 연합이 깨진 뒤 스웨덴은 옛 국기를 되찾았지만, 색깔은 진청색에서 좀 더 연한 청색으로 변경했다.

스웨덴 옆에는 또 하나의 행복한 북유럽 국가 핀란드가 있다. 이 두 나라를 가르는 경계선은 세계에서 가장 이상하고 혼란스러운 국경으로 꼽힌다. 핀란드가 실수로 스웨덴 땅인 작은 무인도에 등대를 세우는 바람에 두 나라가 서둘러 국경선을 다시 그려야 했던 것이다.

이웃 나라들과는 달리 핀란드는 독립국으로서 역사가 오래된 편이 아니다. 1917년 러시아로부터 독립한 핀란드는 국기 공모전을 열었다. 대중의 선택은 두 가지로 좁혀졌는데, 하나는 흰 바탕에 푸른 십자가가 그려진 도안이었고, 또 다른 하나는 붉은 바탕에 노란 사자가 그려진 도안이었다. 겉모습만 보면 붉은 기의 사자는 정신이 반쯤 나간 듯하다. 그 외에도 푸른 배경에 흰 십자가가 그려진 디자인이 있었지만, 당시 그리스 국기와 너무 흡사해서 제외되었다.

마침내 선택을 받은 것은 푸른 십자가였다. 그때 핀란드는 부르주아 당을 지지하는 백군과 사회주의를 신봉하는 적군 간의 내전에서 이제 겨우 빠져나왔던 터라 대중은 빨간색을 그다지 선호하지 않았다. 앞서 살펴본 호주도 비슷한 이유로 푸른색 국기를 선택했다는 것을 떠올려보라. 새 국기를 채택하고 몇 년 뒤, 핀란드는 국기의 십자가를 연청색에서 진청색으로 변경했다. 참고로 같은 시기에 스웨덴은 정반대로 색을 변경했다.

핀란드는 지리적으로나 문화적으로나 스칸디나비아와 밀접하게 연관돼 있고 국기에도 스칸디나비아 십자가가 떡하니 자리 잡고 있다. 하지만 언어와 민족적 차이를 근거로 핀란드인은 스칸디나비아인으로 간주되지 않는다는 점을 기억할 필요가 있다.

스칸디나비아 십자가가 그려진 또 다른 국기로는 노르웨이 국기가 있다. 노르웨이는 덴마크와 동맹을 맺었다가 나중에는 스웨덴과 동맹을 맺었는데, 이 모든 역사적 사건이 국기에 흔적을 남

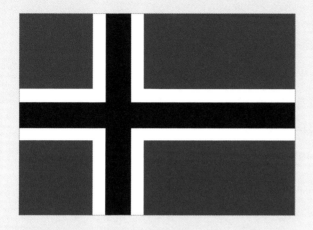

노르웨이
(1821년 이후)

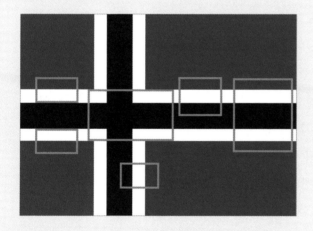

국기 종합
선물 세트

졌다.

1821년에 승인된 공식 국기는 노르웨이 국회의원인 프레드리크 멜체르가 디자인한 것이다. 내가 오슬로를 여행할 때 가이드에게 들은 바에 따르면, 멜체르는 아들이 덴마크 국기에 푸른 십자가를 그려 넣는 모습을 보고 영감을 받았다고 한다. 유감스럽게도 그건 그냥 지어낸 이야기일 뿐이고 프랑스의 삼색기에 착안했다는 것이 사실에 가깝다.

독일의 지리학자 지몬 퀴스텐마허는 X에서 노르웨이 국기를 '국기 종합 선물 세트'라 부른 적 있다. 이 국기 하나만으로도 인도네시아, 폴란드, 핀란드, 네덜란드, 태국, 그리고 멜체르에게 영감을 준 프랑스 국기까지 총 여섯 나라의 국기를 식별할 수 있다는 것이다. 나는 여기에 덧붙여 빨강, 하양 두 줄무늬로 이뤄진 모나코 국기도 포함해 말하고 싶다.

아이슬란드 국기에서도 노르웨이 못지않게 많은 나라의 국기를 찾아볼 수 있다. 작지만 자부심 넘치는 이 나라는 1944년 덴마크로부터의 독립에 대한 국민투표를 실시하였는데, 국민의 약 98퍼센트가 찬성하면서 독립국이 되었다.

같은 해 채택된 국기 속 붉은색은 문장학에서 주로 상징하는 피가 아닌 용암을 뜻한다. 화산은 아이슬란드의 역사에서 빼놓고 설명할 수 없을 만큼 중요한 변수였다. 이를테면 2010년에는 '에이야퍄들라이외퀴들'이라는, 발음도 어려운 이름의 화산이 폭발해 유럽 전역에서 일주일 동안 항공기 운항이 중단된 적도 있다. 하지만 2년간 지속되며 지구 한랭화를 초래한 18세기 말의 라키

아이슬란드 국기는 그림 같은 풍경을 높은 하늘에
서 내려다본 듯한 모양이다.

스위스 국기는 적십자 로고에 영감
을 주었다.

산 폭발과 비교하면 이건 아무것도 아니다. 이러한 이상기후로 유
럽에 최악의 흉작이 발생했고, 그 결과 프랑스혁명이 발발했다는
설도 있을 정도다.

　스위스 국기는 덴마크 국기와 비슷한데, 덴마크나 다른 스칸
디나비아 나라들의 국기와 달리 완벽한 대칭을 이루고 있다. 또
한 바티칸 시국 국기와 함께 세상에 오직 둘뿐인 정사각형 국기다.
가로세로 비율이 15：13인 벨기에 국기도 이 기준에 상당히 근접
하다.

　전 세계 병원과 약국에서 볼 수 있는 국제 적십자사의 로고 또
한 스위스 국기에 뿌리를 두고 있다. 적십자는 1864년 제네바에서
창설되었는데, 그 로고는 스위스 국기의 색을 반전한 형태다. 적십
자 로고에 영감을 준 스위스에는 감사하지만, 국제 인도주의 단체
의 로고에 십자가를 선택한 건 그리 좋은 생각은 아니었다. 딱히
종교적 의미를 의도한 건 아닐지라도 말이다. 전 세계의 비기독교

깃발에 십자가가
등장한다면

국가들은 이 로고를 자체적으로 수정해서 쓰기 시작했다. 1877년에서 1878년까지 지속된 러시아 튀르크 전쟁 중에 오스만 제국의 야전 의사들은 붉은 초승달을 자기네 상징으로 사용하기도 했다. 오늘날 33개국에 달하는 이슬람 국가에서는 초승달을, 이스라엘에서는 다윗의 별을 십자가의 대체물로 사용하고 있다.

2005년에는 적십자 로고를 보다 중립적인 상징으로 대체하려는 시도가 있었다. 흰 바탕에 붉은 정사각형의 모서리가 아래로 향하게 그려진 로고가 '적수정'이라는 이름을 달고 타협안으로 제

적십자 로고

33개국이 채택한 붉은 초승달

이스라엘이 채택한 붉은 다윗의 별

적수정은 붉은 십자가를 대신하는 종교 중립적인 로고로 제안되었다.

통가(1866년 이후)   통가(1862~1866년)

시되었던 것이다. 전 세계 192개 적십자 회원국이 스위스 제네바에 모여 투표해 적수정을 제3의 표장으로 채택하였으나 실제로 자주 사용하지는 않는다.

적십자 로고와 관련해서는 또 다른 흥미로운 이야기가 숨어 있다. 제1차 제네바협약이 채택되기 2년 전인 1862년, 지구 반대편에서는 새 국가가 탄생했다. 바로 통가라는 작은 왕국이다. 태평양 지역의 다른 섬들처럼 이 섬도 제임스 쿡 선장에 의해 발견되었는데, 이후 영국 선교사들이 주민 대다수를 기독교로 빠르게 개종시켰다. 실제로 통가에서는 기독교의 영향력이 워낙 강해서 일요일에 일하는 것을 법으로 금지할 정도다.

1862년 통가 정권은 흰 바탕에 붉은 십자가를 국기로 채택했다. 그러다 몇 년 후 국제기구인 적십자가 똑같은 디자인의 로고를 도입했다는 사실을 알게 되었는데, 당시 국제연맹이 설립되기도 전이었던 터라 달리 항의할 만한 곳도 없었으므로 결국 통가는 국기를 변경해야 했다.

고대 남캅카스 국가였던 조지아도 국기에 붉은 십자가를 사

조지아(2004년 이후)

용한다. 큰 십자가 1개와 작은 십자가 4개를 합쳐 총 5개의 십자가
가 그려져 있다. 문장학에서는 이런 문양을 예루살렘 십자가라고
부르는데, 대략 1000년 전 제1차 십자군 원정 이후 예루살렘 왕국
의 깃발에 처음 사용되었기 때문이다. 5개의 십자가는 예수 그리
스도의 몸에 난 성흔 다섯 곳을 상징한다.

　이 도안이 등장한 지는 500년 가까이 되지만, 오늘날의 조지
아 국기는 비교적 최근에 채택되었다. 2003년 조지아에서 미하일
사카쉬빌리가 이끄는 장미 혁명이 일어나자 예루살렘 십자가가
그려진 깃발은 저항의 상징이 되었고, 사카쉬빌리가 대통령이 되
면서 국기로 승인되었다.

　붉은 바탕에 흰 십자가가 그려진 국기를 가질 뻔한 나라가 또
하나 있었으니, 바로 몰타다. 스위스와 덴마크 국기의 중간쯤 되는
이 깃발은 19세기 초까지 몰타에 본부를 두었던 몰타 기사단의 공
식 깃발이었다.

　몰타 기사단은 여러모로 독특한데, 영토는 없지만 스스로를

거의 주권국가로 간주한다는 점에서 그렇다. 유엔과 유럽 평의회에서 공식 옵서버[*] 자격을 지닌 데다 자체 화폐와 우표를 발행하고 여권을 발급하며 대부분의 국가에 대사를 두고 있다. 혼란스럽게도 수도는 더 이상 몰타가 아닌 로마에 있지만 말이다.

몰타 기사단의 기원부터 차근히 살펴보려면 11세기로 거슬러 올라가야 한다. 몰타 기사단은 1099년 예루살렘에서 창설되었다. 처음에는 성지에서 가난한 순례자들에게 숙소와 병원을 제공했기 때문에 구호 기사단이라 알려지게 되었다. '구호' 기사단의 깃발이 적십자 로고의 시초가 된 스위스 국기와 유사한 것은 근사한 기학적 우연이라 할 만하다.

오랜 기간 수많은 전쟁을 겪으며 기사단의 거점에도 여러 변화가 있었다. 팔레스타인이 이슬람 세력에 점령당하자 구호 기사단은 1309년에 그리스의 로도스섬으로 이동했다. 그러다 1522년 오스만 제국이 술레이만 대제의 통치하에 로도스섬을 점령하자 기사단은 결국 몰타에 거점을 마련하면서 이름을 몰타 기사단으로 변경했다. 하지만 또다시 1798년에는 나폴레옹이 이끈 프랑스군에 항복하였고 이후 몰타에서 추방되었다.

몰타는 나폴레옹 전쟁에도 중요한 역할을 했다. 몰타 기사단 단원 중에 아주 영향력 있는 인물이 한 명 있었기 때문이다. 바로 러시아의 황제 파벨 1세다. 파벨 1세는 몰타 기사단이 가톨릭 단체라는 사실에도 불구하고 자신이 기사단 소속이라는 걸 무척 자

[*] 정식 구성원은 아니기에 의결권과 발의권은 없지만, 발언권은 있다.

랑스러워했고, 나중에는 러시아 국장에 몰타의 십자가를 추가하기까지 했다. 나폴레옹이 유럽의 군주국을 무찌르고 있을 때 러시아 제국은 되도록 개입하지 않으려 했지만, 몰타마저 점령당하자 러시아는 결국 참전을 결정했고 결국 나폴레옹의 패배로 이어졌다. 이렇듯이 한때 몰타는 러시아 황제의 비호 아래 있었다. 파벨 1세가 궁정 혁명 중 살해되지 않았더라면 역사가 다르게 전개돼 몰타가 러시아 땅으로 남게 되었을지도 모를 일이다. 하지만 실제로는 나폴레옹이 쫓겨난 후 몰타는 영국의 보호령이 되었다.

제2차 세계대전 중 몰타는 연합군이 히틀러를 상대로 승리를 거두는 데 다시 한번 중요한 역할을 했다. 윈스턴 처칠은 이 섬을 가리켜 "절대 가라앉지 않는 항공모함"이라 불렀고, 조지 6세는 조지 십자장George Cross을 수여했다. 이 훈장의 십자가는 1964년 몰타가 영국으로부터 독립한 후 국기에 등장하게 되었다. 왼쪽 상단을 자세히 들여다보면 '무공'을 뜻하는 For Gallantry라는 글귀와 함께, 칼로 용을 무찌르고 있는 우리의 오랜 친구 성 조지의 형상을 찾아볼 수 있을 것이다. 몰타를 제외하면 국기에 인간의 형상이 들어간 나라는 중앙아메리카의 벨리즈뿐이다.

중간에 잠시 로도스섬을 언급했으니 이제 그리스에 대해 알아볼 차례다. 15세기에서 19세기까지 그리스 영토는 오스만 제국의 지배를 받았다. 그러다 1821년부터 튀르크에 대항해 혁명전쟁을 벌이기 시작했고, 1832년 5월에 열린 런던회의에서 국제사회의 승인을 받은 끝에 그리스 왕국으로 독립했다.

현대 그리스의 공식 국기는 두 가지였다. 하나는 파란 바탕에

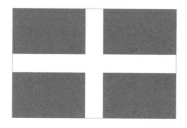

몰타 주권 기사단

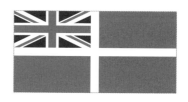

영국 왕령 식민지 몰타(19세기)

영국령 몰타의 기(1875~1898년)

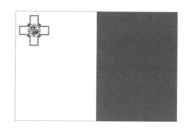

몰타(1964년 이후)

흰 십자가가 그려진 디자인으로 핀란드 국기에 간접적으로 영향을 주었고, 다른 하나는 오늘날 우리가 알고 있는 국기로 캔턴에 십자가가 놓이고 파란색과 흰색 줄무늬가 교대로 총 9개가 그려진 디자인이다. 줄무늬가 9개인 이유는 공식적으로 알려져 있지 않다. 그리스어로 '자유가 아니면 죽음을'을 뜻하는 글귀가 아홉 음절이거나 '자유'를 뜻하는 그리스어 단어가 아홉 글자이기 때문이라는 설도 있는 반면, 고대 그리스 신화에 나오는 예술과 학문의 여신이 아홉 명이기 때문이라는 설도 있다.

흥미로운 점은 그리스 국기에 들어간 파란색의 변화를 유심히 살펴보면 이 나라의 독립사를 알 수 있다는 것이다. 그리스의 초대 국왕은 바이에른 왕국의 왕자 오톤이었다. 이때 사용된 깃발의 하늘색은 바이에른 문장에서 유래한 것이다. BMW 로고 덕분에 바이에른 깃발에 친숙한 사람도 제법 많을 것 같다. 혹자는 BMW가 원래 항공기 엔진을 만드는 회사였다는 사실을 지적하며 이 로고가 프로펠러를 나타낸다고 말하기도 한다. 하지만 이 로고는 1917년 독일 바이에른주 뮌헨에서 설립되었던 기업의 역사를 강조하기 위해 바이에른 주기의 문양을 그대로 사용한 것이다. 따지고 보면 BMW와 그리스 국기 사이에는 놀라운 역사적 연관성이 있는 셈이다.

그 뒤로 그리스 국기의 파란색은 정권을 뒤엎은 사건으로 한 차례 변화가 생겼다. 제2차 세계대전 후 아테네에서는 왕당파를 비롯해 온갖 좌우 정치 세력이 폭발적으로 뒤섞인 채 등장했다. 결국 1967년 그리스 군부는 쿠데타를 일으켜 권력을 잡았다. 군사정권은 약 7년간 독재자로 군림하며 극심한 탄압과 체포를 일삼았는데, 한편으로는 대령들의 개혁 덕분에 그리스 경제가 성장한 면도 있다. 군사정권은 1970년에 새 국기를 채택했는데, 이때 국기의 파란색은 거의 검은색에 가까울 정도로 어두운 진청색이었다.

1973년 오일쇼크로 세계경제 위기가 닥치자 그리스는 큰 타격을 받았다. 사우디아라비아가 친이스라엘 국가들에 손실을 입히기 위해 석유 판매를 대폭 감축하면서 촉발된 위기였다. 미국은 그리스에 대한 원조를 중단할 수밖에 없었고, 그리스의 경제 상황은 악화되기 시작했다. 군사정부는 경제난으로부터 국민의 관심

바이에른 주기를 바탕
으로 한 BMW 로고

바이에른주 깃발

십자가 속에 바이에
른 문양과 왕관이 그
려진 그리스 해상 깃
발(1833~1858년)

그리스 군사정부가
채택한 국기
(1970~1975년)

그리스의 두 번째 공식
국기(1975~1978년,
1822~1969년). 핀란
드도 똑같은 국기를
채택할 수도 있었다.

그리스 국기는 1822년
에 해군기로 채택되었
으며, 1978년 이후 유
일한 공식 국기로 사
용되고 있다.

을 돌리기 위해 키프로스에서 군사 쿠데타를 일으켜 그리스와의 합병을 시도했지만, 이미 앞 장에서 보았듯이 그들은 튀르키예의 대응을 과소평가했다. 키프로스 침공은 그리스 군사정부의 붕괴로 이어졌고, 일시적으로 권력을 장악한 콘스탄티노스 카라만리스는 민주적 선거를 약속했다.

푸른색과 십자가는 세계에서 가장 작고 오래된 국가 중 하나인 산마리노의 국기에도 등장한다. 바티칸 시국, 레소토와 더불어 사방이 다른 나라로 둘러싸인 나라인 산마리노는 종교 박해를 받던 성 마리노라는 기독교인에 의해 4세기 초에 설립되었다.

산마리노(1862년 이후)

국기에는 산마리노를 상징하는 두 가지 색인 하늘색과 흰색이 쓰였고 가운데에는 국장이 배치되어 있다. 국장의 정중앙에는 탑이 3개가 그려져 있는데, 이 탑들이 오늘날 산마리노의 상징이자 주요 명소라 할 수 있다. 국장 위에는 독립의 상징으로 십자가가 달린 왕관이 그려져 있는데, 세계에서 가장 오래된 공화국으로 여겨지는 산마리노의 국기와 국장에 왕관이 등장한다는 사실은 다소 역설적으로 다가오기도 한다.

바티칸 시국

한편 십자가가 가장 많이 그려진 국기의 주인공은, 당연하게도 바티칸 시국이다. 고대 로마 제국의 황제 칼리굴라는 어머니인 아그리피나를 위해 바티칸 언덕에 경기장을 지었다. 성 베드로가 십자가에 못 박힌 곳이 바로 이곳이다. 성경에 따르면 그리스도가 베드로에게 말하길 "내가 너에게 천국의 열쇠를 주리라"(마태복음 16:19)라고 했다는데, 바티칸 시국의 국기에 그려진 것이 금과 은으로 된 이 열쇠들이다.

열쇠 위에는 교황이 쓰는 관인 삼중 관이 그려져 있다. 사실 처음에 교황관은 다소 소박한 디자인의 머리 장식이었다. 8세기까지 교황은 프리기아 캡phrygian cap이라 불리는 삼각 모자를 썼는데, 보석 상인이 끼어들어 값비싼 루비를 얹으면서 점차 뾰족한 왕관으로 진화했다.

그 뒤로 보니파시오 8세가 교황으로 재위하면서 교황관에 또 다른 커다란 변화가 일어났다. 당시에는 봉건제의 시대가 저물고 유럽의 군주들이 득세하며 점차 중앙집권화가 이루어지고 있었다. 교황은 봉건제 내에서 핵심적인 역할을 수행할 수 있기에 이때 교황이 된 보나파시오는 운이 좋지 못했다. 보니파시오는 프랑스 왕 필리프 4세에 맞서 교황의 권위는 그 어떤 세속 권력보다 우선한다는 내용의 칙서를 발표하기도 했다. 그리고 이 점을 강조하기 위해 교황관에 두 번째 층을 추가했지만 별다른 소용이 없었다. 결국 프랑스 왕은 왕권 찬탈과 남색 혐의로 교황을 체포했고, 심지어 교황이 작은 악마를 애완동물처럼 키운다는 소문까지 퍼트렸다.

약 40년 후 또 다른 교황 베네딕토 12세는 교황관에 세 번째 층을 추가했다. 그가 왜 그렇게 했는지 정확한 동기는 전해지지 않지만, 숫자 3이 기독교에서 아주 중요한 의미를 가지고 있다는 건 누구나 쉽게 짐작할 수 있을 것이다.

대관식에 교황관을 쓰는 전통은 1978년 이탈리아의 요한 바오로 1세가 교황의 자리에 오르면서 중단되었다. 요한 바오로 1세는 바티칸에서 흔히 볼 수 없는, 겸손함과 간소함의 미덕을 믿는 교황이었다. 하지만 교황이 된 지 겨우 한 달 만에 세상을 떠나면서 재위 기간이 가장 짧았던 교황이 되었다. 워낙 돌연한 죽음이었기에 급진적인 개혁을 두려워한 바티칸의 비밀 조직이 요한 바오로 1세를 독살했다는 설이 나돌기도 했다.

요한 바오로 1세 이후의 교황들은 아무도 교황관을 쓰지 않았다. 2005년 베네딕토 16세는 자신의 문장에 좀 더 소박한 주교 관을 넣은 첫 교황이 되었고, 그 뒤를 이은 프란치스코 교황 또한 전례를 따랐다. 이러다가 언젠가는 교황관이 교황의 문장뿐 아니라 바티칸 시국의 국기에서마저 사라지게 될 날이 올지도 모를 일이다.

흥미로운 점은 바티칸 시국의 국기에는 바티칸 근위대를 상징하는 노란색과 빨간색이 쓰일 수도 있었다는 것이다. 하지만 이탈리아 군대가 나폴레옹 군대에 흡수되자 이들로부터 자신의 근위대를 구분하기 위해 1808년 비오 7세가 빨간색을 흰색으로 변경했다. 그런 점에서 당시 나폴레옹의 영향력은 바티칸 시국의 국기에도 미쳤다고 할 수 있다.

19세기에는 이탈리아에서 리소르지멘토, 즉 통일 운동이 활발히 전개되면서 바티칸 시국이 이탈리아에 합병되었다. 그렇게 반세기 가까이 교황청은 바티칸 지역에서만 지배력을 행사했다. 이후 1929년 이탈리아의 지도자 베니토 무솔리니는 교황 비오 11세와 라테라노 조약을 체결하며 바티칸 시국을 독립국가로 선포했다.

바티칸 국기와 관련해서는 최근에 놀라운 사건이 있었다. 전세계 곳곳에 퍼져 있는 바티칸 국기가 잘못 그려져 있다는 사실을 2023년에 깃발 애호가들이 뒤늦게나마 발견해낸 것이다! 알고 보니 교황관 안쪽의 둥근 부분이 흰색이 아니라 빨간색으로 잘못 칠해진 국기가 바티칸의 공식 국기로 위키피디아에 수년간 등재되어 있었다. 여기서 시작된 실수가 인터넷에 퍼지면서 구글과 페이

스북의 이모티콘에도 진출했다.

도미니카 공화국은 기독교적 상징이 풍부한 국기를 가진 또 다른 나라다. 아이티와 같은 섬에 위치한 이 나라는 원래 아이티의 일부였다. 아이티 국기가 프랑스의 삼색기에서 진화했다면, 도미니카 공화국 국기는 아이티 국기에서 진화했다고 볼 수 있다.

아이티와 도미니카 공화국의 국기, 그리고 두 나라의 운명을 견주는 건 수십 년 만에 동창회에서 다시 만난 친구들의 근황을 비교하는 것만큼이나 흥미롭다. 같은 섬에 자리 잡은 이 두 나라는 처음에는 동등한 기회를 부여받은 듯 보였다. 아이티와 마찬가지로 도미니카 공화국도 지난 세기에 잔인한 독재자 라파엘 트루히

아이티 국기(1820~1949년, 1986년 이후)는 프랑스 삼색기에서 흰 줄무늬를 제거하여 만들었다.

도미니카 공화국 독립을 위해 활동한 비밀단체의 깃발

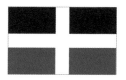

1844년부터 1849년 사이에 쓰인 도미니카 공화국 국기는 왼쪽 깃발의 십자가가 확대된 모양이다.

도미니카 공화국(1863년 이후)

도미니카 연방(1990년 이후)

깃발에 십자가가
등장한다면

117

요의 통치를 받았다. 트루히요의 가족이 벌어들이는 수입이 국가 총수입의 40퍼센트에 달했으며, 그가 어찌나 여자를 밝혔는지 '색마'라는 별명이 붙었을 정도였다. 하지만 현재 도미니카 공화국은 1인당 국내 총생산GDP 기준으로 아이티보다 열 배 이상 부유하다.

역시 카리브해에 위치하고 도미니카 공화국에서도 멀지 않은 곳에는 도미니카 연방이라는 나라도 있다. 이 두 나라의 이름은 늘 혼동을 일으키지만, 사실 어원은 상당히 다르다. 도미니카 공화국의 국명은 도미니코 수도회의 설립자에게서 따왔으며 '주님의 개'를 뜻하는 라틴어 Domini canes에서 생겨난 반면, 도미니카 연방의 국명은 '일요일'을 뜻하는 라틴어 dominica에서 유래했다. 크리스토퍼 콜럼버스가 이 섬을 발견한 것이 일요일이었기 때문이다.

도미니카 연방 국기에도 십자가가 들어가 있다. 그리고 국기에 자주 나오지 않는 보라색이 특이하게도 사용되었다. 국기에 보라색을 쓴 또 다른 나라로는 니카라과가 있지만, 니카라과의 국기에는 눈에 띄지 않을 만큼 무지개 끝부분에 작게 칠해져 있다. 도미니카 연방 국기에서 보라색이 칠해진 부분은 앵무새의 깃털 부위인데, 도미니카는 임페리얼 아마존이라는 앵무새를 무척 자랑스럽게 여겨 국기뿐 아니라 국장에도 넣었다. 2019년 기준으로 이 앵무새 종은 새끼를 제외하고 전 세계에 대략 50마리밖에 없는 것으로 추정되었다.

포르투갈도 국기에 십자가를 넣은 유럽 국가 중 하나다. 다만 다른 국기들과는 달리 십자가의 형태가 아주 분명하다고 할 수는 없는데, 사실은 이마저도 완전히 사라질 뻔했다. 우선 가장 중요한 것부터 알아보자.

포르투갈의 국기는 마치 양파 껍질을 한 꺼풀씩 벗길 때처럼 요소를 하나씩 자세히 들여다볼수록 그 속에 흥미로운 이야기를 담고 있다. 국기 중앙에는 국장이 자리 잡고 있고, 국장 속에는 포르투갈 방패가 그려져 있으며, 그 안에는 방패 5개가, 그리고 각각의 방패 안에는 속이 꽉 찬 원 5개가 그려져 있다. 조지아 국기와 마찬가지로 숫자 5는 그리스도가 십자가형을 당할 때 몸에 남은 상흔 다섯 곳을 상징한다. 전설에 따르면 12세기경 포르투갈의 초대 왕 알폰소 1세는 중요한 전투 전날 예수 공현을 경험한 뒤 포르투갈 방패를 자신의 문장으로 채택했다고 한다. 신은 인간이 전투를 앞두고 있을 때 종종 모습을 드러내며 문장의 세계에 실로 엄청난 영향을 미쳐온 셈이다. 또한 포르투갈 방패의 테두리를 장식한 것은 빨간색 바탕에 그려진 7개의 황금빛 성이다. 카스티야 왕국에서 유래했을 가능성이 높은 이 성은 스페인 국기에도 그려져 있다.

마지막으로 국장의 바깥쪽에는 선원들이 천체의 좌표를 알아내는 데 사용했다는 혼천의라는 천체관측 기구가 그려져 있다. 혼천의는 1807년 포르투갈 왕족이 나폴레옹을 피해 브라질로 도망간 후 국장에 등장했는데, 브라질 또한 독립국이 된 뒤로도 이 문양을 계속 문장에 사용했다. 포르투갈의 국장에 대한 설명은 여기까지다. 이제 국기에 사용된 빨간색과 초록색을 살펴볼 텐데, 이에 대한 설명은 그리 간단치만은 않다.

20세기 초까지 포르투갈 국기의 주요 색상은 흰색과 파란

알폰소 1세의 깃발
(1143년)

포르투갈
(1830~1911년)

포르투갈
(1911년 이후)

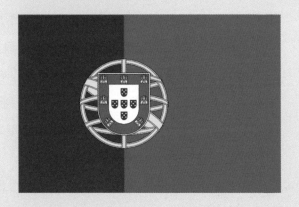

색이었다. 흰색과 파란색은 각각 기독교와 성모마리아를 상징했고, 이 두 가지 색은 포르투갈 왕정의 전통적인 색상이기도 했다. 12세기부터 지속되었던 군주제는 1910년에 막을 내렸다. 1908년 리스본에서 공화주의자들이 국왕 카를루스 1세와 그의 장남을 암살한 사건이 발단이 되었다. 그리하여 카를루스의 둘째 아들이 대신 왕위에 올랐지만, 그는 정치보다는 예술에 더 관심이 많은 젊은 이였다. 결국 18개월 후 폐위되면서 포르투갈은 공화국이 되었다.

당연하게도 이 사건들은 포르투갈 국기에도 영향을 미쳤다. 공화주의자들은 제일 먼저 국기에서 왕관을 제거했지만, 그것만으로는 충분하지 않았던지 파란색과 흰색 대신 공화당을 상징하는 초록색과 빨간색을 넣기로 결정했다. 그러나 놀랍게도 혁명파는 국기에 남은 기독교적 상징을 전부 제거하지 않고 십자가 형태로 배열된 방패는 그대로 두었다.

왕을 끌어내린 후 16년간 포르투갈에서는 열일곱 번의 군사 쿠데타가 일어났고, 정권은 마흔네 차례나 바뀌었다. 가톨릭 신학대학 교수였던 안토니우 드 살라자르는 군사 쿠데타의 권력으로 1928년 재무장관으로 입각하였고 1932년에는 총리로 임명되었다. 젊었을 때 가톨릭 사제가 되고자 했던 살라자르는 결국 독재자가 되어 36년간이나 조국을 통치했다. 포르투갈 사람들은 살라자르에 대해 양가적인 감정을 가지고 있다. 파시스트적 성향이 다분한 독재자이긴 했지만 살라자르가 유럽에서 가장 낙후된 나라 중하나였던 포르투갈의 경제를 눈에 띄게 성장시킨 것 또한 사실이기 때문이다.

1968년 말년의 살라자르는 의자에서 떨어져 머리를 크게 부딪치는 사고를 당했다. 살라자르는 이 사건 이후에도 2년을 더 살았지만 뇌에 손상을 입어 더 이상 나라를 통치하지는 못했다. 그러나 스스로 이 사실을 알아차리지 못하고 병실에서 무의미한 각료 회의를 계속 열었다. 친구들은 살라자르가 보고 기분이 상할 만한 기사가 전부 제거된 정부 신문을 딱 한 부 만들어 그에게 주기도 했다. 그러다 몇 년 후 포르투갈에서 카네이션 혁명이 일어났고, 이를 계기로 많은 포르투갈령 식민지들이 독립을 얻게 되었다.

20세기를 수놓았던 격동의 역사에도 불구하고 포르투갈의 국기는 1911년 이후 한 차례도 변하지 않았다. 기독교의 상징과, 혁명을 일으킨 공화당의 색은 지금도 그대로 남아 있다.

앞서 잠깐 언급했지만, 1807년에 포르투갈 왕실이 나폴레옹을 피해 라틴아메리카로 거처를 옮기면서 유럽 국가의 수도가 유럽이 아닌 브라질에 위치하는 아주 이례적인 상황이 발생하게 되었다.

나폴레옹이 패배한 후, 브라질로 망명했던 포르투갈의 주앙 왕은 아들 페드루를 브라질 총독으로 임명해 리우데자네이루에 남겨둔 채 1821년에 고국으로 돌아왔다. 하지만 1년 후 페드루는 브라질의 독립을 선포하고 초대 황제 페드루 1세로 즉위했다.

페드루 1세는 활기차고 다재다능한 통치자였다. 음악을 좋아해 브라질과 포르투갈의 국가를 직접 작곡하기도 했다. 또한 말 조련, 대장일, 목각에도 관심이 많았으며 다양한 언어를 구사했다. 페드루 1세가 내린 첫 칙령 중 하나는 새 국기를 만드는 일이었다.

브라질 제국
(1853~1889년)

브라질 공화국의 임
시 국기(1889년)

브라질 연방 공화
국의 첫 번째 국기
(1889~1960년)에는
별이 21개 그려져 있
는데, 주가 새로 추가
될 때마다 별도 하나
씩 늘어났다.

그가 채택한 디자인은 초록색 바탕에 노란색 다이아몬드가 들어가 있고 그 중앙에 국장이 그려진 형태였다. 국장에는 당시 브라질의 주요 수출품이자 기호품으로 애용되던 커피나무와 담배풀 가지도 그려져 있다. 포르투갈 국기에도 등장하는 혼천의가 국장 한가운데에 자리 잡고 있는데, 이는 두 나라가 같은 뿌리에서 나왔음을 상징한다.

주앙 왕이 서거하자, 포르투갈의 왕위는 아들 페드루 1세에게 계승되었다. 페드루 1세는 이미 브라질의 국왕이었으므로 포르투갈과 브라질을 다시 하나의 나라로 합칠 계기가 마련된 셈이었다. 하지만 페드루는 독립을 지키고자 하는 브라질의 입장을 받아들이고 일곱 살 된 딸 마리아에게 왕위를 양도했다. 게다가 포르투갈 내 왕가에 벌어질 갈등을 염려하여 딸 마리아와 자신의 동생 미겔을 결혼시키려고 하기도 했다. 그러니까 삼촌과 조카를 엮어주려고 한 셈이다. 처음에 미겔은 이 계획에 동조하는 척했지만 권력을 장악한 후 자신을 포르투갈의 단독 국왕으로 선포했다. 브라질판 막장 드라마가 어디서 영감을 얻었는지 알 것 같지 않은가?

죽기 전 페드루는 자신의 시신을 브라질에 안장하되 심장은 포르투갈에 보존해달라는 유언을 남겼다. 2022년 포르투갈은 독립 200주년을 맞은 브라질에 포름알데히드 용액에 보존된 페드루의 심장을 임시로 보내주기도 했다. 역시 페드루라 불린 페드루 1세의 아들은 브라질 왕국의 두 번째이자 마지막 황제가 되었다. 1889년 브라질 제국이 멸망하고 공화국으로 전환되었기 때문이다. 이러한 변화를 촉발한 것은 당시 국기에도 그려져 있던 커피와 담배였다.

당시 브라질은 마지막까지 노예제도를 유지하는 대국이었으며 삼각무역의 한 축이었다. 유럽 상선은 '황금의 삼각지대'라 불리던 세 지역을 오갔는데, 먼저 아프리카에 가서 노예를 사들인 다음 라틴아메리카로 항해해 그 노예를 팔아 커피나 담배 같은 기호품을 사서 유럽으로 돌아갔던 것이다.

원래 이 삼각무역으로 돈을 가장 많이 번 것은 영국 상인이었지만, 영국 정부는 자국민이 노예무역에 참여하는 것을 금지했다. 브라질이나 다른 나라에도 노예제를 폐지하라고 압력을 가하기 시작했다. 인도적인 이유 때문만이 아니라 노예를 소유한 측이 영국령 식민지에 비해 경쟁 우위를 점하지 못하도록 하기 위해서였다. 결국 1889년 브라질은 황금법Lei Áurea을 채택했는데, 이 법에는 단 두 가지만 명시되어 있었다.

1. 이날부터 브라질에서 노예제도를 폐지한다.
2. 이에 반하는 모든 처분은 무효로 한다.

이 법이 제정되면서 브라질은 부끄러운 역사의 한 페이지를 넘겼지만, 대지주들의 원성을 사고 왕마저 끌어내리는 결과를 초래하기도 했다. 브라질은 공화국이 되자 국기를 다시 한번 선택해야 했다.

첫 나흘간 브라질 공화국은 성조기의 영향을 받은 국기를 사용했지만, 임시 대통령이었던 데오도루 다 폰세카는 바로 그 유사성을 이유로 국기로 채택하지 않았다. 폰세카는 국가의 연속성을 보여주기 위해서라도 옛 제국 국기와 비슷한 도안을 사용하자고 제안했다.

새 공화국의 국기는 제국 국기와 마찬가지로 초록색 바탕에 노란색 마름모를 넣었다. 중앙의 푸른 원에는 별이 빛나는 하늘이 그려져 있고 'Ordem e Progresso'라고 적힌 흰색의 둥근 띠가 둘러져 있다. '질서와 진보'라는 뜻의 이 문구는 브라질의 표어로 프랑스 철학자 오귀스트 콩트의 저작에서 유래했다.

별이 빛나는 하늘에는 흥미로운 상징들이 깨알같이 숨어 있으므로 좀 더 자세히 살펴보자. 국기의 별 개수는 브라질의 주 개수와 일치한다. 처음 국기를 채택했을 때는 별이 21개였다. 이후 주가 늘어나면서 별도 점차 늘어나기 시작했다. 하지만 새 국기를 채택하려면 의회의 동의가 필요했으므로, 늘어난 주를 미처 반영하지 못한 국기가 몇 년씩, 심할 때는 10년 이상 사용되기도 했다. 현재 브라질 국기는 총 27개의 별을 포함하고 있다.

국기에 표시된 별들의 위치는 공화국 선포일인 1889년 11월 15일 브라질 하늘에서 바라본 별들의 위치와 일치한다. 그날 하늘의 별 위치를 더욱 정확하게 반영하기 위해 1992년 브라질 천문학자들은 국기의 별 위치를 살짝 손보기도 했다.

별의 크기도 저마다 다르다. 주의 실제 면적에 따라 별의 크기도 상응할 수 있도록 5단계로 나누어 표현한 것이다. 앞서 살펴봤듯이 오스트레일리아도 각 주의 면적에 따라 별을 다양하게 표현하려다가 너무 복잡해져서 포기한 바 있다. 이에 비해 브라질의 문

오스트레일리아   **브라질 국기의 남십자성**

장학 전문가들은 좀 더 용감했던 듯하다.

　브라질과 오스트레일리아 국기의 또 다른 공통점은 남십자성이 들어갔다는 것이다. 자세히 살펴보면 브라질 국기에서도 이 별자리를 찾아볼 수 있다. 헷갈릴 만한 요소가 하나 있다면, 브라질 국기에는 남십자성의 작은 별이 오른쪽이 아니라 왼쪽에 가깝게 그려져 있다는 점이다. 하지만 이건 실수가 아니다. 오스트레일리아를 비롯한 다른 나라들의 국기에서는 땅에서 위를 바라본 각도로 별이 표시된 반면, 브라질 국기에서는 저 멀리 떨어진 우주, 다시 말해 별자리 반대편에서 바라본 것처럼 별의 위치를 표시한 것뿐이다.

　별에 대한 이야기는 여기서 마무리하며 마지막으로 지적하고 싶은 것은, 국기의 흰 띠 위쪽에는 단 하나의 별만 자리하고 있다는 사실이다. 이 별은 브라질에서 북반구에 위치한 유일한 주인 파라주를 상징한다. 파라주에는 헨리 포드가 세운 포드란디아라고 하는 마을이 있는데, 포드는 자동차 타이어에 쓸 고무를 자체 생산하기 위해 이 마을에 공장을 열었다가 실패한 적이 있다.

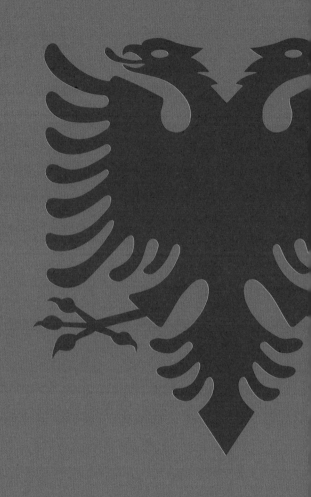

05

로마에서 날아온
독수리

전설에 따르면 사제 레아 실비아는 전쟁의 신 마르스에게 능욕을 당한 뒤 쌍둥이 형제인 로물루스와 레무스를 낳았다. 레아는 베스타 신전의 사제로서 정조를 맹세했기 때문에 출산 후 사형을 선고받았다. 또한 두 아이는 강가에 버려져 죽음을 맞을 운명이었지만, 하인이 그 지시를 따르는 대신 쌍둥이를 바구니에 담아 강물에 띄워 보냈다.

다행히 강의 신 티베리누스가 세 모자를 불쌍히 여겨 레아와 결혼하고 쌍둥이를 물살에 태워 보내 암컷 늑대에게 발견되게 했다. 형제는 늑대 젖을 먹으며 자라다 나중에는 한 양치기에게 입양된다. 그렇게 청년이 된 후, 두 형제는 자신들이 암컷 늑대에게 발견된 곳 근처에 도시를 세우기로 결심했다. 하지만 어느 언덕에 세울지를 두고 말다툼을 하다가 로물루스가 그만 레무스를 죽이고 말았다. 결국 로물루스는 팔라티노 언덕에 혼자 도시를 건립했고 자신의 이름을 따서 그 도시를 로마라 명명했다.

고대 로마군의 부대기   비잔틴 제국의 머리가 2개   신성 로마 제국의 독수리
                        달린 독수리

인류 문명에 가장 큰 영향을 미쳤던 고대 로마의 역사를 논할 때 가장 먼저 나오는 이야기는 바로 이 전설일 것이다. 그리고 당연한 이야기지만 고대 로마는 문장학에도 큰 영향을 미쳤다. 국기와 국장에 가장 빈번하게 등장하는 요소 중 하나인 독수리가 고대 로마에 뿌리를 두고 있기 때문이다. 외세로부터 로마를 지켜주었다는 거위가 들으면 조금 상처받을지도 모르겠다.

일반적으로 보자면, 로마 제국에 현대적 의미의 국기나 국장은 존재하지 않았다. 하지만 이를테면 군대의 깃발에 관습적으로 쓰이는 문장 같은 것이 있기는 했다. 원래 로마 군단은 늑대, 황소, 말, 멧돼지, 독수리가 각각 그려진 5개의 깃발을 가지고 다녔다. 하지만 이후 가이우스 마리우스라는 사령관이 독수리가 제우스의 상징이라는 이유로 나머지 모든 상징을 폐기했다.

따라서 로마의 독수리는 이교도의 상징인 셈이니 기독교 국가들이 자기네 문장 속에 독수리를 넣은 것은 더더욱 신기한 일이다. 처음에는 고대 로마에서 떨어져 나온 몇몇 나라가 독수리를 깃발에 쓰기 시작하더니 이내 전 세계로 퍼져나간 것이다. 때로는 독수리에게 머리가 하나 더 생긴다든지 하는 흥미로운 돌연변이가 발생하기도 했다. 가령 투르크메니스탄의 공식 대통령기에는 머리가 5개 달린 독수리가 등장한다.

독수리는 기독교의 중요한 상징이다. 구약에는 한 예언자가 본 어떤 형상이 묘사되어 있는데, 이 형상은 인간, 사자, 황소, 독수리가 혼재된 모습을 하고 있다. 오늘날 기독교에서 이 네 생물은 4대 복음서의 저자를 상징하며 그중 독수리는 요한복음을 쓴 요한을 나타낸다고 해석된다. 따라서 국기나 국장에 독수리를 넣은 기독교 국가들은 독수리를 고대 로마의 이교주의가 아닌 성경과 관련지어 생각했을 것이다.

4세기에 로마 황제 콘스탄티누스는 제국을 둘로 분할했다. 로마를 중심으로 한 서쪽은 외세의 침략에 시달리며 상대적으로 빨리 멸망한 반면, 비잔틴 제국이라 불린 동쪽은 콘스탄티노플을 중심으로 1000년 넘게 지속되었다. 비잔틴 제국의 수도는 콘스탄티노플이었지만, 비잔틴 사람들은 스스로를 로마인으로 여겼다. 로마가 비잔틴 제국에 속했던 적은 거의 없었음에도 말이다. 그러니 비잔틴이 독수리를 상징으로 채택한 것도 놀라운 일은 아니다. 이 독수리는 서로 다른 방향을 바라보고 있는 2개의 머리를 가졌는데, 이 형태는 유럽과 아시아 양쪽에 미치는 비잔틴 제국의 영향력을 상징한다.

1453년 오스만 제국의 술탄 메흐메트 2세가 콘스탄티노플을 정복하자, 비잔틴 교회의 신도들은 러시아로 대거 피신해 모스크바를 '제3의 로마'라고 불렀다(제2의 로마는 콘스탄티노플이었다). 그렇게 비잔틴의 쌍두독수리는 위풍당당하게 러시아 제국의 국장에도 진출했다.

흥미롭게도 쌍두독수리는 오늘날 키이우에서도 발견된다. 우크라이나의 수도를 대표하는 건축물 중 하나인 성소피아대성당에도 이 독수리가 그려진 깃발이 휘날리고 있다. 그런데 2014년 러시아가 우크라이나와 전쟁을 시작한 이후, 우크라이나 인터넷에는 러시아 독수리를 가리켜 '머리 둘 달린 닭'이 왜 저기 있냐고 묻는 게시물이 잊을 만하면 올라온다. 역사학과 문장학 전문가들은 이 독수리가 러시아가 아닌 비잔틴 제국에서 유래한 것이며, 성소피아대성당은 러시아 국장은 물론 모스크바가 아직 존재하기도 전인 11세기에 지어졌다는 사실을 인내심 있게 설명하고 있다.

독수리는 서유럽의 문장에서도 명예로운 자리를 차지하고 있다. 로마 제국에서 날아온 독수리가 독일 왕국과 신성 로마 제국의 표장에도 안착한 것이다. 독일 왕국은 독일의 몇몇 공국이 하나로 합쳐지면서 10세기 초에 형성되었다. '들새 사냥꾼'이라 불리는 하인리히 1세가 초대 국왕이 되었는데, 전설에 따르면 전령들이 하인리히 1세가 왕이 되었다는 소식을 전하러 갔을 때 그가 새 잡는 그물을 손보고 있었기 때문에 이런 별칭을 가지게 되었다고 한다. 노란 바탕에 검은 독수리가 그려진 왕국의 깃발과 문장에 딱 맞는 일화가 아닐 수 없다. 물론 하인리히 1세가 왕국의 깃발과 문장을 승인했을 때는 자신의 별칭에 대해 전혀 모르고 있었지만 말이다.

반세기 후 독일 왕국은 하인리히 1세의 아들 오토대제의 활약으로 신성 로마 제국이 되었다. 960년 교황 요한 12세는 오토에게 자신의 정치적 투쟁을 도와달라며 로마에 군대를 보내줄 것을 요청했다. 이를 수락한 오토가 2년 만에 이탈리아의 거의 전 지역을 정복하자 교황은 오토를 황제로 즉위시킨 것이다. 그렇게 독일 왕국이 신성 로마 제국으로 바뀌면서 독일 왕국의 깃발에 그려진 독수리도 비잔틴 독수리처럼 두 번째 머리를 가지게 되었다.

　그러나 1년 후 오토는 요한 12세를 폐위시키고 역사가들이 '포르노크라시'라고 부르는 시대를 종식시켰다. 포르노크라시란 욕망과 무절제에 빠진 교황들이 지배하는 '창부 정치'를 말한다.

　신성 로마 제국은 비잔틴 제국과 마찬가지로 1000년 가까이 지속되었지만, 말기에는 볼테르가 지적했듯 "신성하지도 않고 로마와 관련도 없었으며 제국도 아니었다." 공식적으로 제국이 사라진 것은 나폴레옹과의 전투에서 패배한 1806년이었다. 황제 프란츠 2세는 제국의 해체를 선언하고 자신의 소중한 딸을 코르시카의 괴물 나폴레옹에게 시집보내야 했다.

　그렇게 오스트리아 제국이 신성 로마 제국을 대신해 유럽 지도에 등장하게 되었다. 국장은 똑같이 쌍두독수리를 사용했지만 국기는 검은색과 노란색 두 가지 색상만 사용해 더 단순해졌다. 이 두 색은 노란 바탕에 검은 독수리가 그려진 이전 깃발에서 가져온 것이다.

　하지만 새로운 국기는 물론이고 오스트리아 제국 자체도 오래가지 못했다. 1848년 혁명 이후 민족해방운동이 거세게 일어난

오스트리아 제국

오스트리아헝가리 제국

오스트리아헝가리
제국의 문장

오스트리아(1945년 이후)

오스트리아의 국장에는 독수리
발톱 부위에 사회주의의 상징인
낫과 망치가 보인다.

헝가리와 대타협을 할 수밖에 없었기 때문이다. 그리하여 1867년
오스트리아헝가리 제국이 성립되었는데, 여기에는 오늘날 오스
트리아, 헝가리, 보스니아 헤르체고비나, 슬로바키아, 슬로베니아,
크로아티아, 체코, 루마니아, 우크라이나의 영토가 포함되었다. 이
새로운 제국의 깃발은 2개의 국기와 국장에 각각 왕관이 더해진
독특한 형태였다. 두 왕관은 앞서 비잔틴 제국에서 본 쌍두독수리
의 계보를 이어받기도 하였다.

　그러나 이처럼 화려한 국기도 오스트리아헝가리 제국의 문장
앞에서는 금세 빛을 잃고 만다. 제국의 문장은 통합된 영토들의 문
장을 모조리 가져다 쓴 듯이 그 수가 많고 매우 복잡해서 꼼꼼히

보려면 몇 시간은 걸릴 것이다. 이 국장 하나에만 독수리 열네 마리가 그려져 있고 그중 셋은 쌍두독수리다. 사냥 중 독수리를 쏘아 맞힌 오스트리아 대공이 독수리의 머리가 하나뿐이라는 걸 발견하고 놀랐다는 이야기가 농담처럼 전해진 것도 아마 이때쯤이었을 것이다.

제1차 세계대전 이후 제국은 여러 개별 국가로 쪼개졌다. 이때 오스트리아의 국기도 현재 사용되는 적백적 깃발로 바뀌었다. 사실 오스트리아인은 이 도안을 13세기부터 사용해왔다. 레오폴트 공작이 전투에서 승리한 후 피투성이가 된 흰 망토에서 벨트를 풀었다가 안쪽에만 흰 줄이 남은 것을 보고 흡족히 여겨 이 외투를 깃발로 쓰기로 결정했다는 이야기도 전해진다.

하지만 오스트리아를 상징하는 독수리는 그대로 남았다. 오늘날 이 독수리는 발톱에 낫과 망치를 쥔 모습으로 오스트리아 국장에 등장한다. 자본주의 국가인 오스트리아 공화국의 국장에 제왕적인 독수리와 사회주의적인 낫과 망치가 함께 그려져 있더니 참 얄궂지 않은가?

신성 로마 제국의 또 다른 후손인 현대의 독일 또한 문장에 독수리를 넣었지만, 오스트리아처럼 국기에는 사용하지 않고 오로지 국장에만 사용한다. 오스트리아와 다른 점이 있다면 독일 독수리는 아무것도 쥐고 있지 않다는 것인데, 히틀러 치하에서는 이 독수리가 나치즘의 상징인 스와스티카 문양으로 장식된 오크 화환(고대 로마의 또 다른 상징)을 쥔 모습으로 그려지기도 했다.

독일 국기는 흑적금과 흑백적 이 두 가지 삼색 사이를 오가며 역사를 장식해왔다. 현대 독일 국기에 사용된 흑적금 삼색은 나폴레옹에 맞서 싸웠던 한 독일 군대의 제복에 뿌리를 두고 있다. 특별히 어떤 상징적인 의미가 있다기보다는 당시 가장 쉽게 구할 수 있는 재료를 사용한 결과였다. 1848년 38개의 국가들이 독일 연방을 결성하며 채택한 첫 국기에도 이 세 가지 색깔이 사용되었다. 독일 연방은 각국의 정치적 협력을 이루었으나 강력한 중앙 권력은 부족했기에 독일 민족의 통일과 자유를 완전히 이루지는 못했다.

그다음으로 통일의 분수령이 된 사건은 1871년 프로이센이 독일 제국을 수립한 일이었다. 이때 흑백적 삼색기가 독일의 국기가 되었다.

이후 제1차 세계대전이 발발했다. 독일은 전쟁이 금방 끝날 거라고 예상했다. 오토 폰 비스마르크는 영국을 무찌르는 데 무슨 군대씩이나 필요하냐며, 독일 경찰만으로 충분할 거라고 말하기도 했다. 하지만 실제로는 피비린내 나는 대학살이 4년간이나 유럽을 덮쳤다. 패배가 임박해지자 독일 내에서도 혁명이 일어났고, 결국 바이마르 공화국이 독일 제국을 대체하며 국기를 다시 흑적금 삼색기로 되돌렸다.

하지만 1933년 아돌프 히틀러가 독일 수상에 임명되며 이 국기도 오래가지 못했다. 히틀러는 과거 위대했던 독일의 상징으로 흑백적 국기를 되살렸고, 스와스티카가 그려진 나치당 깃발을 또 하나의 국기로 제정했다. 그리고 2년 뒤 나치당 깃발은 유일한 공식 국기가 되었다.

현대 독일 국기,
독일 연방(1848년 이후),
독일(1919~1933년),
서독(1949년 이후),
동독(1949~1959년)

독일 제국(1871~1919년),
독일(1933~1935년)

독일(1935~1945년)

독일의 현 국장

나치 독일의 문장(1933~1945년)

나치 친위대가 사용했던 문
장인데, 이 문양을 볼프스앙
겔이라고 부른다.

　　나치 독일이 채택한 또 다른 상징은 가운데 선을 그은 양식의
알파벳 Z다. 중세의 이교도들은 이 문양에 늑대를 쫓을 수 있는 마
술적인 힘이 있다고 하여 볼프스앙겔Wolfsangel, 늑대 갈고리이라 불렀
다고 한다. 어떤 불경한 우연의 일치인지는 몰라도(과연 정말 우연
일까?) 알파벳 Z는 2022년 러시아의 우크라이나 침략을 상징하는
글자가 되기도 했다.
　　제2차 세계대전 후 독일은 서독(독일 연방 공화국)과 동독(공산
주의 체제의 독일 민주 공화국)으로 분단되었다. 한동안 이 두 나라는

세르비아(2010년 이후)　　　　몬테네그로(2004년 이후)

같은 바이마르 국기를 사용했지만, 1959년 동독이 망치, 나침반, 밀 화환이 그려진 국장을 국기에 추가하면서 다른 길을 가게 되었다.

　이제 유럽의 남동부로 넘어가면 고대부터 아시아와 유럽을 연결해온 발칸반도가 있다. 발칸반도에는 독수리가 그려진 국기를 가진 세 나라가 있는데, 바로 세르비아, 몬테네그로, 그리고 알바니아다.

　세르비아 국기가 어떻게 탄생하게 되었는지는 정확히 알려져 있지 않지만 다양한 설이 있다. 그중에는 오스만 제국에 대항한 제1차 봉기 때 도움을 요청하러 러시아를 방문한 세르비아 대표단이 행진에 필요한 국기를 급조하기 위해 러시아 국기를 가져다가 거꾸로 들었다는 설도 있다.

　제1차 세계대전 후 세르비아는 크로아티아, 슬로베니아와 통일을 이루고 유고슬라비아라는 새 국가를 형성했다. 국기는 청백적의 삼색기를 사용하였는데, 이는 슬라브족의 국기나 지역 깃발에 쓰이는 범슬라브색에 해당한다. 제2차 세계대전 후에는 사회주의를 상징하는 붉은 별이 추가되었다.

　유고슬라비아는 1991년에서 2001년까지 연이은 전쟁을 치른 끝에 결국 연방이 성립되기 이전으로 돌아가 6개의 독립국가 세르비아, 몬테네그로, 슬로베니아, 크로아티아, 북마케도니아, 그리고 보스니아 헤르체고비나로 분리되었다.

　유고슬라비아가 해체되자 2003년 세르비아와 몬테네그로는 '세르비아 몬테네그로 국가연합'이라는 이름의 단일국을 형성하였다. 그러다 2006년 몬테네그로에서 독립 여부를 묻는 국민투표가 실시되었고, 최소 기준인 55퍼센트를 겨우 넘는 55.5퍼센트가 찬성해 독립국가가 됐다.

　그런데 몬테네그로는 세르비아와 연합을 이루었던 시기에도 독자적인 국기를 이미 가지고 있었다. 몬테네그로 국기는 세계에서 가장 긴 국기였다. 지금도 긴 편이지만 당시에는 가로세로 비율이 3:1로, 다시 말해 가로 폭이 세로 길이의 세 배였다. 2004년에는 금색 테두리를 두른 붉은 바탕에 비잔틴 양식의 쌍두독수리와 유다의 사자를 넣은 깃발을 새 국기로 채택했다(유다의 사자는 에티오피아 국기를 다룰 때 다시 만나게 될 것이다). 공화국인 몬테네그로가 국기와 국장에 왕관을 넣은 것은 역설적으로 느껴지기도 한다.

　알바니아 국기에 등장하는 쌍두독수리는 다른 유럽 국기의 독수리와는 좀 다르다. 검은 실루엣으로만 표현되었고 왕관이나 왕홀 같은 장신구도 보이지 않는다. 제2차 세계대전 이전에 채택된 알바니아 국기 중에는 독수리 위에 이색적인 상징물이 그려진 국기도 있었다. 바로 오스만 제국에 맞서 싸운 알바니아의 영웅 스

1928년부터 1939년 사이의 알바니
아 왕국 국기에는 스칸데르베그의
투구가 그려져 있다.

알바니아(1992년 이후)

칸데르베그의 투구다. 이 투구는 금빛의 산양 머리로 장식돼 있다
는 점에서 무척 독특했다.

　제2차 세계대전 후 알바니아가 사회주의 국가가 되면서 염소
투구는 사회주의를 상징하는 별로 대체되었다. 그러다 1992년 그
별마저 제거되면서 알바니아는 현대적이고 간결한 국기를 가지게
되었다.

　알바니아가 기독교적인 비잔틴 독수리를 국기에 사용한 것이
신기하게 느껴지는 또 다른 이유는 국민 대다수가 무슬림인 국가
이기 때문이다. 고대 로마의 이교도적인 독수리가 기독교 국가의
국기에만 널리 퍼진 것이 아니라 이슬람 국기에도 내려앉은 셈이
다. 종교를 넘나드는 차용이 정말 근사하지 않은가?

　독수리 문양은 유럽의 또 다른 주요 국가인 스페인의 국기에
서도 찾아볼 수 있다. 스페인은 역사적 사건이 생길 때마다 이를

가톨릭 군주 이사벨과 페르난도의 문장

현대 스페인의 국장. 독수리는 없지만 고대 그리스 신화의 기둥과 중앙의 백합이 보인다.

스페인(1981년 이후)

카스티야 왕국의 문장

레온 왕국의 문장

아라곤 왕국의 문장

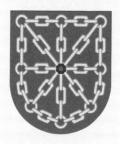

나바라 왕국의 문장

그라나다 왕국의 문장. 그라나다 토후국 정복은 레콩키스타의 마지막 단계였다.

보르본 앙주 왕조의 문장. 스페인 국기에 남은 프랑스의 작은 흔적이라 할 수 있다.

로마에서 날아온 독수리

국기에 유달리 잘 반영한 나라이기도 하다.

　근대 스페인의 역사는 1469년 아라곤 왕국의 페르난도 2세와 카스티야 왕국의 이사벨 간 결혼으로 시작한다고 흔히들 말한다. 페르난도와 이사벨은 육촌 관계였으므로 두 사람이 결혼하려면 교황의 특별 허가가 필요했다. 교황 비오 2세가 서명한 문서가 있기는 하지만, 비오 2세는 그보다 5년 전에 세상을 떠났으므로 누군가 서명을 위조한 게 틀림없다. 어찌 되었건 결혼으로 아라곤 왕국과 카스티야 왕국은 하나로 통합되었고, 이때 채택한 문장이 변화는 약간 있을지언정 지금까지 스페인 국기에 남아 있다.

　이 문장의 가장 핵심적인 자리는 후광을 두른 독수리가 차지하고 있는데, 여기서 독수리는 요한복음을 쓴 성 요한을 상징한다. 독수리의 발톱에 들린 방패에는 흥미로운 요소가 듬뿍 담겨 있다.

　먼저 카스티유의 상징인 성이 보인다(카스티유라는 이름 자체가 '성'을 의미한다). 앞서 포르투갈 국기를 다룰 때 이 성을 언급한 바 있다. 그다음은 레온 왕국의 상징인 사자다. 레온은 페르난도와 이사벨이 결혼하기도 전에 이미 카스티유와 통합되었지만 문장에는 남아 있게 되었다. 노란색과 빨간색의 세로 줄무늬는 아라곤 왕국의 상징으로 현대 스페인 국기에 기본 색상을 제공했다. 마지막으로 네 번째 문장에 등장하는 작은 독수리는 이보다 앞서 아라곤과 통합한 양시칠리아 왕국의 상징이다.

　1492년 이사벨과 페르난도가 그라나다 토후국을 정복해 무어인으로부터 이베리아반도를 재탈환하는 레콩키스타를 마친 후에는 문장 하단에 석류 이미지가 추가되었다. 또한 1512년 나바라 왕국을 정복한 뒤에는 나바라 문장도 추가되었다. 나바라 문장의 금색 사슬은 3세기 전 무어 왕의 천막을 둘러쌌던 방호 쇠사슬을 상징하는 것으로, 나바라 왕이 자신의 칼로 이 사슬을 끊어버렸다고 한다.

스페인 국장에 그다음으로 추가된 요소는 대번에 프랑스가 연상되는 백합이다. 1700년 프랑스 국왕 루이 14세의 손자인 펠리페 5세가 스페인 왕위에 오르면서▐ 보르본 앙주의 백합 문장을 국장에 추가한 것이다. 프랑스의 백합이 스페인 국기에는 있지만 막상 프랑스 국기에는 없다니 참 이상야릇한 일이다.

또한 고르디우스의 매듭으로 묶인 화살 다발도 국장에 등장한다. 전설에 따르면 고르디우스의 매듭은 수많은 영웅들이 풀려고 애썼으나 아무도 성공하지 못했고, 결국 수백 년이 지난 후 알렉산더 대왕이 칼로 끊어버렸다고 한다. 스페인 국장에 이 매듭이 다시 등장한 까닭은 개개의 화살을 부러뜨리는 것보다 화살 다발을 부러뜨리는 것이 훨씬 더 어렵다는 것을 보여주기 위해서다.

매듭과 화살에는 또 하나의 흥미로운 요소가 숨어 있다. 스페인어로 매듭과 화살을 뜻하는 단어 'yugo'와 'flechas'의 머리글자가 이사벨Isabel의 다른 철자인 Ysabel의 Y와 페르난도Fernando의 F와 일치한다는 것이다.

뒤늦게 스페인 국장에 추가된 또 다른 상징은 스페인의 지리

▐ 펠리페 5세의 조모는 스페인 카를로스 2세의 누이인 마리아 테레사였다. 카를로스가 자손 없이 서거하여 스페인 왕위를 계승할 수 있었다.

적 발견과 관련이 있다. 국장을 둘러싸고 있는 2개의 기둥은 헤라클레스의 기둥, 다시 말해 지브롤터해협의 동쪽 끝에 있는 2개의 곶을 상징한다. 이 기둥의 이름은 고대 그리스 신화에서 헤라클레스가 수행한 열두 가지 과업에서 유래했다. 열 번째 과업으로 헤라클레스는 세계의 서쪽 끝에 사는 거인 게리온으로부터 소 떼를 훔쳐 미케네로 몰고 가야 했다. 게리온을 찾아 나선 헤라클레스는 대서양과 지중해가 이어지는 지점에서 거대한 바위 산맥이 길을 가로막고 있자, 이 산맥을 맨손으로 찢어 양쪽으로 던져버렸고 그 사이에 지브롤터 해협이 났다고 한다. 또 다른 전설에서는 바다 괴물이 지중해에 들어오지 못하게 기존의 해협을 좁혔다고 하기도 한다.

이 2개의 기둥은 스페인의 항해사들이 새로운 영토를 발견하기 시작하면서 특별한 의미를 띠게 되었다. 고대에는 지브롤터 해변 앞에 라틴어로 'Non plus ultra', 다시 말해 '이 너머에는 아무것도 없다'라고 쓰인 비문이 있었다고 한다. 하지만 해가 지지 않는 제국을 꿈꾼 스페인의 국왕 카를로스 1세는 여기서 'non'을 뺀 문구를 자신의 신조로 삼았다. 'Plus ultra'는 '이 너머로 나아가라'로 해석될 수 있다. 얼마간의 시간이 흐른 뒤 이 글귀는 스페인의 국가 표어로 채택되었으며 국장에도 추가되었다.

스페인은 대서양을 건너 신세계를 발견하면서 당대 가장 부유한 국가 중 하나가 되었다. 당시 스페인은 포토시 즉, 오늘날의 볼리비아에 위치한 세계 최대의 은광에서 상당한 부를 얻었다. 지금도 스페인에서는 매우 가치 있는 무언가를 칭할 때 '포토시처럼

포토시의 독특한 문장

소중한 것'이라는 표현을 사용한다. 그런데 포토시는 한때 정말 특이한 문장을 사용했다. 머리는 없고 몸만 2개인 신성 로마 제국의 독수리를 전면에 내세운 것이다.

　다시 헤라클레스의 기둥으로 돌아가보자. 현수막이 S자 모양으로 휘감긴 두 기둥을 가만히 살펴보면 우리가 모두 아는 익숙한 무언가가 떠오른다. 그렇다, 바로 달러 기호다. 헤라클레스의 기둥은 스페인 국장에 처음 사용되었다가 이후 멕시코의 화폐 단위인 페소에도 등장했다. 그러다 점차 멕시코 통화를 지칭하는 $ 기호로 진화했고 나중에는 미국 달러의 상징이 된 것이다.

　18세기까지 스페인 선박이 사용한 깃발은 흰 천에 국장이 그려진 단순한 모양이었다. 그런데 유럽 선박 대부분이 흰색 위주의 깃발을 사용하다 보니 가끔은 혼란이 야기되었다. 이 사실을 알아차린 스페인의 국왕 카를로스 3세는 1760년 해군 고관에게 멀리

카를로스 3세의 해군기   프랑코의 팔랑헤당   프랑코 정권 시기의 국기 중 하나
을 상징하는 매듭과
화살

서도 눈에 잘 띄는 새 깃발을 도안하라는 지시를 내렸다. 제시된 12개의 도안 중 왕이 선택한 것은 적황적의 가로 줄무늬가 들어간 디자인으로 노란 띠가 붉은 띠보다 폭이 두 배 더 넓었고 국장이 왼쪽으로 치우쳐 있었다. 처음에는 해군기로 채택된 깃발이 오늘날 국기로 발전한 셈이다.

1936년 반란이 일어나면서 스페인은 3년간의 피비린내 나는 내전에 휘말렸다. 반란의 주동자는 프란시스코 프랑코 장군이 이끄는 전통주의 에스파냐 팔랑헤당이었다. 이사벨과 페르난도의 문장에서 가져온 매듭과 화살은 팔랑헤당의 상징이 되었다. 프랑코 장군이 마침내 권력을 장악한 후에는 가톨릭 신앙의 상징으로 이사벨과 페르난도의 독수리를 스페인 국기에 되살리기도 했다.

프랑코 치하에서 스페인은 낙후된 농업 국가에서 공업과 관광이 발달한 나라로 차츰 발전하는 조짐을 보이기도 했지만, 정치적 탄압으로 수만 명의 희생자가 발생했다. 1975년 프랑코가 사망한 뒤 후안 카를로스 국왕은 민주화를 재추진했고, 이에 따라 새 국장의 필요성이 대두되었다. 그리하여 1981년 새롭게 제정된 국장이 국기에 들어가 지금까지도 자리를 지키고 있는데, 옛 스페인 왕국 4개국의 방패, 프랑스 백합, 헤라클레스의 기둥, 국가 표어 'Plus ultra'와 함께 왕정을 상징하는 왕관이 맨 위에 놓인 디자인이었다. 애석하게도 독수리는 들어갈 자리를 찾지 못했다.

캐나다 국기가 캐나다 세로띠라는 기학 용어를 만들었듯이 스페인 국기는 스페인 가로띠Spanish fess라는 새 용어를 만들어냈다. 이는 가운데 가로띠가 위아래 띠보다 폭이 두 배 더 넓은 형태를 가리킨다. 레바논, 리비아, 라오스의 국기를 다룰 때 이 스페인 가로띠를 다시 만나게 될 것이다.

스페인과 프랑스 사이에는 안도라라고 하는 작은 국가가 위치해 있다. 그리고 당연하게도 안도라 국기는 스페인과 프랑스의 국기를 적당히 섞은 모양을 하고 있다. 19세기 초만 해도 안도라 국기는 노란색과 빨간색 이 두 가지 색으로만 구성되었지만, 나폴레옹 3세의 요구로 프랑스를 상징하는 세 번째 파란색 줄무늬가 추가되었다.

안도라의 현대 국기는 1993년 헌법이 승인된 시기에 공식적으로 채택되었다. 흥미로운 점은 이 국기의 세로 줄무늬가 삼색기가 대부분 그러하듯 폭이 다 같은 것처럼 보이지만, 국장이 들어가는 가운데 줄무늬가 약간 더 넓다는 사실이다. 정확히 재어보면 세 줄무늬의 비율은 8:9:8이다.

안도라의 국장은 스페인 주교와 프랑스 통치자가 두 군주가 되어 공동 정부를 이끄는 이 나라의 독특한 정치 구조를 반영한다.

안도라(1806~1866년)   안도라(1993년 이후)

이에 따라 방패의 왼쪽 상단에는 스페인 우르헬 주교의 문장인 금빛 주교관이, 오른쪽 상단에는 프랑스 왕정 군주였던 푸아 백작의 문장인 빨간 세로 줄무늬 3개가 들어가 있다. 안도라는 여전히 이러한 공동 정부 체제를 유지하고 있다. 참고로 오늘날 안도라의 두 공식 군주는 우르헬 주교와 프랑스 대통령이다.

1993년 안도라는 헌법을 제정하면서 현재의 국기를 채택했을 뿐만 아니라, 공동통치자들의 각종 면책특권을 정확히 규정하였고 스페인과 프랑스에 매년 바치던 조공을 중단했다. 그 전까지는 홀수 해에는 프랑스 통치자에게 460달러를, 짝수 해에는 스페인 주교에게 약 12달러와 함께 햄, 치즈, 생닭을 각각 6개씩 바쳤다고 한다.

안도라 국기는 또 다른 유럽 국가인 몰도바의 국기와 놀라

⚑   그 항목과 개수는 문헌에 따라 조금씩 다르게 기록돼 있고 금액 역시 당시 유통되었던 화폐를 달러로 환산한 것이다.

몰도바(1990년 이후)   루마니아의 국장

울 정도로 닮았다. 몰도바 국기도 파란색, 노란색, 빨간색으로 동
일하게 조합한 세로 줄무늬로 이루어졌기 때문이다. 그다음으로
몰도바 국기 속 독수리는 방패를 들고 있는데, 이 모습은 루마니
아 국장과도 유사하다. 독수리는 고대 로마를 가리키며 몰도바인
의 뿌리가 라틴족이라는 사실을 강조한다. 그 앞의 방패에는 황소
머리 같은 것이 그려져 있는데, 엄밀히 말하면 이것은 황소가 아
니라 황소의 조상이라 할 수 있는 오록스다. 이 오록스 이미지는
이교도의 제물 의식에서 유래했다고 하는데, 만약 정말 그렇다면
이교도적인 상징이 현대 국기에 사용된 또 다른 예라고 할 수 있
겠다.

　　예전 몰도바 국기는 한쪽 면에만 국장이 그려져 있어 국기의
양면이 다른 나라였다. 하지만 2010년 국기를 변경하면서 뒷면에
도 국장을 추가했고, 루마니아, 차드, 안도라의 국기와 구별하기
쉽게 파란색 색조를 더 밝게 조정했다. 이 색조는 '베를린 블루'라
고 불리는데, 덕분에 몰도바 국기에 독일의 흔적도 남게 되었다.

멕시코 제국(1821~1823년)

멕시코 공화국(1823~1862년)

(1893~1916년)

멕시코 공화국(1968년 이후)

독수리는 유럽이 아닌 나라의 국기에도 종종 등장하지만, 고대 로마나 기독교의 독수리에서 유래했다기보다는 다른 상징에서 비롯된 경우가 많다. 이 일례로 등장하는 멕시코 국기를 살펴보자. 여기에는 흥미진진한 신화적 배경이 깔려 있다.

스페인의 식민지 개척자가 도착하기 몇 세기 전, 아즈텍 부족의 지도자는 이웃 부족의 딸과 결혼하였다. 아즈텍 부족은 이 불운한 소녀를 신에게 제물로 바쳤고, 그 결과 원래 살던 곳에서 쫓겨나게 되었다. 전설에 따르면 아즈텍족은 새 보금자리를 찾아 한참을 헤맸는데, 어느 날 독수리 한 마리가 발톱에 뱀을 쥔 채 선인장 위에 앉아 있는 모습을 보았다고 한다. 이를 신의 뜻이라 여긴 아즈텍족은 그곳에 정착했고 이 정착지가 훗날 멕시코시티가 되었다.

1821년 스페인으로부터 독립한 후 멕시코는 적백록의 삼색과 아즈텍 전설에서 가져온 독수리, 선인장, 뱀을 새 국기에 녹여냈다. 하지만 당시 독수리를 즐겨 사용하던 유럽 문장의 영향을 받아 독수리를 선택했을 가능성 또한 배제할 수는 없다.

스페인을 몰아낸 후 독립국이 된 멕시코의 역사는 순탄하게 흘러가지 않았다. 반란이 잇따르며 텍사스와 멕시코 북부의 몇몇 지역이 멕시코에서 떨어져 나가기도 했다. 또한 프랑스와 전쟁을 치르기도 했는데, 그 발단은 뜻밖에도 어느 프랑스 제빵사의 항의였다. 그 프랑스인은 멕시코시티 외곽에서 빵집을 운영했는데, 1832년 멕시코 관리들이 가게를 찾아와 1000페소 상당의 케이크를 멋대로 가져간 것이다. 프랑스 국왕은 멕시코에 상당한 보상을 요구했지만 멕시코는 이를 거절하자, 결국 프랑스는 전쟁을 일으켰다. 그리하여 이 전쟁은 '빵 전쟁'이라 알려지게 되었다.

당시 멕시코는 외교뿐 아니라 국내 정세도 불안하기는 마찬가지였다. 1824년에서 1857년까지 국가원수가 스물여섯 번이나 바뀌었는데, 대부분 군사 쿠데타로 촉발된 것이었다. 가령 자신을 서쪽의 나폴레옹이라 부른 멕시코 장군 산타안나는 열한 번이나 대통령을 지냈다. 국기도 지도자만큼 자주 바뀌었지만, 선인장 위의 아즈텍 독수리는 변함없이 유지되었다. 독수리 머리 위에 있던 왕관은 멕시코가 공화국이 되면서 제거되었다.

그리고 언젠가부터 멕시코 독수리는 유럽 문장의 독수리와 비슷해 보이는 것을 피하기 위해 날개를 자랑스럽게 펼치고 있는 모습으로 묘사되었다. 그러다 20세기에 접어들며 오늘날 보는 것과 같이 옆모습으로 그려지게 되었다.

깃발들의
탱고

06

1785년 어느 겨울 저녁, 독일의 시인 요한 볼프강 폰 괴테는 당시 스페인 식민지였던 베네수엘라의 수도 카라카스에서 프란시스코 데 미란다와 흥미로운 대화를 나눴다. 미란다는 미국, 프랑스, 라틴아메리카에서 세 차례나 혁명에 가담하는 파란만장한 삶을 살며 라틴아메리카의 역사를 장식한 인물이었다. 이 대화에서 괴테는 25년 후 책으로도 출판하게 될 자신의 색채 이론에 대해 이야기했다. 괴테의 이론은 물리학적 관점에서 보면 틀린 구석이 많았지만, 당시의 광학 담론에 중요한 역할을 했다.

괴테의 이론에 따르면 모든 색은 세 가지 기본 색상인 빨강, 노랑, 파랑으로 쪼개질 수 있다. 괴테는 미란다의 업적에 대해 들은 후 "당신이 해야 할 일은 이 기본 색상이 왜곡되지 않는 공간을 고국에 만드는 것입니다"라고 말했다. 이 만남 후 미란다는 프랑스혁명에 가담했지만 환멸을 느꼈고 프랑스 감옥에서 거의 죽을 뻔했으며 군사 음모에 가담한 죄로 결국 추방되고 말았다.

라틴아메리카의 고국으로 돌아온 후, 미란다는 스페인에 대항하는 투쟁 조직을 결성했다. 1811년 베네수엘라는 독립을 얻었고 미란다는 최고 지도자의 지위에 올랐다. 하지만 1년 후 스페인은 잃어버린 영토를 되찾았고, 미란다는 수감되어 몇 년 후 감옥에서 숨을 거두었다.

미란다가 새 국가를 위해 어떤 국기를 선택했는지는 쉽게 추측할 수 있을 것이다. 프랑스의 영향으로 삼색을, 괴테의 영향으로 노랑, 파랑, 빨강을 선택한 것이다. 미란다가 이 깃발에 부여한 의미는 다음과 같다. 파랑은 대양을, 노랑은 태양과 조국의 풍요로움을, 빨강은 독립 전쟁 중 흘린 피를 상징한다.

미란다의 투쟁은 스페인이 라틴아메리카 식민지를 결국 상실하게 만든 여러 사건의 시발점이 되었다. 1819년에는 그란 콜롬비아Gran Colombia라고 하는 새 독립국가가 오늘날 콜롬비아, 에콰도르, 베네수엘라, 파나마에 해당하는 영토에 등장했다. 당시에는 콜롬비아라고 불렸지만, 훗날 역사가들이 현대의 콜롬비아와 구별

미란다(1806년)

그란 콜롬비아(1821~1831년)

하기 위해 '그란'이라는 형용사를 덧붙인 것이다.

그란 콜롬비아 국기는 미란다의 삼색과 함께 중앙에 국장이 들어간 모양이었다. 국장에 묘사된 것은 여러 나라의 문장에서 발견되는 로마의 파스케스다. 라틴어로 파스케스fasces는 주로 도끼와 한데 묶은 느릅나무나 자작나무 다발을 의미하며 파시즘fascism이라는 단어의 어원이기도 하다. 파스케스는 무솔리니 시대에 이탈리아의 문장에 사용되었고, 프랑스에서는 지금도 국장의 핵심 요소로 자리 잡고 있다.

그란 콜롬비아는 오래 지속되지 못했다. 내부 갈등이 이어지다 12년 후인 1831년 신그라나다(오늘날 파나마와 콜롬비아의 영토), 베네수엘라, 에콰도르 세 신생국가로 쪼개진 것이다. 국기만 슬쩍 봐도 이 나라들이 공통의 역사를 가졌다는 사실을 엿볼 수 있다.

콜롬비아와 에콰도르의 삼색기에는 전 세계의 다른 어떤 나라에서도 찾아볼 수 없는 특징이 있다. 제일 위쪽의 줄무늬가 다른 두 줄무늬보다 폭이 두 배 더 넓다는 사실이다.

에콰도르 국기의 또 다른 흥미로운 점은, 국기 속 국장에 태양과 함께 3월부터 6월까지의 별자리를 나타내는 양자리, 황소자리, 쌍둥이자리, 게자리 기호가 그려져 있다는 것이다. 1845년 3월 혁명이 지속된 기간을 상징하는데, 이 혁명을 계기로 독립 에콰도르의 초대 대통령 후안 호세 플로레스의 독재 정권이 종식되고 자유주의 운동이 시작되었다.

콜롬비아와 에콰도르의 국기가 150여 년간 바뀌지 않은 반면, 베네수엘라의 국기는 비교적 최근에 바뀌었다. 1999년에서

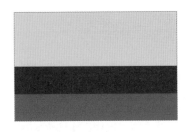

콜롬비아(1861년 이후)

에콰도르(1900년 이후)

베네수엘라(2006년 이후)

베네수엘라의 정부기(2006년 이후)

2013년까지 베네수엘라를 통치한 사람은 우고 차베스였다. 과격한 사회주의자였던 차베스는 그런 유의 지도자들이 흔히 그렇듯 경제 성장보다는 역사적 업적에 더 관심이 많았다.

차베스가 집권하기 전, 베네수엘라 국기에는 1811년 독립선언서에 서명한 7개의 주를 상징하는 별 7개가 그려져 있었다. 1817년 베네수엘라의 독립 영웅 시몬 볼리바르는 과야나 지방이 스페인으로부터 독립한 것을 기념하여 국기에 별을 추가할 것을 명령했는데, 2006년 차베스는 그 포고를 뒤늦게 이행해 과야나를 상징하는 여덟 번째 별을 국기에 추가했다. 그런데 과야나는 지금까지도 베네수엘라와 가이아나가 영토 분쟁을 벌이고 있는 지역인 터라 가이아나는 베네수엘라의 새 국기 도안에 매우 불만스러워했다.

국기에서 변경된 또 다른 부분은 국장에 그려진 백마가 오른쪽이 아닌 왼쪽을 향해 달리기 시작했다는 것이다. 어쩌면 이 변화는 국가의 좌파적 성향을 보여주기 위한 것이었는지도 모르겠다. 정말 그런 것이라면 차베스는 잘못 생각한 것이다. 문장학에서 방향은 바라보는 사람이 아니라 문장 그 자체를 기준으로 정해지기 때문이다. 보는 사람 입장에서 왼쪽은 사실 오른쪽인 셈이다.

주간지 《이코노미스트》에 따르면, 차베스가 국장과 국기에 그려진 말의 방향을 바꾸기로 결심한 건 딸의 제안 때문이었다고 한다. 딸의 눈에는 2006년 이전 국장 속의 말은 뒤를 돌아보는 것처럼 보였다는 것이다.

마지막 3개의 베네수엘라 국장을 일렬로 늘어놓으면 이러한

왼쪽으로 가는 말	정신이 딴 데 팔린 듯한 말	오른쪽으로 가는 말
(1864~1954년)	(1954~2006년)	(2006년 이후)

진행 과정이 한눈에 들어올 것이다. 처음엔 한 방향으로 빠르게 달리던 말이 뒤쪽의 무언가에 정신을 빼앗기고는 반대쪽으로 빠르게 달리기 시작한다. 베네수엘라의 운명을 시사하는 아름답고도 슬픈 은유가 아닐 수 없다.

야당은 차베스의 국기를 거부했고, 이제 별 7개가 그려진 깃발은 반대파의 깃발로 여겨지기도 한다. 오랫동안 고통받아온 이 나라에서 마침내 야당이 집권하는 날이 온다면 베네수엘라는 또다시 국기를 바꿔야 할지도 모르겠다. 시몬 볼리바르에 대한 개인숭배를 만들어낸 차베스는 국기만 바꾼 것이 아니라 국명에도 손을 댔다. 이제 베네수엘라의 정식 명칭은 베네수엘라 볼리바르 공화국이다. 베네수엘라Venezuela의 어원은 무척 흥미로운데, 스페인어로 '작은 베네치아Veneziola'를 뜻한다. 1499년 최초의 정복자들과 함께 이곳에 도착한 이탈리아의 항해사 아메리고 베스푸치가 베네치아처럼 물 많고 다리 많은 곳이라며 지어준 이름이라고 한다.

라틴아메리카에서 기학적으로 중요하게 다루어야 할 또 다른 집단이 있다면 아르헨티나 국기에서 파생된 깃발을 국기로 채택한 나라들이다.

1810년 부에노스아이레스의 귀족들은 스페인에 맞서 봉기를 조직했다. 일주일간 이어진 5월 혁명의 결과, 현재의 아르헨티나, 우루과이를 비롯해 볼리비아와 브라질의 일부 지역을 포괄하는 리오데라플라타 합중국이라는 새로운 독립국이 탄생했다.

이 군사적 저항운동을 이끈 지도자 중에는 라틴아메리카의 정치인 마누엘 벨그라노도 있었다. 시간이 어느정도 흐르자 벨그

연합주 깃발(1819~1820년)

아르헨티나(1829~1835년)

아르헨티나 연합국(1835~1850년)

아르헨티나(1861년 이후)

라노는 자신의 군과 스페인 군을 구별할 수 있게 고유한 모표 색깔을 정하고자 했다. 당시 스페인이 사용한 색은 지금과 마찬가지로 빨간색과 노란색이었기 때문에 벨그라노는 그 반대인 파란색과 흰색을 선택했다.

초창기 아르헨티나 국기는 푸른 줄무늬 2개 사이에 흰 줄무늬가 하나 들어간 단순한 형태였다. 이후 5월 혁명을 기념하여 잉카 제국의 상징인 5월의 태양이 추가되었다. 새 정부가 리오데라플라타의 독립을 선언했을 때 아르헨티나 하늘의 구름 사이로 태양이 빛났다는 이야기가 전해지기도 한다.

아르헨티나 국기 속 파란색과 흰색에는 은과의 연관성이라는 또 다른 흥미로운 상징적 의미가 숨어 있다. 리오 데 라 플라타는 스페인어로 '은빛 강'을 뜻하는데, 아르헨티나라는 단어 역시 '은' 을 뜻하는 라틴어 argentum에서 유래했기 때문이다. 아르헨티나 와 키프로스는 둘 다 금속을 뜻하는 라틴어에 어원을 두고 있다는 공통점이 있는 셈이다.

다른 여러 푸른색 국기처럼 아르헨티나 국기의 푸른색도 색 조가 몇 차례 바뀌었다. 1829년 현재 볼리비아와 우루과이에 해당 하는 지역과 분리되면서 리오데라플라타는 아르헨티나 연합국이 라는 새로운 국명을 가지게 되었다. 이때 아르헨티나 최초의 독재 자 후안 로사스가 국기의 푸른색을 보라색으로 변경했다. 참고로 보라색은 문장에 좀처럼 쓰이지 않는 색이다.

이후 아르헨티나 국기의 태양이 새빨간 색으로 바뀌기도 했 고, 국기의 네 귀퉁이에 프리기아 캡이라고 하는 빨간 모자가 등장 하기도 했다. 프리기아 캡에서 시작한 교황의 모자가 교황관으로 진화한 과정은 이미 앞에서 다룬 바 있다. 프리기아 캡은 아주 옛 날부터 사용되던 귀여운 고깔 모양의 머리 장식이었는데, 프리기 아에서 노예가 해방되어 자유인이 되면 이 모자를 씌워주는 전통 이 있었고 훗날 자유와 해방을 상징하게 되었다. 처음에는 미국 독 립 투쟁을 상징하였고, 이후 프랑스혁명과 라틴아메리카의 숱한 해방전쟁에도 상징적으로 쓰였다.

이 모자는 아르헨티나뿐만 아니라 볼리비아, 콜롬비아, 쿠바, 엘살바도르, 아이티, 니카라과 등 전 세계의 국기와 국장에서 흔히 볼 수 있는 요소 중 하나가 되었다. 뉴욕주의 문장에서도 프리기아

우루과이(1830년
이후)

파라과이 앞면

파라과이 뒷면

캡을 찾아볼 수 있다. 미국의 독립 100주년을 기념하여 프랑스가 선물한 자유의 여신상도 원래는 이 모자를 쓰기로 되어 있었다. 그러나 마지막 순간에 미국은 "미국의 자유는 진정한 자유 그 자체이지 노예제도와 싸운 결과물이 아니기 때문"에 모자를 제거해달라고 요청했다고 한다.

우루과이 국기에도 흰색과 파란색이 들어가고 5월의 태양이 그려져 있는데, 1828년 우루과이 독립에 도움을 준 아르헨티나의 국기를 본떴기 때문이다. 또한 이 도안은 성조기에서 영감을 받기도 했다. 처음에는 공화국의 각 부서를 상징하는 파란색 줄무늬만 해도 9개로 구성되었는데, 너무 복잡해 보여서 이후 줄무늬 수를 4개로 줄였다.

파라과이 국기는 빨강, 하양, 파랑으로 이루어진 가로 삼색기 가운데에 상징물이 들어가 있다. 구성은 아르헨티나 국기의 영향을 받은 반면 색상은 프랑스 삼색기에서 따왔다. 그러나 한 가지 독특한 부분은 앞면에는 국장, 뒷면에는 재무부 인장이 그려져 있어 양면이 다르다는 점이다. 그 전까지 양면이 다른 깃발을 국기로 채택한 나라는 몰도바와 소련뿐이었다. 두 나라 모두 제정 당시에는 국기 앞면에만 국장이 들어가 있었다.

그리고 파라과이 국기에는 평화의 상징인 올리브 가지도 담겼다. 그 상징적 의미와는 달리 올리브 가지가 국가에 좋은 징조는 아니었다. 올리브 가지가 들어간 국기를 채택한 지 22년 만에 파라과이 역시 브라질, 아르헨티나, 우루과이를 상대로 큰 전쟁을 일으켜 영토의 절반과 성인 남성 인구의 70퍼센트를 잃는 결과를 초래했다. 손실이 너무 컸기 때문에 파라과이 정부는 한동안 일부다처제를 합법화할 수밖에 없었다.

국기에 5월의 태양을 담은 세 번째 나라는 페루다. 바로 페루는 1820년 스페인의 식민지 개척자들과 전쟁을 시작해 곧 독립을 선언했다. 전설에 따르면 1820년 호세 데 산 마르틴 장군이 페루에 도착했을 때 붉은색과 흰색 깃털이 어우러진 홍학 떼를 보게 되었는데, 그 광경이 무척 마음에 들어 새 국기의 색으로 정했다고 한다. 그러다 2년 후 페루의 국기가 공식적으로 승인되었는데, 이 깃발은 색깔만 붉은색이 사용되었을 뿐이지 아르헨티나 국기를 거의 베낀 것이나 다름없었다. 이 국기는 스페인 국기와도 비슷해 전투 중 혼란을 유발했기 때문에 결국 가로 줄무늬는 세로 줄무늬로 대체되었다.

페루의 국기 도안에는 또 하나의 흥미로운 역사적 사건이 반영되었다. 1824년 페루를 정복한 시몬 볼리바르는 이곳을 페루와 볼리비아 두 나라로 분할했다. 볼리바르의 이름을 딴 볼리비아는

태양과 가로 줄무늬가 아르헨티나 국기를 강하게 연상시킨다.

1822년 줄무늬가 세로 방향으로 바뀌었다.

페루(1825년 이후)

같은 해 채택된 민간기는 국장 없이 간단한
형태다.

페루 볼리비아 연합(1836~1839년)

1825년에 탄생했는데, 정작 볼리바르가 직접 통치한 나라는 볼리
비아가 아닌 페루였다. 볼리바르 치하에서 페루는 오늘날 우리가
보는 것과 같은 새 국기를 갖게 되었다.

1836년에서 1839년까지 페루는 볼리비아와 연합을 이루며
또 다른 국기를 만들었는데, 붉은 바탕의 새 국기는 5월의 태양 아
래 두 나라의 국장이 나란히 배치된 형태였다. 이 깃발을 한마디로
요약하자면 '작열하는 태양 아래 만난 두 알파카'일 것이다. 곱상
한 눈매의 이 동물은 양쪽 국장에 모두 등장하니 말이다.

볼리비아 국기는 라틴아메리카 국기에서 흔히 찾아볼 수 없

는 색으로 구성되었다. 이 세 가지 색은 범아프리카색이라 불리는데, 이 주제에 대해서는 나중에 다시 다룰 것이다. 국기 중앙에는 국장이 들어가 있고, 국장 속에는 6개의 볼리비아 국기가 창대에 걸려 있다. 2009년 볼리비아는 두 번째 국기로 매우 특이한 디자인을 채택했다. 위팔라라고 하는 이 깃발은 체크무늬로 유럽인들이 오기 전 이곳에 살았던 원주민을 상징한다. 위팔라는 볼리비아 최초의 원주민 출신 대통령인 에보 모랄레스의 추진하에 채택되었다.

위팔라는 볼리비아의 해군기에서도 찾아볼 수 있다. 19세기 말 칠레와의 전쟁으로 내륙국이 되었음에도 볼리비아는 여전히 5000여 명의 해군 병력을 보유하고 있다. 깃발의 큰 노란 별은 태평양에 접근할 권리를 상징한다. 볼리비아는 칠레로부터 해상 접근권을 받아내기 위해 2013년 국제사법재판소에 소송을 제기하기도 했다. 2018년 판결 전날, 볼리비아 당국은 길게 꿰맨 해군기를 무려 200킬로미터에 걸쳐 펼쳐놓는 퍼포먼스까지 벌였지만, 안타깝게도 국제사법재판소는 칠레의 손을 들어주었다.

볼리비아에서 나는 텔레비전 화면이 국기에 어떤 영향을 미칠 수 있는지 보여주는 흥미로운 사례를 우연히 접한 바 있다. 첫 장에서 프랑스가 텔레비전용으로 삼색기의 흰색 부분을 좁게 조정한 특수 깃발을 활용한다는 이야기를 했는데, 볼리비아 행정부는 여기서 한 발 더 나아가 국장이 비스듬히 배치된 형태의 국기를 만들어냈다. 그래야 국기가 비스듬히 걸렸을 때 국장이 똑바로 보이기 때문이다. 국장에 그려진 귀여운 라마만큼은 반드시 사수해

볼리비아(1851년
이후)

위팔라

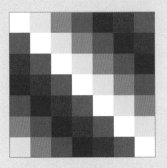

해군기

야겠다는 굳은 의지가 느껴지지 않는가?

중앙아메리카 연방 공화국

그 외에도 아르헨티나 국기의 흔적이 남아 있는 나라는 이 일
대에 다섯 곳이 더 있다. 바로 1823년에서 1841년까지 존재했던
중앙아메리카 연방 공화국이다. 연방 국기는 아르헨티나 국기에
서 영감을 받았다. 그런데 태양 대신 들어간 국장을 보면 누가 환
각 상태에서 그렸나 싶을 정도로 특이하다. 국장 중앙의 프리기아
캡에서 햇살이 갈라져 나오고 있고, 하늘에는 무지개가 걸려 있으
며, 연방 국가들을 상징하는 화산 5개가 아름답게 펼쳐져 있다.

그란 콜롬비아와 마찬가지로 이 나라도 오래가지는 못했다.
15년 후 연방은 내전에 휩싸였고 5개 주가 온두라스, 코스타리카,
과테말라, 니카라과, 엘살바도르 공화국으로 독립하면서 공식적
으로 해체되었다.

이 다섯 나라의 역사는 전쟁, 군사 쿠데타, 미국이나 사회주

엘살바도르
(1912년 이후)

니카라과
(1908년 이후)

코스타리카
(1848년 이후)

의 세력을 등에 업은 독재자들의 등장으로 점철되어 있다. 서로 싸움도 빈번하게 일어났다. 가령 1969년 온두라스와 엘살바도르는 5일간 군사 충돌을 빚었는데, 그 계기가 된 사건이 바로 엘살바도르 대표 팀이 온두라스를 꺾은 1970년 월드컵 예선경기였기 때문에 일명 '축구 전쟁'이라 알려지게 되었다. 이처럼 전쟁이 끊임없이 일어나는 와중에도 이 다섯 나라는 각자의 국기에 중앙아메리카 연방 공화국의 본질을 여전히 간직하고 있다.

연방 공화국 국기와 가장 비슷한 것은 엘살바도르와 니카라과의 국기다. 두 국기 모두 모자, 무지개, 5개의 화산이 비슷하게 들어간 국장이 중앙에 그려져 있다. 니카라과 국기는 독특하게도 무지개에 보라색을 사용했다. 국기에 보라색을 사용한 또 다른 나라로는 앵무새를 보라색으로 칠한 도미니카가 있다.

코스타리카 국기 또한 중앙아메리카의 화산 3개를 담고 있지만, 다른 국기와는 달리 가운데 줄무늬를 빨간색으로 칠했다는 점이 눈에 띈다. 이 국기는 1848년 당시 대통령이었던 호세 마리아 카스트로의 부인인 파시피카 페르난데스가 프랑스 삼색기에 영감을 받아 연방 공화국 국기 정중앙에 붉은 줄무늬를 추가했다고 한다.

과테말라 국기에는 화산은 없지만 중앙아메리카 연방 공화국과의 역사적 연관성은 더 또렷하게 남아 있다. 국기 중앙에는 '자유 1821년 9월 15일'을 뜻하는 스페인어가 적혀 있는데, 중앙아메리카가 스페인으로부터 독립한 날을 뜻한다.

역사가 조금만 다르게 흘러갔더라면 과테말라도 코스타리카

과테말라
(1871년 이후)

(1851~1858년)

(1858~1871년)

174

처럼 붉은 줄무늬가 들어간 국기를 가질 뻔했다. 프랑스가 아닌 스페인을 상징하는 빨간색이라는 점에서 다르긴 하지만 말이다. 1851년 과테말라에서 권력을 장악한 친스페인 세력이 국기에 스페인을 상징하는 빨간색과 노란색을 추가한 것이다. 그 결과 몬드리안의 그림이 떠오르는 매우 독특한 국기가 탄생했다.

온두라스는 다섯 나라 중 국기에 국장이 들어가지 않은 유일한 국가다. 대신 중앙아메리카 연방에 속했던 다섯 국가를 상징하는 별 5개를 담아 이 나라들과 역사를 공유한다는 점을 보여준다. 십자가 형태로 배치된 이 별들은 온두라스Honduras의 첫 글자인 알

온두라스(2022년 이후)

온두라스(1949~2022년)

파벳 H 모양을 하고 있기도 하다.

이 책이 출간된 시점을 기준으로 온두라스는 가장 최근에 국기를 변경한 나라다. 2022년 시오마라 카스트로가 첫 여성 대통령으로 선출되면서 국기 색을 진청색에서 청록색으로 바꾼 것이다. 흥미로운 사실은 카스트로가 2006년에서 2009년까지 영부인, 즉 퍼스트레이디를 지냈다는 점이다. 이 말은 온두라스의 전직 대통령이었던 카스트로의 남편이 퍼스트젠틀맨이 되었다는 뜻이기도 하다.

이웃 나라 벨리즈는 다른 중앙아메리카 국가들에 비하면 분쟁에 훨씬 덜 시달린 편이다. 1783년 영국의 식민지가 되면서 영국령 온두라스로 불리다가 자치령이 되었고, 1981년 완전히 독립하기 전에 국명을 벨리즈로 변경했다. 영국이 아니었다면 벨리즈도 영유권을 주장하던 이웃 나라 과테말라와 분쟁에 휘말렸을 것이다. 과테말라는 벨리즈가 독립한 1981년에야 영유권 주장을 철회했다.

중앙아메리카의 민감한 지정학적 상황에서 배제된 탓인지 벨

벨리즈(1981년 이후)

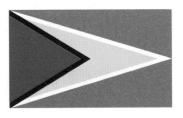

가이아나(1966년 이후)

리즈는 나머지 국가와는 뚜렷이 구별되는 국기를 가지게 되었다. 국기에 사람이 등장하며 무려 열두 가지나 되는 색을 사용해 전 세계에서 가장 다채로운 국기가 되었다.

한때 영국 식민지였던 또 다른 라틴아메리카 국가 가이아나도 이에 못지않게 개성이 뚜렷한 국기를 가지고 있다. 공식 국명은 가이아나 협동 공화국으로 상당히 특이한데, 이 명칭은 초기에 지향했던 공산주의 정치를 반영한 것이다. 가이아나는 소련이 붕괴된 후로 더 이상 마르크스 사상을 따르지 않지만, 독특한 국명과 '황금빛 화살촉'이라 불리는 국기는 그대로 두었다.

이 국기를 도안한 사람은 미국의 저명한 기학자 휘트니 스미스다. 기학이라는 용어를 창안한 것도 바로 스미스다. 원래 스미스가 제안한 국기 도안에는 검은색과 흰색의 구분선, 즉 가두리 장식이 없었는데 나중에 추가되었다. 공식 해설에 따르면 이 경계선은 '목표를 이루기 위한 인내'를 상징한다고 한다. 가이아나는 새로운 석유 매장지 개발에 힘입어 2020년과 2021년에 평균 30퍼센트의 놀라운 GDP 성장률을 기록했으니, 이 검은 선에 완전히 새로운 의미를 부여할 만도 하다.

07

★

아메리칸
드림

1773년 12월의 어느 날, 미국인 수천 명이 보스턴 항구로 몰려갔다. 영국이 당시 식민지였던 미국에 시행한 수입 차 과세 문제에 대해 항의하기 위해서였다. 이 시위를 이끈 주동자는 '자유의 아들들'이라는 단체였다. 인디언 전사 복장을 한 100여 명의 성난 남자들이 하역 작업을 위해 정박 중인 선박에 급습해 342개에 달하는 차 상자를 모두 바다에 버리면서 시위는 절정에 달했다.

'보스턴 차 사건'이라는 이름으로 역사에 기록된 이 사건은 미국 독립 혁명에 불을 지폈다. 자유의 아들들은 영국 의회에 식민지 주민의 대표도 있어야 한다는 뜻으로 '대표자 없이는 세금도 없다'를 좌우명으로 삼았으며, 빨간색과 흰색으로 된 세로 줄무늬 9개를 깃발로 사용했다.

그날 폐기된 차들은 동인도 회사가 소유했던 것으로, 이 회사는 차는 물론이고 그 밖의 여러 무역 상품을 독점적으로 수입하던 사조직이었다. 동인도 회사의 깃발은 바탕에 빨간색과 흰색의 가

동인도 회사 깃발

'자유의 아들들' 깃발

마자파히트 제국 황실기

인도네시아 국기(1945년 이후)

로 줄무늬가 그려져 있고 캔턴에는 유니언잭이 들어간 형태였다.

　오늘날의 미국 국기도 빨간색과 흰색 가로 줄무늬로 이루어져 있는데, 이 문양은 동인도 회사의 깃발에서 유래했다는 설이 유력하다. 자유의 아들들이 사용했던 깃발에서 기원했다고 보는 이들도 있지만, 진실이 무엇이든 빨간색과 흰색 줄무늬가 오늘날 문장의 세계에서 가장 식별하기 쉬운 요소 중 하나가 된 것만은 확실하다.

　동인도 회사의 깃발은 13세기 후반부터 16세기까지 인도네시아 자바섬을 중심으로 존재했던 마자파히트 제국의 깃발에서 유래한 것으로 추정된다. 동인도 회사가 유럽에 공급한 커피 원두도 이 지역에서 처음 생산되었다. 또한 인도네시아의 해군기는 크기가 일정한 빨간색과 흰색 가로 줄무늬 9개로 구성되어 있는데, 이 도안 역시 마자하피트 제국의 깃발에서 영감을 받았다. 이렇게 미국 국기의 기원을 찾아 거슬러 올라가다 보면 인도네시아 섬에 존재하던 제국의 깃발을 마주하게 된다는 사실이 너무나 흥미롭지 않은가?

미국 국기는 독립선언 1년 뒤인 1777년에 공식적으로 채택되었다. 국기를 구성하는 13개의 별과 줄무늬는 이 연합에 처음 합류했던 영국 식민지 열세 곳을 상징한다. 놀라운 점은 동인도 회사의 깃발에 그려진 줄무늬도 우연의 일치로 13개라는 사실이다. 그래서 음모론을 믿는 세력은 동인도 회사의 설립자들이 숫자 13을 신성시하는 프리메이슨이었다고 말하기도 한다.

처음에는 국기의 파란색 바탕에 별이 규칙 없이 다양한 형태

초기 미국 국기에서 찾아볼 수 있는 다양한 형태의 별 배열

로 배열되었다. 줄을 맞춰 두기도 하고 원형이나 별 모양으로 벌여 놓기도 했다. 사실 1777년 제정된 국기법은 빨간색과 흰색 줄무늬가 세로 방향인지 가로 방향인지조차 명시하지 않았다.

시간이 흘러 버몬트와 켄터키가 미국의 주로 편입되면서 국기의 별과 줄무늬도 2개씩 추가되었다. 하지만 주가 계속 늘어나며 국기가 점점 번잡해지자 1818년 미국 국기는 다시 13개의 줄무늬로 돌아갔다. 그 이후로는 새로운 주가 편입되면 별만 하나씩 추가하는 방식으로 바뀌었다.

오늘날 미국에는 50개의 주가 있다. 미국 국기는 세계에서 가장 자주 바뀐 국기로 현재 27번째 디자인이 사용되고 있다. 마지막으로 바뀐 것은 1959년 하와이가 미국에 50번째 주로 편입된 뒤다. 백악관에서 별 50개가 모두 포함된 국기 공모전을 개최하자 미국 전역에서 1500개가 넘는 도안이 제출되었다. 최종적으로 채택된 도안을 만든 이는 최소 세 명이었다. 그중에는 학교 과제로 이 도안을 준비한 로버트 헤프트라고 하는 고등학생도 있었다. 헤프트가 이 과제로 B-를 받아 항의하자, 선생님은 헤프트의 도안을 국회로 보내 채택되면 점수를 올려주겠다고 농담 삼아 말했다. 그런데 그 말이 현실이 되면서 성적을 A로 올릴 수 있었다.

미국 국기의 별 개수가 더 늘어날 가능성은 여전히 남아 있다. 가령 2017년에는 푸에르토리코의 미국 주 편입에 대한 투표가 실시되었는데, 이에 참여한 주민의 97퍼센트가 찬성표를 던졌다. 또한 2020년에는 미국의 수도 워싱턴 DC를 51번째 주로 정하자는 법안이 의회 표결에 부쳐졌다. 워싱턴 시장은 이를 환영하며 별

51개가 그려진 미국 국기를 거리에 게양하기도 했다. 이 안은 당론에 따라 가결되었지만 헌법에 어긋난다는 판정을 받았다.

미국에서는 정부 기관, 교육기관, 민간 기업 등에서 공식 행사를 치를 때 지금도 여전히 국기에 대한 충성 서약을 낭독하는 의식을 거행한다. 손을 가슴 위에 얹고 국기가 상징하는 조국에 충성을 맹세하는 의식이다. 처음에는 손바닥을 아래로 한 채 국기를 향해 손을 드는 것이 관례였으나, 나치 경례와 비슷하다는 이유로 1942년에 변경되었다.

미국 국기와 관련된 유명한 역사적 인물 중에는 윌리엄 드라이버라는 사람이 있다. 1824년 드라이버는 한 상선의 선장으로 일했는데, 항해할 때마다 늘 국기를 걸고 다니며 이를 '올드 글로리'라 불렀다. 시간이 흘러 은퇴하면서 고향인 남부의 테네시주에 정착하였고, 그곳에서도 휴일이면 언제든 국기를 게양했다. 미국에서 남북전쟁이 발발하면서 테네시주는 연방을 탈퇴하여 북부의 주들과 공식적으로 분리되었다. 드라이버의 두 아들은 남부를 위해 싸우러 갔지만, 그 자신은 북부에 신의를 지켰다. 남부 사람들이 집에 들이닥쳐 국기를 빼앗으려 했을 때도 드라이버는 "내 눈에 흙이 들어가기 전에는 절대 내줄 수 없다"고 외쳤다고 한다. 이 사건 이후에는 국기를 안전하게 보관하기 위해 침대 덮개 안쪽에 꿰매놓기까지 했다.

전쟁이 끝난 뒤 국기를 끔찍이 아낀 드라이버의 사연이 유명세를 타면서 미국 국기는 올드 글로리라는 애칭을 얻게 되었다. 미국 국기에 사용된 색상을 지칭하는 이름인 '올드 글로리 레드'와

'올드 글로리 블루'도 드라이버의 사연에서 유래했다. 자체 색명을 지닌 다른 깃발로는 유엔기(유엔 블루)와 인도 국기(인도 사프란과 인도 그린)가 있다.

미국 국기의 또 다른 비공식 명칭은 성조기Stars and Stripes로, 이는 미국의 변호사이자 아마추어 시인인 프랜시스 스콧 키가 쓴 시의 한 구절에서 따온 것이다. 키는 전쟁이 한창이던 1814년 어느 밤, 볼티모어항의 맥헨리 요새가 포격을 받는 광경을 지켜보다가 요새 위로 당당하게 나부끼던 미국 국기에 영감을 받아 「맥헨리 요새의 방어Defence of Fort McHenry」라는 제목의 시를 썼다고 한다. 여기에 영국의 작곡가 존 스태퍼드 스미스가 만들었으며 대중적으로도 잘 알려진 술 노래의 선율이 더해져 애국가로 사랑을 받았다. 처음에는 미 해군의 공식 군가로 쓰였고, 1931년에는 미합중국의 국가로 공식적으로 인정받았다.

오늘날 키의 묘지는 밤에도 국기를 내리지 않는 것이 공식적으로 허용되는 예외적인 장소 중 하나다(그 외의 장소로는 미국인들이 성조기 6개를 남겨놓고 온 달이 있다). 키는 당시 가장 부유한 미국인 중 한 명이었으며 수많은 노예를 소유하기도 했다. 국가 3절에 인종차별적인 내용이 들어 있다는 지적도 있다. "그 어떤 피난처도 용병과 노예를 패주의 공포에서 구해주지 못할 것이니"라는 부분인데, 영국이 미국 노예들에게 미국을 버리고 자기 편에 서서 싸우면 자유와 그들 소유의 땅을 주겠다고 한 약속을 가리킨다. 영국은 실제로 약속을 지켜 나중에 영국 편으로 돌아선 아프리카계 미국인들에게 오늘날 트리니다드 토바고에 속하는 땅을 일부 내어주었다.

키의 인종차별적인 성향을 잘 보여주는 증거 중 하나로 꼽히는 것은 그가 미국 식민 협회American Colonization Society, ACS의 회원이었다는 사실이다. 이 단체는 노예 신분에서 해방된 흑인이 늘어나면 미국 사회에 위협이 될 것이므로 이들을 아프리카로 돌려보내야 한다고 주장했다. 실제로 1822년에는 아프리카 서부 해안의 작은 땅을 현지 부족장들에게 매입해 해방 노예들을 그곳으로 실어 나르기도 했다. 이 정착지는 라이베리아로, 이곳의 수도는 미국의 제5대 대통령이자 역시 미국 식민 협회의 회원이었던 제임스 먼로 James Monroe의 이름을 따 몬로비아Monrovia로 불리게 되었다.

라이베리아에 도착한 해방 노예들은 스스로 미국인으로 여겼고 현지의 흑인 주민들에게 다소 적대적인 태도를 취했다고 한다. 또한 야드파운드법을 포함해 여러 체계와 상징을 미국에서 가져오기도 했다. 따라서 라이베리아는 미국, 미얀마와 함께 미터법을 사용하지 않는 나라가 되었다.

라이베리아(1847년 이후)

라이베리아 국기는 독립을 선언한 1847년에 채택되었다. 놀랍지 않게도 이 국기는 미국 국기와 매우 비슷하다. 그러나 캔턴에는 별이 하나뿐인데, 이는 라이베리아가 아프리카 최초의 독립 공화국임을 상징한다. 또한 독립선언서에 담긴 11개의 서명을 반영해 13개가 아닌 11개의 줄무늬가 그려져 있다.

오늘날 라이베리아는 세계에서 가장 가난한 나라 중 하나다. 이 나라의 역사는 쿠데타, 내전, 이웃 나라들과의 군사 분쟁으로 점철되어 있다고 해도 과언이 아니다. 1980년 새뮤얼 도라는 부사관이 쿠데타를 일으켜 전임 대통령을 살해하고 정권을 잡았는데, 10년 후 군사 반란이 일어나 도 자신도 열두 시간의 고문 끝에 살해되었다. 이 독재자는 팔이 부러지고 거세를 당했으며 자신의 잘린 귀를 억지로 먹어야 했던 것도 모자라, 이 모든 과정이 영상으로 찍히기까지 했다.

이 고문을 주도한 반란 지도자 프린스 존슨은 나중에 상원 의원이 되었고 대통령 선거에 출마해 12퍼센트의 득표율을 얻었다. 이 글을 쓰는 2023년을 기준으로 라이베리아의 현 대통령은 아프리카 역사상 최고의 축구 선수로 꼽히는 조지 웨아다.[*] 웨아가 이탈리아의 프로 축구팀 AC 밀란에서 안드리 셰우첸코와 함께 뛰었을 당시, 내가 그를 열렬히 응원했던 기억이 난다. 지금도 웨아를

---

[*] 2006년부터 2018년까지 부통령을 지낸 조지프 보아카이가 2023년 11월에 실시된 대통령 선거에서 조지 웨아를 제치고 당선되었으며 그다음 해인 2024년 1월에 취임했다.

응원하지만, 라이베리아에서 들려오는 슬픈 소식들로 미루어보건대 그의 국정 운영 기술은 축구 실력에 훨씬 못 미치는 듯하다.

라이베리아는 편의의 깃발Flag Of Convenience, FOC로 애용되는 국가다. 편의의 깃발이란 선박 소유주가 거주국의 규제를 피해 다른 나라에 수수료를 내고 선박을 등록하여 비용을 절감하는 방식을 가리킨다. 라이베리아는 깃발 규정이 간소화돼 있어 전 세계의 10퍼센트에 달하는 선박이 라이베리아 국기를 달고 항해하며, 이는 큰 수입원이기도 하다. 1990년대 전까지만 해도 라이베리아가 이 분야에서 선두를 달렸는데, 지금은 숱한 전쟁을 치르며 1위 자리를 파나마에 내주게 되었다.

그러니 이제 파나마에 대해 이야기해보자. 파나마 공화국과 국기의 역사는 파나마운하와 밀접하게 얽혀 있다. 1821년 스페인으로부터 독립한 파나마는 처음에 그란 콜롬비아에 속했으나, 그란 콜롬비아가 붕괴된 후 콜롬비아의 일부가 되었다.

파나마가 대서양과 태평양을 잇는 운하의 최적지로 부상하게 된 때는 16세기였다. 이후 영국과 미국이 운하를 개발하려고 시도했지만, 마침내 운하 건설권을 따낸 것은 프랑스였다. 1882년이 되어서야 실제로 공사에 착수할 수 있었지만 말이다. 이 프로젝트를 이끈 사람은 외교관이었는데, 그는 수에즈운하를 건설한 경력을 내세워 상당한 자금을 조달할 수 있었다.

프랑스 회사는 기분 좋게 프로젝트에 착수했지만, 예상보다 훨씬 더 큰 어려움에 직면하면서 곧 파산하고 말았다. 주요한 원인은 바로 노동자 사망률이 매우 높다는 것이었다. 1889년에 공사가

파나마(1925년 이후)   뷔노 바리야의 도안

중단되었을 시기에는 황열병, 말라리아, 살인적인 기후, 거미, 뱀 등으로 인한 사망자 수가 2만 2000명에 이르렀다.

　미국은 중단된 사업을 인수하기 위해 프랑스와 협상을 시작했다. 프랑스에서 협상을 이끈 사람은 공학자이자 이 프로젝트에 적극적이었던 관리자 필리프 뷔노 바리야였다. 미국은 니카라과를 관통해 운하를 건설하는 방안도 고려하고 있었는데, 뷔노 바리야가 파나마를 고수해야 한다며 강력히 설득했다.

　그 이유로는 니카라과의 후보지가 화산에서 불과 30킬로미터 거리라는 점도 있었을 것이다. 아니나 다를까 1902년에 몽펠레 화산이 폭발하면서 용암과 가스가 생 피에르를 뒤덮고 이 도시의 거주민 3만 명이 사망하는 참사가 발생했다. 20세기 들어 사망자 수가 가장 많았던 이 화산 폭발로 미국에서는 화산 공포증이 확산되었다. 화산 폭발 한 달 후, 미국 상원은 파나마의 지협을 관통해 운하를 건설하는 쪽에 찬성표를 던졌다.

　처음 프랑스가 제시한 가격은 100억 달러였으나, 협상을 거쳐

190

4000만 달러로 마무리되는 듯했다. 하지만 마지막 순간에 거래가 결렬될 뻔했으니, 콜롬비아 상원이 미국과 파나마운하 건설 조약을 맺기를 거부했기 때문이다. 당시 파나마 반란 세력이 콜롬비아와의 분리를 꾀하고 있던 시기였기 때문에, 뷔노 바리야는 약삭빠르게도 미국 측에 이 반란 세력을 지원하라고 제안했다. 미국 대통령이었던 시어도어 루스벨트가 이 계획에 찬성하면서 미군은 파나마의 독립 운동을 지원하기 시작했고, 1903년 파나마는 마침내 독립국가가 되었다.

뷔노 바리야의 아내는 새 공화국의 국기를 만드는 데 참여하기도 했다. 그는 미국 국기에 영감을 받았으면서도 스페인 국기의 색을 가미한 도안을 선보였는데, 최종적으로 선택을 받지는 못했다. 이 국기의 가장 독창적인 부분은 캔턴에 태양 2개가 서로 연결돼 그려져 있다는 점인데, 이는 북미와 남미를 상징한다. 2개의 태양 모티프는 〈스타워즈〉의 한 장면을 연상시키기도 한다. 이 도안이 채택되었더라면 다른 모든 국기 사이에서 단연 눈에 띄었을 것이다.

최종적으로 승인된 국기는 파나마 초대 대통령의 아내와 아들이 디자인하였는데, 이 도안도 특이하기는 마찬가지다. 파란색과 빨간색은 당시 파나마에서 대립했던 두 정치 세력을, 별이 그려진 흰 사각형은 평화와 순수를 상징한다.

그리고 파나마운하는 10년간의 공사 끝에 1914년에 완공되었다. 미국은 개통식을 성대하게 치렀다. 우드로 윌슨 대통령은 백악관 집무실에서 상징적인 버튼을 눌러 폭발물을 터뜨리라는 전신을 파나마에 보내기도 했다. 그렇게 댐이 폭파되면서 쏟아져 나온 물이 운하를 가득 채우며 두 대양을 연결하게 되었다. 파나마운하 지대의 관리권은 미국이 소유했는데, 1977년 이를 파나마에 양도하는 조약이 체결되었다. 이 역사적인 사건을 가능하게 한 것은 놀랍게도 또다시 파나마 국기였다.

1963년 존 F. 케네디 대통령은 운하 지대의 비무장 구역에 미국 국기와 함께 파나마 국기를 게양하는 데 동의했지만 이 명령이 실행되기 전에 암살되고 말았다. 파나마 학생들이 인근 학교 건물에 파나마 국기를 게양하려 하면서 운하 근처에서 폭동이 일어났고, 경찰과의 작은 충돌 끝에 국기가 찢어지는 사고가 발생했다(추후 조사에 따르면 얇은 실크로 만들어진 국기였다고 한다). 이에 파나마 국민이 들고 일어나면서 대규모 시위가 시작되었고, 그 결과 스물여덟 명이 목숨을 잃었다.

학살의 주범이 미군이라는 명백한 증거는 없었지만 이들에 대한 분노의 물결이 전 세계를 휩쓸었다. 사회주의든 자본주의든 모든 국가가 "망할 양키 놈들"을 지탄하며 한목소리를 냈다. 이 사건이 결국 촉매가 되어 미국은 운하 관리권을 파나마에 이양하게 되었으며, 파나마는 이날을 순교자의 날로 지정해 지금까지도 기념하고 있다.

이제 파나마를 떠나 태평양에 떠 있는 비키니 환초로 가보자. 마셜 제도에 속한 이 작은 섬은 여성용 투피스 수영복에 이름을 빌려준 것으로 잘 알려져 있다. 구글에 '비키니 깃발'을 검색하면 국기 무늬 수영복을 입은 관능적인 여성들의 이미지가 쏟아져 나올

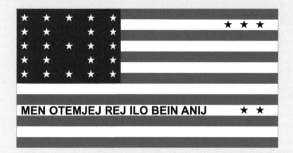

비키니 환초

MEN OTEMJEJ REJ ILO BEIN ANIJ

마셜 제도(1979년
이후)

나우루(1968년
이후)

아메리칸
드림

것이다. 사실 이 섬은 1954년 미국이 최초로 수소폭탄을 실험했던 곳이기도 하다. 애석하게도 수영복은 깃발에 안착하지 못했지만, 수소폭탄 실험의 흔적은 깃발에 남았다.

비키니섬의 깃발은 미국 국기와 매우 유사한데, 미국 정부가 15메가톤급 폭탄 실험으로 섬 주민에게 진 빚을 나타내는 상징이 추가로 새겨져 있다. 오른쪽 상단 모서리에 그려진 검은 별 3개는 폭탄이 터지며 통째로 날아간 섬들을 의미한다. 검은 글씨로 쓰인 마셜어는 '모든 것은 신의 손에 달렸다'는 뜻인데, 이는 폭탄을 실험할 수 있게 섬을 비워달라는 미국의 요구에 비키니섬의 지도자가 내놓은 철학적인 답변이기도 하다.

마셜 제도의 국기는 미학적으로 꽤 훌륭해 보인다. 오렌지색과 흰색 대각선은 적도를, 그 위에 놓인 별은 북반구에 자리한 섬들을 상징한다는 점에서 브라질 국기와 비슷해 보이기도 한다. 이 별을 이루는 꼭짓점은 무려 24개나 되는데, 다른 어떤 국기에서도 이렇게 꼭짓점이 많은 별은 찾아볼 수 없다.

태평양의 섬나라 나우루도 한때 마셜 제도의 일부였기에 비슷한 상징이 들어간 국기를 사용하고 있다. 노란 선은 적도를 상징하고, 그 아래에 있는 별은 이 나라가 적도 바로 아래에 위치한다는 사실을 나타낸다.

자, 이제 미국 국기의 빨간색과 흰색 줄무늬로 돌아가보자. 앞서 언급했지만 이 줄무늬는 마자파히트 제국의 깃발에서 유래했을 가능성이 있는데, 이 깃발에 영향을 받은 나라는 인도네시아, 말레이시아, 싱가포르 등이 있다.

인도네시아 국기는 제2차 세계대전 중 이 지역을 점령한 일본과, 1800년부터 이곳을 네덜란드령 동인도로 삼아 지배했던 네덜란드를 몰아낸 직후인 1945년에 공식적으로 채택되었다. 인도네시아가 네덜란드에 맞서 독립 전쟁을 벌이던 1945년의 어느 날, 인도네시아 청년 몇 명이 호텔에 게양된 네덜란드 국기를 끌어 내려 삼색 줄무늬 중 가장 아래에 있는 푸른 천을 찢어낸 뒤 이를 인도네시아 국기로 삼아 다시 게양한 사건이 일어났다. 인도네시아 국기가 여기서 탄생했다면 더할 나위 없이 좋았겠지만, 사실은 그저 우연의 일치였을 뿐이다.

인도네시아의 독립이 공식적으로 승인된 뒤, 모나코 정부는 인도네시아 국기가 붉은색 색조만 살짝 다를 뿐 자국 국기와 똑같다며 항의했다. 모나코 국민은 이 붉은색과 흰색 조합은 자신들이 14세기부터 사용해왔다며 분통을 터뜨렸지만, 인도네시아는 마자파히트 제국은 13세기부터 존재했다고 답변했다.

인도네시아는 독립한 직후 20년간 수카르노라는 낭비벽이 심한 독재자의 통치를 받았다. 재임 중 수카르노는 소련과 미국을 상대로 싸웠다가 화해하기를 반복했고, 유엔을 탈퇴한 뒤 이웃 나라인 말레이시아를 침공하기도 했으며, 내전도 겪어야 했다. 마지막으로 인도네시아에 관해 흥미롭고도 신기한 사실이 하나 더 있다. 인도네시아 국기를 거꾸로 들면 폴란드 국기가 되는데, 폴란드어로는 '네'를 의미하는 단어가 인도네시아어로는 '아니오'를 의미한다는 것이다. 기학과 언어학이 환상의 짝을 이루는 근사한 사례가 아닐 수 없다.

인도네시아(1945년 이후)

말레이시아(1957년 이후)

싱가포르(1959년 이후)

인도네시아 옆에 자리한 말레이시아는 1957년에 독립을 얻었다. 말레이시아 국기도 미국 국기와 비슷하지만, 딱히 미국과 직접적으로 관련이 있는 것은 아니다. 붉은색과 흰색이 교차되는 줄무늬 14개와 별을 구성하는 꼭짓점 14개는 이 나라의 행정 구조를 상징한다. 그중 1개의 줄무늬와 꼭짓점은 원래 싱가포르를 상징했는데, 싱가포르는 1965년 말레이시아에서 완전히 독립했다.

싱가포르는 타의적으로 독립을 얻은 흔치 않은 사례에 속한다. 당시 말레이시아 정부는 전체 인구에서 말레이계가 차지하는 비율이 점점 줄어드는 현실에 신경을 곤두세우고 있었다. 또한 싱가포르 거주민은 대부분 중국계였던 터라 말레이시아와 싱가포르는 끊임없는 갈등에 시달렸다. 결국 말레이시아 의회는 싱가포르를 별개의 국가로 분리하기로 결정했다. 독립 소식을 접한 뒤 싱가포르의 총리 리콴유는 처음에 두려움이 앞섰다고 한다. 하지만 이제 싱가포르는 세계에서 가장 부유하고 번영하는 나라 중 하나가 되었다.

싱가포르는 인구 구성상 소수파에 해당하는 말레이계와 다수파인 중국계를 모두 존중하는 국기를 만드는 데 주안점을 두었다. 그리하여 이슬람을 상징하는 초승달과 중화 인민 공화국의 국기에서 따온 별 5개가 함께 등장하게 되었다.

인도네시아의 영향을 받은 국기의 마지막 예로 살펴볼 나라는 아프리카 해안에 위치한 마다가스카르다. 이곳 지명은 베네치아 탐험가 마르코 폴로가 마다가스카르를 소말리아의 모가디슈 Mogadish라는 지역과 착각하는 바람에 마다게이스카르Madageiscar라고 잘못 기록한 것에서 유래했다고 전해진다. 그리고 최초의 정착민은 바로 인도네시아에서 건너온 말레이계 사람들이었다고 한다. 말레이계인이 가져온 것 중에는 빨간색과 흰색으로 된 깃발도

메리나 왕국(1810~1885년)

마다가스카르(1958년 이후)

있었는데, 이것이 마다가스카르의 문장에도 자리를 잡았다.

18세기 후반에서 19세기까지 마다가스카르는 메리나 왕국의 일부였다. 왕국의 깃발은 폴란드 국기처럼 흰색과 빨간색 이두 가지 색이었다. 이후 마다가스카르는 프랑스 식민지가 되었는데, 1960년에 독립하면서 인도네시아의 색을 참고해 백적록 삼색기를 채택했다. 그러니 미국과 마다가스카르의 국기는 인도네시아에 공통의 뿌리를 둔 셈이다. 깃발들 사이에 이런 연관성이 숨어있다니 정말 놀랍지 않은가?

08

오렌지색
줄무늬

예전에 축구 경기를 보다가 친구와 싸운 적이 있다. 열렬한 스포츠 팬이었던 친구는 네덜란드 국기에 오렌지색 줄무늬가 들어간다고 주장했는데, 어느 누구보다 깃발을 좋아하고 잘 아는 나로서는 그저 웃음만 나올 뿐이었다. 내기하고 구글에 검색을 해본 결과, 당연히 내가 맞았다.

다소 언짢아진 친구를 위로하기 위해 너처럼 오해하는 사람이 아주 많다고 말해주었다. 실제로 네덜란드 국민 중에서도 국기에 오렌지색이 들어 있다고 확신하는 사람이 꽤 많아서 1937년 빌헬미나 여왕은 특별 포고를 발표하기도 했다. "네덜란드 왕국의 국기 색은 빨간색, 흰색, 파란색이다"라는 단 한 문장이었다. 이는 네덜란드 역사상 가장 짧은 포고로 기록되었다.

그런데 어째서 이렇게 많은 사람이 네덜란드 하면 오렌지색을 떠올리는 것일까?

16세기 중반까지 신성 로마 제국은 합스부르크 왕조를 대표하는 카를 5세의 통치를 받았다. 카를 5세는 유럽 역사상 가장 강력했던 군주 중 한 명으로 꼽힌다. 5장에서 'Plus ultra'를 신조로 삼은 스페인의 카를로스 1세와 동일 인물이다. 카를 5세는 재위 중 유럽의 상당 지역을 지배한 것에서 그치지 않고 최초로 대서양 너머까지 제국을 확장했다. 하지만 1556년 퇴위하고 수도원으로 물러나면서 그의 제국은 스페인과 독일로 분할되었다.

그 당시 북부 유럽에서는 개신교가 부상하고 있었지만 스페인은 여전히 독실한 가톨릭 국가였다. 가톨릭교도가 아닌 자를 처형했던 종교재판을 유럽에 처음 도입한 것도 스페인이었다. 하지만 제국이 분할되면서 자유를 사랑하는 네덜란드는 스페인의 통치를 받게 되었다. 네덜란드 일부는 1581년 스페인에서 분리되었지만, 완전한 독립을 얻은 것은 1648년이 되어서였다.

반스페인 투쟁을 이끈 것은 빌럼 오라녜Willem van Oranje라는 총독이었다. 오라녜라는 이름은 네덜란드어로 오렌지색을 뜻하지만, 사실 과일과는 아무 관련이 없고 그가 프랑스의 오랑주 공국 출신이라는 데서 유래했다. 그럼에도 오렌지는 빌럼과 그의 군대를 상징하는 색이 되었다.

네덜란드 왕은 오렌지빛 망토, 흰 모자, 푸른 깃을 즐겨 입었는데, 이 세 가지 색이 네덜란드 첫 국기의 바탕이 되었다. 게다가 삼색기가 처음으로 국기로 채택된 사례이기도 했는데, 혹자는 네덜란드 국기가 프랑스 혁명가들에게 영감을 주었다고 말하기도 한다. 이것이 사실이라면 네덜란드 삼색기는 역사상 가장 큰 영향력을 발휘한 국기인 셈이다.

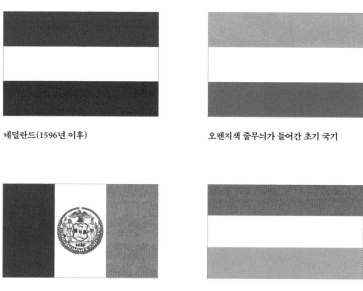

네덜란드(1596년 이후)

오렌지색 줄무늬가 들어간 초기 국기

뉴욕시

룩셈부르크(1845년 이후)

　　하지만 오렌지색 물감은 시간이 지나면 금방 바랬기 때문에 국기에 오렌지색을 칠하는 것은 실용성이 떨어졌다. 그리하여 약 30년이라는 시간에 걸쳐 오렌지색은 점차 빨간색으로 대체되었다. 당시 그림들로 보건대 1660년 정도에 완전히 대체되었을 것이다. 비슷한 시기에 이 삼색기는 러시아 제국의 국기로 옮겨갔다.

　　아이러니하게도 오렌지색은 네덜란드 국기에서는 자취를 감췄지만 여전히 네덜란드를 상징하는 중요한 요소로 남았다. 한 해에 여러 번 있는 왕실 기념일마다 적백청 국기에 오렌지색 리본을 붙이기도 한다. 스포츠 팀들도 오렌지색 유니폼을 주로 입는데, 내 친구가 헷갈렸던 까닭도 이 때문이다. 또한 다른 깃발에도 영향을

오렌지 자유국   트란스발 공화국

줬는데, 이를테면 원래 뉴암스테르담이라 불린 뉴욕의 시기 색은
파란색, 흰색, 오렌지색이다. 깃발 중앙에 자리한 인장에는 풍차와
처음 정착한 연도 등 네덜란드와 관련한 상징이 포함돼 있다.

　이웃 나라 룩셈부르크의 국기도 파란색과 빨간색 줄무늬의
색조가 좀 더 밝긴 하지만 네덜란드 국기와 유사하다. 1867년에
독립한 룩셈부르크는 1845년부터 사용해왔던 깃발을 1972년이
되어서야 국기로 공식적으로 채택했다. 다른 몇몇 나라와 마찬가
지로 룩셈부르크에서도 국기를 둘러싼 논쟁이 종종 벌어진다. 가
장 최근인 2006년에 국기가 네덜란드 국기와 너무 비슷하므로 변
경해야 한다는 주장이 제기되었지만, 지지를 받지 못하고 결국 무
산되었다.

　네덜란드의 오렌지색이 문장으로 남은 나라로는 남아프리카
공화국이 있다. 17세기경 아프리카 대륙의 남쪽 지역은 네덜란드
동인도 회사의 식민지가 되면서 케이프타운이 설립되었다. 이후
나폴레옹 전쟁 중 영국이 이 전략적 요충지를 정복하자, 보어인(남
아프리카 지역에 정착한 네덜란드계 사람을 일컫는다)은 내륙으로 깊숙

영국령 남아프리카 연방(1928년 이전)

1928년부터 1994년 사이에 사용된 남아프리카 연방 국기는 국기 속에 국기 속에 국기가 들어간 형태다.

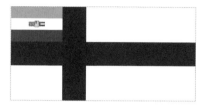

남아프리카 해군기는 국기 속에 국기 속에 국기 속에 국기가 들어가 있다.

이 철수해 오렌지 자유국과 트란스발 공화국을 세웠다. 이 두 나라의 국기에는 네덜란드의 유산이 또렷하게 새겨져 있었다.

오렌지 자유국과 트란스발은 겨우 한 세기가량 존속했을 뿐이니 역사적 기준에서 보면 단명한 셈이다. 두 차례의 보어전쟁 끝에 두 공화국은 케이프, 나탈과 함께 1910년 남아프리카 연방이라는 새로운 국가를 형성하게 되었다. 첫 국기는 전형적인 영국 식민지의 깃발로 캔턴에는 유니언잭이, 흰 원 안에는 문장이 그려진 형태였다. 보어인의 눈에는 영국 국기처럼 보였고 영국인의 눈에는 김빠진 유니언잭처럼 보였으니 당연히 인기가 없었다.

몇 년간의 격렬한 논쟁 끝에 1928년 채택된 새 국기는 영국인과 보어인의 요구를 절충하다 보니 세계에서 가장 희한한 국기 중 하나가 되어버렸다. 이 기학적 절충안을 자세히 살펴보면 국기를 이루는 세 줄무늬는 2세기 전 네덜란드 국기에 쓰였던 파란색, 흰색, 오렌지색이다. 중앙에는 영국과 두 보어 공화국을 나타내는 3개의 국기가 있는데, 이러한 배치 형태는 정치적 이해가 복잡하게 얽힌 결과였다.

주목해야 할 점은 영국 국기가 붉은 대각선의 위치를 보면 알 수 있듯이 거꾸로 놓여 있다는 것이다. 또한 오렌지 자유국 국기는 옆으로 뒤집혀 있는 반면, 오른쪽의 트란스발 국기는 바르게 놓여 있다. 이 까닭은 세 국기에 모두 동등한 지위를 부여한다는 뜻을 담기 위해 균형을 조정한 것이다. 깃대에서 가장 가까운 유니언잭은 보다 중요한 위치를 점했기에 오른쪽으로 뒤집혀 게양한 형태로 형상화한 것이며, 그 옆의 오렌지 자유국 국기는 가로로 긴 국기 3개를 작은 공간에 맞추기 위해 세로로 회전되었다. 말로 설명하려니 참 어렵긴 하다.

어찌 되었건 남아프리카 연방 국기는 삼중으로 국기가 중첩된 세계 유일의 국기가 되었다. 국기 속에 국기 속에 국기가 들어 있는 셈이다. 여기서 그치지 않고 1952년 남아프리카 해군은 이렇게 특이한 국기를 또다시 캔턴에 넣은 도안을 새 해군기로 채택해 무려 사중으로 중첩된 깃발을 탄생시켰다.

제2차 세계대전 이후 1948년부터 남아프리카 연방은 흑인 시민권을 엄격하게 제한하는 법을 대거 통과시켰다. 이 시기를 아파르트헤이트Apartheid 시대라고 하는데, 아프리칸스어로는 분리를 뜻한다. 1961년 3월 남아프리카 총리는 입헌군주제에서 공화국으로 체제를 전환했지만, 아파르트헤이트 정책으로 인해 그해 5월 영연방에서 축출되고 국제사회로부터 온갖 제재를 받아야 했다.

그 뒤로도 아파르트헤이트 정책은 약 30년이나 더 존속하다 넬슨 만델라가 27년간의 수감 생활 끝에 정권을 잡으면서 1994년에 종식되었다. 그러고 나서 한참 뒤인 2019년 남아프리카 법원은 삼중 중첩 국기가 아파르트헤이트의 상징이라는 판결을 내리며 이 깃발의 사용을 금지했다. 나치의 스와스티카, 소련의 낫과 망치, 러시아의 Z 표식이 여러 나라에서 금지된 것처럼 말이다.

정치적으로 급격한 변화를 거쳤으니 남아프리카가 새 국기를 만들기로 결정한 것은 그리 놀라운 일도 아니었다. 그리하여 1994년 매우 독창적인 디자인의 새 국기가 채택되었다. 빨간색, 흰색, 파란색은 영국과 네덜란드의 국기에서 유래했고, 검은색, 초록색, 노란색은 만델라가 대통령이 된 후부터 지금까지 집권 여

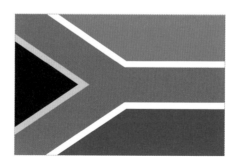

남아프리카 공화국(1994년 이후)

당의 자리를 지키고 있는 아프리카 국민 회의African National Congress, ANC▪의 상징에서 차용한 것이다. 당시 주요 디자인 요소에 여섯 가지 색을 사용한 유일한 국기였다. 여기에 사용된 빨간색은 '칠리 레드'라고 불리는데, 이 역시 빨간색과 오렌지색 사이에서 타협한 결과다.

이 국기는 남아프리카의 기학자인 프레더릭 브라우넬이 만들었다. 1990년에 브라우넬은 남아프리카로부터 독립한 나미비아의 국기를 도안하기도 했다. 나미비아 국기에는 햇살 12개가 뻗어나오는 태양이 그려져 있는데, 이는 뒤에 살펴볼 대만 국기 속 태양과 놀라울 정도로 유사하다.

국기에 네덜란드의 흔적이 남은 또 다른 나라로는 아일랜드가 있다. 이를 이해하려면 잉글랜드의 국왕 헨리 8세가 앤 불린과 사랑에 빠져 그의 첫 번째 부인이자 아라곤 왕녀였던 카탈리나와의 이혼을 교황에게 요청했던 1526년으로 거슬러 올라가야 한다. 교황이 이 요구를 거절하자 헨리는 로마 및 가톨릭 교회와의 관계를 끊었다. 몇 년 후 왕의 사랑이 식어버리자 앤은 참수형을 당하고 말았지만, 개신교는 교황과 무관하게 이미 잉글랜드에서 세를 확보한 후였다. 이처럼 잉글랜드는 개신교로 성공적으로 개종한 반면 아일랜드는 여전히 대다수 국민이 가톨릭을 믿었다.

▪ 아파르트헤이트 반대 운동의 구심체였던 ANC는 부패와 실정으로 점차 지지율이 하락했고, 2024년 6월에 열린 총선에서 결국 30년 만에 득표 과반을 얻지 못했다.

나미비아(1990년 이후)   대만

　1840년대 중반 아일랜드에서는 감자 역병이 창궐했고 끔찍한 기근이 닥쳐와 거의 100만 명이 목숨을 잃었다. 상황이 더욱 악화된 것은 저렴한 옥수수 수입을 막은 법 때문이었는데, 이 법은 1846년이 되어서야 폐지되었다. 이와 함께 독립을 위한 정치 운동도 활발해졌다. 아일랜드 민족주의에 동조하는 프랑스 여성들이 아일랜드 저항군 지도자에게 초록색, 흰색, 오렌지색으로 된 삼색기를 선물로 주기도 했다. 당연하게도 아일랜드의 삼색기는 프랑스 국기에서 영감을 받았을 것이다. 이 깃발은 가톨릭(초록색)과 개신교(오렌지색) 사이의 평화(흰색)를 향한 희망을 상징했다.

　여러 나라가 굶주리는 아일랜드 사람들을 돕기 시작했는데, 그중에서도 가장 뜻밖의 일은 미국 원주민의 도움이었다. 미국 원주민은 1847년 당시에는 굉장히 큰돈이었던 170달러를 모금해 아일랜드에 원조금으로 보냈다. 그로부터 약 170년이 흐른 2020년, 코로나19 전염병이 전 세계를 휩쓸며 나바호 자치국마저 덮치자 아일랜드인은 그때의 고마움을 잊지 않고 250만 달러 이상을 모

아일랜드(1937년 이후)

코트디부아르(1959년 이후)

금해 나바호족을 도왔다.

　1921년 아일랜드는 둘로 갈라졌다. 북부의 몇몇 주는 영국령 북아일랜드가 되었고, 나머지 주는 처음에 자치령으로 남았다가 1년 후에는 독립 아일랜드 공화국이 되었다. 하지만 초록색, 흰색, 오렌지색으로 된 삼색기는 1937년까지 공식적으로 인정받지 못했다.

　아프리카에 있는 코트디부아르의 국기는 아일랜드 국기와 매우 유사하다. 비율과 색조를 무시하면 아일랜드 국기를 정확히 좌우로 반전한 형태다. 2018년 세계 실내 육상 선수권 대회에 출전한 코트디부아르의 한 단거리 육상 선수는 우승 세리머니에 쓸 국기를 구하지 못하자 관중석에서 아일랜드 국기를 빌려 승리를 자축했다. 또한 2013년에는 벨파스트 연합주의자들이 개신교 축제인 7월 12일 모닥불 행사에서 아일랜드 국기 대신 코트디부아르 국기를 실수로 불태우는 사고가 생기기도 했다.

　그런데 코트디부아르 국기는 이보다 더 몰개성적인 디자인이 될 수도 있었다. 1960년 프랑스로부터 독립을 선언한 코트디부아르는 독자적인 국기를 채택하면서 프랑스 삼색기의 구성을 따오되 오렌지색, 흰색, 초록색을 사용하기로 결정했다. 하지만 마지막 순간에 국기 승인 위원회의 구성원 중 한 명이 오렌지색 대신 빨간색을 쓰자고 제안한 것이다. 빨간색이 투쟁과 피의 상징이라는 누구나 다 아는 이야기를 하면서 말이다. 다행히 이 제안은 묵살되었다.

여기 사용된 오렌지색은 아프리카 사바나의 땅을 상징하며 개신교와는 아무 상관이 없다. 다만 흥미로운 사실은, 코트디부아르는 인구의 절반이 이슬람교를, 나머지 절반이 기독교를 믿는 나라이며 이슬람교에서 초록색은 평화를 상징하는 색이니만큼 이 국기가 아일랜드 국기처럼 두 종교 간의 화해를 상징할 수 있다는 점이다.

또 다른 서아프리카 국가인 니제르도 1960년에 프랑스로부터 독립했다. 국기의 오렌지색은 사막을, 중앙의 오렌지색 원은 신생국의 떠오르는 태양을 상징한다. 또 하나의 흥미로운 점은 국기

니제르(1959년 이후)

잠비아(1996년 이후)

가 거의 정사각형에 가깝다는 것으로, 가로세로 비율이 이례적으로 7:6이다. ▐

국기에 오렌지색 줄무늬가 있는 세 번째 아프리카 나라는 잠비아다. 가장 독창적이고 미학적으로도 훌륭한 국기를 하나 꼽아야 한다면 개인적으로 나는 잠비아 국기가 먼저 떠오른다. 특히 1996년에 국기의 초록색을 좀 더 진한 풀색으로 바꾼 후 더욱 근사해졌다. 주요 디자인 요소를 좌측 상단이 아닌 우측 하단에 배치한 구성 또한 기존 관습에서 과감하게 탈피한 것이다.

여기 사용된 오렌지색은 이 나라의 중요한 자원인 구리를 상징하는데, 이 점은 키프로스 국기와 유사하기도 하다. 1964년 영국으로부터 독립한 후 잠비아 대통령은 구리 회사의 국유화를 비롯한 잠비아 휴머니즘 정책을 추진했다. 하지만 막대한 구리 매장량에도 불구하고 잠비아는 세계에서 가장 가난한 나라 중 하나가 되었다. 결국 이 국유화니 뭐니 하는 것들이 그다지 인도적이지는 못했던 모양이다.

앞에서 이미 보았듯이 서로 다른 나라가 비슷한 국기를 가진 경우는 종종 있다. 하지만 니제르와 인도 국기 간의 유사성만큼 놀라운 우연은 흔치 않다. 색조와 비율, 중앙에 배치된 원형이 다르긴 하지만, 그럼에도 이 둘은 놀라울 정도로 비슷해 보인다.

▐ 니제르 국기의 가로세로 비율이 규범적으로 명시돼 있지는 않다. 종종 7:6의 비율을 사용하기도 하지만, 일반적으로는 직사각형에 가까운 3:2의 가로세로 비율을 쓴다.

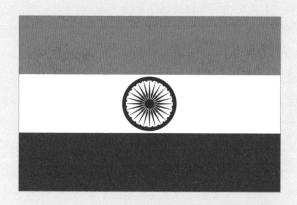

인도(1947년 이후)

1931년 인도 국민 회
의에서 채택한 국기

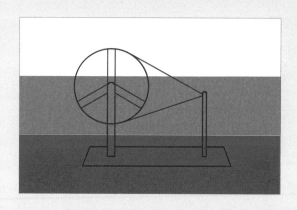

간디가 제안한 깃발

오렌지색
줄무늬

1773년에서 1858년까지 인도는 영국 동인도 회사의 지배를 받았다. 동인도 회사의 통치를 종식시킨 사건은 1857년에 일어난 세포이 항쟁으로, 델리 북동쪽의 한 마을에서 힌두교도와 이슬람교도 세포이(페르시아어로 용병을 뜻하며, 영국 동인도 회사에서 고용한 인도인 용병을 가리킨다)의 반란으로 시작했다. 세포이는 소총을 쏠 때 탄피의 끝단을 입으로 물어뜯어야 했는데, 여기에 동물성 지방이 묻어 있다는 소문이 돌면서 이에 반발한 것이다. 탄피에 정말 소고기나 돼지고기의 기름이 발려 있었다면, 영국은 소를 신성시하는 힌두교도와 돼지를 부정한 동물로 여기는 이슬람교도를 모두 모욕한 셈이었다. 반란은 그다음 해까지 이어졌으나 결국 잔혹하게 진압되었다. 그 후 인도는 회사가 아닌 영국 정부의 직접적인 통치를 받게 되었다.

20세기에 들어선 후에는 비폭력 불복종 원칙을 설파한 마하트마 간디가 대영 저항운동을 이끌었다. 1921년 간디는 국기 중앙에 물레 문양을 넣을 것을 제안했다. 인도인이 스스로 옷을 생산하여 자립할 수 있기를 바라는 희망을 담은 것이었다. 이 점을 강조하기 위해 간디는 종종 물레를 들고 공개 행사에 참석했다. 원래 도안에는 줄무늬가 2개였는데, 인도의 주요 종교인 힌두교를 상징하는 빨간색과 이슬람교를 대표하는 초록색을 사용했다. 이후 간디는 인도의 다른 종교도 함께 나타내기 위해 흰색 줄무늬를 추가하기도 했다.

1931년 인도 국민 회의는 이 깃발을 공식적으로 승인했으나 빨간색 줄무늬를 오렌지색, 실제로는 짙은 사프란색에 가까운 색으로 대체했다. 또한 1947년 독립선언 며칠 전에 마지막으로 수정이 이루어졌는데, 제헌의회에서 물레 대신 아소카 차크라를 넣기로 결정한 것이다. 이 문양은 법칙과 운동을 상징하는 바퀴 모양으로 불교에서 기원했다고 한다.

물론 아소카 차크라는 물레만큼 정치적으로 중립적이지는 않았지만, 당시 영국이 이슬람계가 주로 거주하던 인도 영토를 따로 떼어내 별도의 국가인 파키스탄에 할당하기로 거의 확정한 상황이었다. 그래도 이 최종안은 인도 신화에 등장하는 가네샤(코끼리 머리를 한 신)와 칼리(팔이 4개 달린 푸른 피부의 여신)를 담은 다른 초안에 비하면 상대적으로 세속적이었다고 볼 수 있다.

예상했겠지만 마하트마 간디는 새 국기 도안에 동의하지 않았다. 자신이 그토록 열렬히 믿었던 민족 간의 평화와 화합에서 또다시 멀어졌다고 보았기 때문이다. 몇 달 후 간디는 무슬림과의 공존을 원하지 않았던 힌두교 극단주의자가 쏜 총에 맞아 사망했는데, 체포된 이 암살범은 간디의 친척들이 선처를 호소했음에도 결국 처형되고 말았다.

오늘날 인도는 가장 엄격한 국기법을 시행하고 있는 나라다. 단 하나의 회사가 전국에 있는 15억 인구를 대상으로 인도 국기를 제작하고 공급할 수 있는 권한을 가지고 있다. 또한 국기법에서 국기를 만들 때 지켜야 할 기준을 상세히 명시한다. 이를테면 원단은 카디khadi라고 하는 손으로 짠 천만 허용했지만 2021년 이후에는 폴리에스터도 허용되었고, 원단의 밀도는 평방 센티미터당 정확히 150수를 지켜야 하며, 천은 총 아홉 가지 사이즈로 규정하고 있다.

게다가 국기를 깃대에 고정하는 부분은 반드시 카디 덕khadi duck이라고 하는 소재로 만들어야 하는데, 이 원단을 제대로 짤 수 있는 장인은 전국을 통틀어 수십 명에 불과한 것으로 알려져 있다. 카디가 아닌 다른 소재로 만든 국기를 게양하면 3년 이하의 징역과 벌금형에 처해질 수 있다.

파키스탄(1947년 이후)

1947년 8월, 영국령 인도는 인도와 파키스탄이라는 2개의 독립 자치령으로 분리되었다. 화합을 위한 간디의 노력에도 불구하고 종교적 노선에 따라 나라가 쪼개진 것이다. 그 이후 힌두교도와 이슬람교도 간의 분쟁으로 안타깝게도 50만 명 이상이 목숨을 잃고 약 1600만 명이 종교를 따라 강제 이주해야 했다. 이는 역사상 가장 큰 규모의 이주 중 하나로 기록되었다.

파키스탄은 초록색 바탕에 흰 초승달과 별이 그려져 있고 왼쪽에 흰 줄무늬가 배치된 국기를 가지게 되었다. 인도 국기처럼 초록색은 이슬람교를, 흰색은 다른 모든 종교를 상징하지만, 간디의 깃발과는 달리 가장 지배적인 종교의 색상이 국기 전체를 압도하는 형국이다. 그런데 사실 독립선언 직전에 영국의 인도총독은 파키스탄 국기에 유니언잭을 넣을 것을 권했다. 하지만 파키스탄은 이슬람 국가의 국기에 기독교의 십자가를 넣는 것은 부적절하다며 거절했다.

처음에 파키스탄의 국경은 인도 서쪽과 동쪽의 두 지역으로 이루어진 독특한 형태였다. 이를 각각 서파키스탄과 동파키스탄이라 불렀다. 동파키스탄에는 다할라 카그라바리라는 세계 유일의 삼중 월경지越境地가 있었다. 이곳은 인도의 영토이지만 파키스탄 영토 안에 있었고, 이 파키스탄 영토는 다시 인도 영토에 둘러싸여 있었으며, 이 인도 영토는 또 파키스탄 영토 안에 있었다.

1971년 동파키스탄은 서파키스탄에서 떨어져 나가 방글라데시로 불리게 되었다. 그 전년도에 열대성 사이클론이 동파키스탄을 덮쳐 약 50만 명이 사망했는데, 서파키스탄의 무성의한 구호에 동파키스탄인의 불만이 고조된 것도 원인이 되었다. 결국 피비린내 나는 전쟁 끝에 방글라데시가 탄생했다.

방글라데시 국기는 초록색 바탕에 붉은 원이 그려진 형태다. 이 나라의 지배적인 종교는 이슬람교이지만, 여기서 초록색은 종교만이 아닌, '방글라데시의 풍요로움과 국민들의 영원한 젊음'도 상징한다. 처음에는 붉은 원 안에 오렌지색 지도가 그려져 있었는데, 1년 후 지도를 제거하면서 원을 약간 왼쪽으로 이동시켜 국기가 휘날릴 때 원이 정중앙에 보이도록 했다.

완벽주의자들의 눈에는 이런 비대칭이 약간 거슬릴 수도 있

방글라데시(1972년 이후)

해방전쟁 중에 사용된 방글라데시 국기
(1971~1972년)

팔라우(1981년 이후)

다. 이와 비슷한 구성은 태평양 섬나라 팔라우의 국기에서도 찾아
볼 수 있다. 방글라데시 국기의 붉은 원이 해를 상징한다면 팔라
우 국기의 노란 원은 달을 상징한다. 언젠가 이 두 나라 사람들도
바람에 휘날리는 천 조각으로서의 국기보다 국기의 자체적인 그
래픽 요소가 더 중요하다는 사실을 깨닫고, 1999년 일본이 그랬던
것처럼 원의 위치를 정중앙으로 옮길지도 모르겠다.

인도 남쪽 해안으로 넘어가면 국기에 오렌지색과 초록색을
사용한 또 다른 나라인 스리랑카가 있다. 당시에는 실론이라 불린
이 섬나라는 인도와 파키스탄이 독립한 다음 해인 1948년에 영국
으로부터 독립했다.

스리랑카(1972년 이후)

인도와 스리랑카의 국가 상징에는 공통점이 많다. 이를테면 인도 국기에 그려진 바퀴는 스리랑카의 국장에도 등장한다. 국기에는 검을 든 들창코 사자가 묘사되어 있는데, 이는 현지의 왕들이 고대부터 문장에 사용해온 것이다. 사자는 불교에서 신성시하는 보리수 잎 4개에 둘러싸여 있다. 흥미롭게도 이 잎사귀 모양은 스리랑카의 지형과 비슷하다.

이 국기의 색상은 민족을 상징한다. 밤색 바탕은 주요 민족인 싱할라족을, 초록색과 오렌지색 줄무늬는 각각 무슬림과 타밀족을 나타낸다.

국기에 각 민족의 색깔을 넣는 것만으로 평화를 얻을 수 있다면 얼마나 좋을까! 역사가 시작된 이래 싱할라족과 타밀족 간 유혈 분쟁이 끊이지 않았다. 이 갈등은 1981년 민족 간 충돌 끝에 술 취한 경찰 몇 명을 포함한 싱할라족 폭도가 자프나 공립 도서관에 불을 지른 것으로 절정에 달했다. 이로 인해 문화적 가치가 높은 책과 사료가 약 10만 권이 소실되었는데, 이는 역대 가장 큰 규모

부탄

의 분서 사건 중 하나로 기록된다. 이 사건이 도화선이 되어 스리랑카 정부와 타밀 호랑이라 불린 타밀 반군 간의 긴 내전이 시작되었으며, 이 내전은 2009년에야 타밀 반군의 패배로 막을 내렸다.

다행히 남아시아의 모든 나라가 이렇게 피비린내 나는 역사를 지닌 것은 아니다. 히말라야산맥에 자리 잡은 부탄 왕국은 국제적으로나 국내적으로나 단 한 번도 군사 분쟁에 가담한 적이 없다. 게다가 부탄 정부는 공식적으로 국민 행복 지수를 측정해 유엔에 적극적으로 홍보까지 하고 있다.

부탄은 현지어로 '용의 나라'를 뜻한다. 국기에 묘사된 것은 고대 신화 속 동물인 중국의 용으로 유럽 문화 속 용과는 달리 친절을 상징한다. 성 조지가 전장으로 향하다 중국 용을 만났더라면 결코 죽이지 않고 그 부드러운 뿔을 살살 쓰다듬어주었을 것이다.

부탄의 흥미로운 특징 중 하나는 1999년까지 텔레비전을 허용하지 않았을 정도로 고립주의 정책을 고수한다는 점이다. 많은 가정집 벽에 남성 성기가 그려져 있다는 점도 독특하다. 이러한 전통은 15세기경 호색광이었던 한 티베트 승려가 부탄을 방문해 벽에 남근을 그리고 지붕에 남근 모형을 걸어두면 악귀를 쫓고 사악한 기운을 잠재울 수 있다는 전설을 퍼뜨린 것에서 기인했다고 한다.

행복이 가득한 이 나라에서 사악한 기운을 쫓겠다고 국기에 용 대신 남근을 그려 넣는다면 국제사회가 어떻게 반응할지 가끔 궁금해지곤 한다.

09

오각별의
세계

1871년 프랑스에서는 신자코뱅, 사회주의, 무정부주의 세력이 〈라마르세예즈〉를 부르며 파리에서 권력을 장악해 72일간 나라를 통치했다. 1장에서도 언급했듯이 파리코뮌이라 불린 이 정부는 붉은색 천을 공식 깃발로 삼았다. 이 사건은 훗날 마르크스주의자들에게 프롤레타리아가 권력을 장악한 최초의 사례로 평가된다는 점에서 공산주의 역사학에서 중요한 의미를 지닌다. 이후 공산주의 사상은 세계 곳곳으로 스며들며 수많은 국기를 공산주의의 상징인 빨간색으로 물들였다.

가장 유명한 공산주의 깃발은 소비에트 사회주의 공화국 연방, 즉 소련의 국기일 것이다. 1922년 수립되어 1991년 12월 붕괴될 때까지 이 붉은 기는 크렘린궁에서처럼 지구 육지 면적의 6분의 1에 달하는 영토에서도 자랑스레 휘날렸다. 소비에트 지도자들은 거센 저항에도 불구하고 전 세계 모든 국가에 공산주의를 건설하겠다는 큰 그림을 그렸다. 따라서 제국의 상징물에 사용된 모든

소련(1955~1991년)

소련의 국장은 처음 14년간 낫자루가 잘못 그려져 있었다.

요소는 이처럼 영토 확장이라는 개념과 관련이 있다.

공산주의 깃발의 대표적인 특징이라 할 오각별은 마르크스 사상으로 포섭해야 할 5개의 대륙을 상징했다. 소비에트 지도자들은 어떤 이유에서인지 여섯 번째 대륙인 남극에는 자비를 베풀기로 결정했는데, 어쩌면 유대인의 상징인 육각별을 사용하는 것이 내키지 않았기 때문인지도 모르겠다.

또 다른 유명한 공산주의 상징인 낫과 망치는 농민과 산업 노동자의 단결을 상징한다. 낫과 망치는 소련의 국기뿐 아니라 국장에서도 중요한 자리를 차지했다. 국장에는 "만국의 노동자여, 단결하라!"라는 표어가 적혀 있는데, 당시 소련은 카를 마르크스가 꿈꿨던 공산주의 사회와는 동떨어져 있었기 때문에 살아 돌아온 그가 라디오에 출연해 "만국의 노동자여, 부디 나를 용서하길!"이라고 선언했다는 농담이 유행하기도 했다.

낫과 망치가 소련의 문장에 처음 도입된 건 1923년이었다. 이 도안으로 국기 공모전에서 우승한 예술가는 낫을 제대로 재현하기 위해 농부가 실제로 쓰는 낫을 가져와달라고 했다고 한다. 그런데 하필 가져온 것이 자루의 위아래가 바뀌어 위로 갈수록 두꺼워지는, 일반적이지 않은 모양의 구식 낫이었다. 그리하여 농민을 상징하는 농기구는 소련 국기에 잘못 재현된 채로 14년 동안이나 자리를 지켰다. 인재에 가까운 대기근으로 소련 전역에서 약 500만 명을 굶어 죽게 만든 스탈린의 행태를 이보다 더 극명하게 드러내는 기학적 은유는 없으리라.

문장학에서 여러 도구를 교차하는 디자인은 상당히 흔한 편이다. 소련 문장에 낫과 망치가 사용되기 전에는 쟁기와 망치가 교차된 문양이 사용된 적도 있다. 또한 사회주의 국가인 동독의 국기에서는 망치와, 지식을 상징하는 컴퍼스가 교차된 문양을 찾아볼 수 있다.

독일 민주 공화국

소비에트 연방에 속했던 15개의 사회주의 공화국은 1991년 연방이 해체되면서 독립을 얻었다. 그 전까지 이 나라들의 국기는 매우 비슷했다. 모두 붉은 천을 사용했고 왼쪽 상단에는 공화국의 약칭이 금색 글자로 적혀 있었다. 가령 우크라이나 국기에는 У.С.С.Р.가, 벨라루스 국기에는 Б.С.С.Р.가 찍혀 있는 식이었다 (1937년까지는 글자마다 마침표를 찍은 반면 이후에는 마침표를 찍지 않았다). 하지만 유엔 덕분에 이러한 단조로운 도안에서 벗어날 수 있었다.

1945년 유엔이 설립된 직후 서방과 소련은 자기편이 되어줄 회원국 수를 늘리는 데 공을 들였다. 그 결과 완전히 독립하지 못한 몇몇 국가도 유엔총회의 회원국이 되었다. 이를테면 영국으로부터 아직 독립하지 못했던 뉴질랜드와 인도, 당시 미국의 보호령이었던 필리핀도 이때 회원국이 되었다.

스탈린은 소련 말고도 우크라이나와 벨라루스도 유엔에 가입하도록 추진했다. 이 두 공화국에 자체 외무부를 설립하며 독립국으로서 조건을 형식적으로 마련해주기도 했다. 그럼에도 이 두 나라가 사실은 독립국이 아니라는 건 분명했지만, 어쨌든 스탈린은 목적한 대로 이들의 유엔 가입을 이루어냈다.

그런데 우크라이나와 벨라루스의 국기가 서로 닮았을 뿐만 아니라 소련 국기와도 비슷했기 때문에 유엔이 혼란스러워하자, 소련 지도부는 각 소비에트 공화국의 국기를 좀 더 차별성 있게 만들어야겠다고 결정했다.

게다가 소비에트 공화국의 국기들을 나란히 놓고 보면 엇비슷하면서도 어딘지 좀 이상해 보인다. 최소한 낫과 망치의 크기나 줄무늬의 폭이라도 일정한 기준에 맞춰 통일해야 할 것 같았지만, 실상은 그렇지 못했기 때문이다. 어쩌면 소비에트 재봉사가 만취

아르메니아 소비에트 사회주의
공화국

아제르바이잔 소비에트 사회주
의 공화국

벨로루시(벨라루스) 소비에트
사회주의 공화국

에스토니아 소비에트 사회주의
공화국

그루지야(조지아) 소비에트 사
회주의 공화국

카자흐 소비에트 사회주의 공
화국

키르기스 소비에트 사회주의
공화국

라트비아 소비에트 사회주의
공화국

리투아니아 소비에트 사회주의
공화국

몰도바 소비에트 사회주의 공
화국

타지크 소비에트 사회주의 공
화국

투르크멘 소비에트 사회주의
공화국

우크라이나 소비에트 사회주의
공화국

우즈베크 소비에트 사회주의
공화국

러시아 소비에트 연방 사회주
의 공화국

프랑스령 콩고(1959~1960년), 콩고 공화국
(1960~1970년, 그리고 1991년 이후)

콩고 인민 공화국(1970~1991년)

한 상태로 국기들을 재봉하는 바람에 이렇게 들쭉날쭉한 모양이
되었는지도 모르겠다.

소련에 속하지 않은 국가 중에 콩고 공화국이 소련과 가장 비
슷한 국기를 한동안 유지했다. 프랑스의 식민 통치를 받던 시기에
이 나라는 프랑스령 콩고로 불렸다. 1959년 자치권을 부여받은 후
에는 프랑스 삼색기 대신 초록색, 노란색, 빨간색이 대각선 무늬를
이루는 독특한 국기를 채택했다. 1960년 비로소 독립국가가 된 후
에도 같은 도안을 유지했다.

그러나 10년도 채 되지 않아 쿠데타가 발생하였다. 정권은 마
르크스 레닌주의'정권으로 교체되었고 국명도 콩고 인민 공화국
으로 변경되면서 국기 또한 망치와 괭이 그리고 별이 그려진 붉은
기로 바뀌었다. 1991년 소련과 콩고 인민 공화국의 붕괴 이후 이
나라의 이름은 콩고 공화국으로 되돌아갔고, 새 정부는 원래 국기
를 즉시 복원했다.

오늘날 프롤레타리아의 상징은 다른 두 아프리카 국가의 깃

발에서도 찾아볼 수 있다. 바로 모잠비크와 앙골라다. 두 나라 모두 리스본에서 카네이션 혁명이 일어난 후 1975년에 포르투갈로부터 독립했다.

독립국이 된 모잠비크는 공산주의의 길을 걷기 시작했다. 대통령 사모라 마셸은 일당제를 확립하고 종교 단체를 억압하기 시작했으며 계획경제를 도입했다. 그렇게 11년간 나라를 지배하다 남아프리카와 접경한 지역에서 비행기 추락 사고로 숨졌다. 이후 마셸의 아내 그라자는 남아프리카 공화국의 대통령 넬슨 만델라와 결혼해 역사상 유일하게 두 나라에서 영부인을 지낸 여성이 되

앙골라(1975년 이후)

앙골라의 새 국기로 제안된 도안(2003년)

모잠비크 공화국(1983년 이후)

었다. 프랑스 왕과 이혼하고 잉글랜드 왕과 결혼했으며, 사자심왕 리처드의 어머니로도 잘 알려진 엘레노어를 제외하면 말이다.

오늘날에도 모잠비크 국기는 여전히 소비에트 양식을 유지하고 있다. 왼쪽에 사회주의를 상징하는 별이 있고, 별 안에는 책이 펼쳐져 있으며, 총검이 부착된 칼라시니코프 소총과 쟁기가 그 위에서 교차하고 있다. 이로써 모잠비크는 국기에 현대식 화기가 그려진 유일한 나라가 되었다. 야당에서는 소총이 그려진 별을 국기에서 제거하려고 간간이 시도하고 있지만 아직까지는 아무런 소득을 거두지 못했다.

앙골라 국기도 다소 호전적으로 보이기는 마찬가지다. 별과 마체테 칼, 그리고 톱니바퀴 반쪽이 그려져 있는데, 아프리카에서는 낫처럼 쓰는 마체테는 농민을 대표하며 톱니바퀴는 산업 노동자를 상징한다.

모잠비크처럼 앙골라도 처음에는 사회주의 노선을 따랐다. 하지만 이후 시장 개혁을 도입하기 시작하면서 국기를 교체하는 문제가 제기되었다. 2003년에는 국회 위원회에서 파란색과 흰색 줄무늬 위로 고대 동굴벽화가 연상되는 태양이 묘사된 새 국기를 제안하기도 했지만 역시 거부당했다. 이 도안의 적청백 줄무늬를 가만히 들여다보면 또 다른 공산주의 국가인 북한의 국기가 떠오르기도 한다.

역사적으로 쇄국정책을 고집하던 한국은 1910년 일본에 병합되었고, 제2차 세계대전 후에는 공산주의 국가인 북한과 자본주의 국가인 남한으로 분단되었다. 그러다 1950년 두 나라 간의 이

한국(1883년 이후), 현재 남한 국기

북한(1948년 이후)

한반도기

넘 대립이 극에 달하며 한국전쟁이 발발했다. 이 사건으로 100만 명 이상이 사망하고 기반 시설은 완전히 파괴되었다. 그 결과 두 나라 사이에 북위 38도를 기준으로 군사분계선이 그어졌다.

이 접경 지역에 실제로 가보면 세계에서 가장 높은 깃대로 손 꼽힐 만큼 거대한 북한 국기가 펄럭이고 있다. 또한 북한은 확성기 도 설치해 수십 년간 남한을 향해 선전 라디오를 요란하게 틀어댔 다. 그러자 남한도 언젠가부터 그들만의 선전 무기라 할 케이팝을 뉴스와 함께 트는 식으로 대응했지만, 결국 양측 모두 이 엄청난 소음에 지친 나머지 방송을 중단하는 데 상호 합의했다.

북한의 국기는 1948년에 채택되었는데, 이는 북한의 주체연

호(초대 공산주의 지도자인 김일성이 출생한 1912년을 주체 1년으로 삼는 연도 표기 방식)에 따르면 37년에 해당한다. 북한은 김일성 동지가 직접 국기를 도안하였다고 공식적인 입장을 밝혔지만, 사실 분단 전부터 쓰던 태극기를 계속 사용하고 싶어 했다. 그러나 태극기에 담긴 고대 불교 상징을 미신으로 여긴 소련이 이를 탐탁지 않게 여겼고, 결국 모스크바에서 오각별이 그려진 붉은색 바탕의 새 국기를 도안해 평양에 전달했다. 소련이 북한의 국기에 그토록 간섭하고 싶어 한 것은 어찌 보면 당연했는데, 종교적 상징이라면 무엇이든 뿌리를 뽑을 만큼 엄격한 무신론 국가였기 때문이다.

태극기라고도 불리는 남한 국기는 평화를 상징하는 흰색 바탕에 음과 양의 태극 문양이 담겨 있다. 그 주위에는 검은 막대들이 네 부분으로 나뉘어 있는데, 이를 사괘라고 한다. 사괘는 주역의 기본 단위인 팔괘 중에서 특별히 네 가지를 가리키며, 한 괘마다 일곱 가지 범주에서 서로 다른 개념을 상징한다. 가령 한 괘는 태양(천체), 불(자연 요소), 가을(계절), 남쪽(방위), 예의(덕목), 딸(가정), 화려함(성정)을 상징하며 이를 다 합치면 결실을 뜻한다. 곧 다시 다루게 될 테니 기억해주기 바란다.

1910년 한국을 강제 합병한 일본은 태극기 사용을 엄격히 금지하고 일장기를 게양하도록 강요했다. 그 결과 태극기는 한국 독립운동의 상징이 되었다. 2009년에는 서울에 위치한 진관사를 복원하던 인부들이 오래된 불단 안쪽에서 태극기가 든 꾸러미를 발견하였는데, 바로 그곳에 놀라운 사연이 숨어 있었다. 1919년에 제작된 이 태극기는 일장기의 태양 위로 태극 문양을 검게 덧칠하

몽골(1992년 이후)   몽골(1945~1992년)

여 항일 의지를 표현했던 것이다.

한국의 또 다른 흥미로운 점은 한반도기라는 통일기가 있다는 사실이다. 이 깃발은 남북한이 공동으로 참가하기로 한 1990년 제11차 아시안 게임을 위해 만들어졌다. 결국에는 남북한이 개별 팀으로 참가하게 되었지만 한반도기는 그대로 남았다. 이 깃발은 이듬해 열린 세계 탁구 선수권 대회에서 공식적으로 처음 사용된 뒤 후로도 국제 행사에서 몇 차례 더 사용되었다.

이 깃발은 한반도 윤곽이 푸른색으로 그려져 있는데, 앞서 유엔기에 대해 배웠으니 이 디자인이 그다지 놀랍지 않을 것이다. 한반도기는 다분히 중립적으로 보이지만, 이웃 나라인 일본과 영유권 분쟁이 있는 작은 섬이 깃발에 포함될 때마다 항의가 뒤따랐다.

음양을 묘사한 국기를 가진 또 다른 나라는 바로 1992년까지만 해도 국기에 오각별이 그려져 있었던 몽골이다. 이 나라의 역사는 피에 굶주린 위대한 정복자 칭기즈칸이 오늘날 한국에서 폴란드에 이르는 영토를 정복해 제국을 건설한 13세기부터 본격적으로 시작한다. 이 제국은 인류 역사상 가장 거대한 나라로 여겨진다. 지금도 몽골은 세계에서 면적이 가장 넓은 나라 중 한 곳이지만 인구는 340만 명밖에 되지 않는다.

몽골은 1921년 처음으로 공산당 정부를 수립했지만 3년 후 소련의 첫 위성국이 되었다. 그 전에는 17세기부터 중국의 속국이기도 했다. 이제는 중국의 자치구인 내몽골과 독립국가인 몽골을 구분해서 쓰고 있다.

사회주의 독립국 몽골은 소욤보 문양이 들어간 붉은 기를 공식 국기로 채택했다. 소욤보는 음양을 비롯하여 여러 전통 요소가 들어간 불교 상징이다. 제2차 세계대전 후에 변경된 국기에는 3개의 줄무늬와 함께 공산주의를 상징하는 오각별이 소욤보 문양 위에 그려졌는데, 덕분에 크리스마스트리처럼 보이기도 한다.

국기에 비록 별을 동반하기는 했지만 과연 몽골이 어떻게 소욤보 문양을 유지할 수 있었는지는 미스터리가 아닐 수 없다. 당시 소련은 몽골을 사실상 지배했으며 모든 종교적 상징을 파괴하려고 기를 썼기 때문이다. 1930년대 후반 스탈린은 몽골에도 대숙청을 확장하여 불교를 탄압하고 약 1만 8000명의 라마승을 몰살했다. 몽골의 인구가 5퍼센트나 감소했을 정도였다.

이때 파괴된 만주스리 수도원은 소련이 불교 문화유산을 없애는 데 얼마나 혈안이 되었는지를 보여주는 대표적인 사례다. 몽골 산맥의 절경에 위치한 이 수도원에서 승려들은 바위를 깎아 만든 특별한 굴속에 앉아 명상을 했다. 하지만 스무 곳에 달하는 이 수도원의 사원은 몽골 공산당에 의해 모조리 파괴되었고, 라마승들은 체포되어 총살을 당했다. 소련은 이 아름다운 곳을 파괴하기

중화 인민 공화국(1949년 이후)

1912년 이전의 중국 국기(청나라)

중화민국(1912~1928년)

중화민국(1928년 이후), 현재 대만의 국기

위해 폭격기까지 보냈다!

예상했겠지만, 소련이 해체되자 몽골은 재빨리 공산주의에 작별을 고하고 국기에서 별을 제거했다. 현재는 국기에 소욤보 문양만이 남아 있다.

소련이 붕괴된 후에도 공산주의식 붉은 기를 유지하고 있는 대표적인 나라는 중국이다. 20세기까지만 해도 중국 국기는 온화한 중국 용이 그려져 있다는 점에서 부탄 국기와 매우 유사했다. 바탕에 칠해진 노란색은 청나라 황실을 상징했는데, 당시만 해도 황족만 노란색 의복을 입을 수 있었기 때문이다. 국기 좌측 상단에 그려진 붉은 원은 얼핏 태양처럼 보인다. 마치 용이 태양을 올려다보며 곧 재채기라도 할 것 같은 모습이다. 하지만 사실 이것은 태양이 아니라 부귀와 행운을 상징하는 여의주다.

1912년 중국에서 일어난 신해 혁명은 2000년 넘게 이어진 전제군주제를 무너뜨리고 중화민국을 수립했다. 봉기의 물결이 중국 전역을 휩쓸면서 한족은 만주족에 항거해 땋은 머리를 자르기 시작했다. 만주족은 변발이라 불리는 자신의 헤어스타일을 한족 남성에게 강요하며 이에 따르지 않을 경우 사형도 불사했기 때문이다.

또한 국기를 장식했던 용은 중국의 5대 민족을 상징하는 5개의 가로 줄무늬로 대체되었다. 그중에서 흰 줄무늬는 이슬람교를 믿는 후이족과 위구르족을 상징했는데, 오늘날 중국은 특히 위구르족을 탄압하고 있다는 비난을 받고 있다.

1928년 장제스가 지도자가 되면서 중화민국은 햇살이 삼각형 12개로 그려진 흰 태양을 국기에 사용했다. 여기서 숫자 12는 열두 달과 중국의 십이시(하루를 열둘로 나누어 십이지의 이름을 붙여 이르는 시간)를 상징한다. 따라서 햇살이 12개인 태양은 '365일 24시간 동안' 쉬지 않고 일한다는 의미를 전달하는 셈이다. 제2차 세계대전 이후 마오쩌둥이 이끄는 공산당이 권력을 장악하자 장제스 정부는 대만섬으로 후퇴할 수밖에 없었다. 이때 흰 태양이 그려진 국기도 그들과 함께 이동하면서 이제는 대만의 국기로 더 잘 알려지게 되었다.

이후 20년 동안 마오는 자신의 나라에서 일련의 거대한 실험을 시작했다. 자본주의 국가들을 따라잡겠다는 일념하에 대약진 운동이라 불리는 계획에 착수한 것이다. 그 일환으로 들쥐, 파리, 모기, 참새를 4대 해충으로 간주해 박멸하겠다는 제사해 운동을 시작했다. 그리하여 참새 수백만 마리가 죽임을 당했는데, 사실 이 새는 농작물을 해치는 메뚜기를 잡아먹는 역할도 했기 때문에 이 운동은 농작물을 보호하기는커녕 대대적인 흉작을 일으켰다. 추정치는 천차만별이지만, 대약진운동으로 인해 발생한 대기근으로 사망한 중국인은 2000만에서 4500만 명에 달한다. 이는 인류 역사상 가장 거대한 사회적 재난으로 기록된다.

현재 중국 국기는 1949년에 채택되었는데, 전형적인 공산주의 국기 구성을 따르고 있다. 캔턴의 가장 큰 노란 별은 중국 공산당을 상징한다. 큰 별을 바라보고 있는 작은 별 4개는 중국의 사회계급인 노동자, 농민, 소부르주아, 민족부르주아를 가리킨다. 이 분류는 같은 해에 마오쩌둥이 연설한 내용에서 따온 것이다.

이웃 나라인 베트남 국기에서도 붉은 바탕에 노란색 공산주의 별을 찾아볼 수 있다. 차이가 있다면 이 별은 좀 더 크고 중앙에 배치되어 있다.

제2차 세계대전 이전에 베트남은 라오스, 캄보디아와 함께 프랑스령 인도차이나라 불린 프랑스 식민지에 속했다. 이후 일본이 일시적으로 이 지역을 점령했지만, 전쟁이 끝나자 다시 프랑스가 통치했다.

프랑스 식민주의자들에 대항해 투쟁을 이끈 것은 베트남 공산당이었다. 이 투쟁을 전폭적으로 지원한 세력이 소련이었다는

베트남 사회주의 공화국(1955년 이후)

북베트남(1945~1955년)

남베트남(1948~1975년)

사실을 감안한다면 사회주의 베트남이 오각별이 그려진 붉은 기를 국기로 채택한 것은 놀랍지 않다. 1955년까지 이 별은 보기 좋게 둥근 모양이었다.

　프랑스와의 전쟁은 제1차 인도차이나전쟁으로 역사에 기록되었다. 이후 베트남은 한국처럼 북베트남(베트남 민주 공화국)과 남베트남(베트남 공화국)으로 분단되었다. 그리고 나서 얼마 지나지 않아 제2차 인도차이나전쟁이 발발했다. 베트남전쟁이라고도 불리는 이 전쟁에서 소련과 중국은 북베트남을, 미국은 남베트남을 지원했다. 미국과 서방의 동맹국들이 이 전쟁을 치르며 얼마나 고

라오스(1975년 이후)　　　　　　　　　라오스 왕국(1947~1975년)

전을 했는지 당시 미국 대통령이었던 리처드 닉슨은 북쪽을 상대로 핵무기를 쓰는 방안까지 고려했다고 한다. 결국 서방 세력은 철수했고, 1975년 남북이 통일하며 베트남은 단일한 사회주의 국가를 이루게 되었다.

　　남베트남의 국기는 노란색 바탕에 붉은색 가로줄 3개가 들어간 형태였다. 이 붉은 줄들은 태극기에서 봤던 사괘 중 하나인 ☰을 나타내는데, 이를 건괘라고 부른다. 남베트남 지도부는 유교와 동양철학을 중시했기 때문에 건괘가 상징하는 지도력과 강건함, 그리고 하늘을 국기에 나타내기 위해 사용했을 것이다.

　　베트남과 이웃하는 라오스도 한때 프랑스령 인도차이나에 속했다. 제2차 세계대전 이후 프랑스로부터 독립해 왕국이 되었지만, 미국의 패배로 베트남전쟁이 끝난 뒤 국왕을 폐위하고 공산주의 노선에 합류했다.

　　그 전까지 라오스 국기를 장식한 주인공은 흰 코끼리였다. 라오스의 국명은 100만 마리 코끼리와 흰 양산의 땅을 뜻하는데, 이

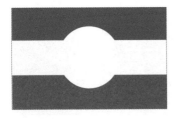

형가리 혁명기(1956년)

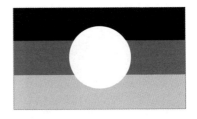

베를린 장벽붕괴 후 1991년 많은 독일인이 동독의 국장을 국기에서 잘라냈다.

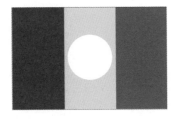

루마니아 혁명 중 반차우셰스코 시위에 사용되었던 깃발(1989년)

시적인 명칭을 시각적으로 표현한 것이었다. 오늘날 라오스의 코끼리는 대규모 삼림 벌채로 멸종 위기에 처해 있다. 2022년 기준으로 보자면 800마리 코끼리의 땅이라고 불러야 더 정확할지도 모르겠다. 물론 코끼리 800마리는 고작 50마리밖에 남지 않은 도미니카의 앵무새에 비하면 엄청 많다고 할 수도 있겠지만 말이다.

공산주의가 승리를 거둔 후 라오스 국기는 빨간색과 어두운 푸른색 줄무늬 가운데 흰 원이 그려진 현재의 형태로 바뀌었다. 붉은 줄무늬는 라오스의 두 민족을 상징하는데, 한쪽은 라오스 본토에 살고 다른 한쪽은 현재의 태국 북동부에 해당하는 지역에 거주

태국(1917년 이후)

태국(1893~1917년)

시암(17~19세기)

한다. 이 두 민족은 국기의 푸른색 줄무늬로 표현된 메콩강을 사이에 두고 떨어져 있다. 그런 점에서 라오스 국기 또한 한반도기와 마찬가지로 이웃 국가와의 영토 분쟁 요소가 잠재된 국기라고 할 수도 있겠다. 국기의 흰 원은 달을 나타내는데, 다른 한편으로는 두 민족이 다시 하나가 될 미래를 향한 희망을 상징하기도 한다. 그리고 개인적인 해석을 덧붙이자면 국기 속 원은 이전 국기에 그려진 흰 양산을 위에서 내려다본 모양처럼 보이기도 한다.

다른 나라 국기에서 이와 비슷한 모양을 본 적이 있다면 라오스 국기의 원은 특히 흥미롭게 보일 것이다. 이것은 주로 혁명의

미얀마(1948~1974년)

미얀마(1974~2010년)

미얀마(2010년 이후)

상징으로 사용되며 문장을 잘라낸 흔적을 나타낸다. 헝가리, 루마니아, 동독에서 전체주의 공산당 정권에 맞서 혁명에 참여했던 이들이 이러한 도안을 사용했다.

태국 국기는 도안은 물론이고 역사적으로도 라오스 국기와 공통점을 가지고 있다. 과거 시암으로 불렸던 태국은 동남아시아에서 단 한 번도 식민 지배를 받지 않은 유일한 나라다. 식민지들 사이에서 완충지 역할을 해온 덕분이었다. 태국은 정확히 100년 간 흰 코끼리가 등장하는 국기를 사용하다가 1917년 5개의 가로 줄무늬(빨강, 하양, 파랑, 하양, 빨강)가 그려진 현재 국기를 채택했다.

이웃 나라들과 달리 태국은 공산주의를 도입하려고 시도한 적이 없다. 17세기부터 19세기까지 아무 무늬 없는 붉은 깃발을 사용하기는 했지만 말이다.

태국에서 북쪽으로 올라가면 미얀마가 나온다. 1948년까지 미얀마는 버마라는 이름으로 불리며 영국의 지배를 받았다. 조국의 해방운동을 이끈 것은 아웅 산 장군이었는데, 그는 독립을 쟁취하기 몇 달 전에 암살되었다.

미얀마는 베트남과 마찬가지로 커다란 오각별을 국기에 넣었다. 또한 붉은 바탕에 푸른색 캔턴이 있기 때문에 대만 국기와도 디자인이 다소 유사했다. 캔턴에는 큰 별 1개와 작은 별 5개가 그려졌는데, 이는 이듬해 채택된 중국 국기의 별들을 연상시킨다. 1974년에는 보다 정교한 이미지가 푸른색 캔턴에 등장했다. 바로 톱니바퀴와 벼 이삭이다. 앙골라 국기와 마찬가지로 여기서도 톱니바퀴는 산업 노동자를, 벼는 농민을 상징한다.

미얀마의 독특한 점 중 하나는 점성술과 수비학數秘學, Numerology▪이 뒤섞인 특별한 종류의 불교를 믿는다는 점이다. 지도층을 포함한 미얀마 국민 대다수가 조금이라도 중요한 일을 결정할 때 반드시 점성술 달력을 먼저 확인한다. 미얀마의 수도를 양곤에서 네피도로 옮겼을 때도 법원 수비학자들이 지정해준 날짜와 시간인 2005년 11월 6일 오전 6시 37분에 맞춰 이전을 단행했을 정도다.

▪ 숫자에 깃든 신비로운 힘을 연구하는 학문을 말한다. 4를 죽음과 관련지어 터부시하거나 7을 행운의 숫자로 믿는 것도 수비학의 일종이다.

쿠바(1902년 이후)

1962년 네 윈 장군이 정권을 잡은 후에도 그가 내린 많은 결정은 점성술사와 수비학자의 조언을 따른 것이었다. 가령 네 윈 정부가 1970년 12월 6일부터 좌측통행에서 우측통행으로 통행 방향을 변경한 까닭은 점성술사의 말 때문이었던 것으로 전해진다. 또한 1987년에는 느닷없이 25, 35, 75차트 지폐를 없애고 대신 행운의 숫자인 9로 나눠지는 45, 90차트 지폐를 도입하기도 했다. 이러한 정책 변화는 8888 항쟁의 발단이 되었는데, 항쟁이 일어난 날짜인 1988년 8월 8일에서 따온 명칭이다.

이 항쟁을 이끈 지도자 중 한 명은 암살된 아웅 산 장군의 딸인 아웅 산 수 치였다. 수 치는 가택 연금에 처해졌지만, 이듬해인 1991년 노벨 평화상을 수상했다. 그리고 21년에 걸쳐 총 15년 동안 가택에 연금되었다가 2010년에 석방되었다. 2016년부터는 미얀마의 정치적 지도자로 활동했으나, 2021년 또 다른 군사 쿠데타가 일어난 후 구금되어 총 26년형을 선고받았다.

국기에 별이 그려진 또 다른 사회주의 국가는 바로 쿠바다. 앞

수리남(1975년 이후)   수리남(1959~1975년)

서 본 국가들과 달리, 이 나라는 소련 붕괴 후에도 여전히 공산주의를 유지하고 있다. 붉은 바탕에 오각별이 그려진 쿠바 국기는 사회주의 느낌이 물씬 나지만, 사실 이 국기는 공산주의 상징이 채 존재하기도 전인 1902년에 채택되었다. 게다가 당시 쿠바는 스페인으로부터 갓 독립해 미국의 원조를 받아 시장경제를 구축하고 있던 터였다. 국기의 색상은 프랑스혁명에서 영감을 받았으며, 별은 이웃 나라 미국처럼 강한 국가가 되고자 하는 열망을 반영했다.

쿠바는 1959년 피델 카스트로가 정권을 장악한 후 공산주의로 전환했다. 사실 카스트로가 마르크스 레닌주의에 곧장 뛰어든 건 아니었다. 초반에는 미국과의 관계 개선을 시도했지만, 미국을 공식적으로 처음 방문했을 때 느낀 굴욕감 때문에 도저히 용서할 수 없었다고 한다. 당시 미국 대통령이었던 아이젠하워가 카스트로를 만나기는커녕 보란 듯이 골프를 치러 가버렸기 때문이다. 쿠바와 미국이 관계가 틀어지자 소련은 그 틈을 타 가능한 모든 방법을 동원해 쿠바를 지원하기 시작했다. 쿠바를 둘러싼 두 초강대국

간의 갈등은 1962년 쿠바 미사일 위기로 정점을 찍으며 핵전쟁 직전까지 이어졌다.

사회주의 국기로 오인될 만한 국기를 가진 또 다른 나라는 과거 네덜란드의 식민지였던 남미의 수리남이다. 오늘날 수리남은 네덜란드를 제외하고 국민 대다수가 네덜란드어를 구사하는 유일한 나라다. 이 국기에서 초록색과 흰색 줄을 제거하면 베트남 국기가 되는데, 기원을 따지자면 사회주의와는 아무런 관계가 없다.

1975년 네덜란드로부터 독립하기 전 수리남은 별 5개가 그려진 국기를 사용했는데, 이는 아프리카계, 인도계, 중국계, 아메리카계, 유럽계까지 이 나라를 이루는 다섯 민족을 상징했다(내 눈에는 올림픽 로고와 다소 비슷해 보인다). 그런데 별의 색깔이 노골적으로 각 민족의 피부색을 연상시켜 비판을 받기도 했다. 오늘날 수리남 국기에는 단 하나의 별만 그려져 있는데, 이 별을 이루는 꼭짓점 5개도 이 다섯 민족을 상징한다.

자, 지금까지 오각별에 대해 충분히 알아봤으니 이제 육각별로 넘어갈 차례다.

10

육각별의
세계

이스라엘은 1948년 5월 14일에 독립을 선포했다. 그러자 다음 날 아랍 5개국은 즉시 이스라엘에 선전포고를 하고 공격에 들어갔다. 당시에도 팔레스타인 지역을 두고 유대인과 아랍인 간 분쟁이 심각했기 때문이다. 이스라엘이 새 국기를 채택한 것은 전쟁에 접어든 지 다섯 달째 되는 그해 말이었다. 흰 바탕에 다윗의 별과 2개의 푸른 줄이 들어간 국기였다.

이스라엘이 건국될 무렵에 육각별은 이미 유대 민족의 상징이 되었지만, 이스라엘 국기는 지금과는 꽤 다른 모습이 될 수도 있었다. 이스라엘 건국에 핵심적인 역할을 한 테오도르 헤르츨이 하루 일곱 시간 노동을 상징하는 황금빛 육각별 7개를 다윗의 별과 함께 원형으로 배치할 것을 제안했었으니 말이다. 당시 진보적으로 여겨지던 사회주의 사상에 이스라엘 역시 열려 있다는 것을 보여주겠다는 취지였다.

국가 지도자들은 다윗의 별을 국기에 넣는 것에 대해 유보적

이스라엘(1948년 이후)

이었다. 다른 나라에 사는 유대인이 다윗의 별을 사용하다가 거주 국가에 신의를 다하지 않는다는 비난을 받게 될 수도 있다는 우려 때문이었다. 결국 이 모든 걱정을 뒤로하고 지금의 이스라엘 국기 가 탄생했다.

다윗의 별은 유대인의 상징일 뿐만 아니라 이들이 수 세기 동 안 겪은 박해와도 관련이 깊다. 가장 유명하고도 끔찍한 사례는 유 대인에게 노란 다윗의 별을 달게 한 나치 독일의 소행일 것이다. 하지만 이런 짓을 저지른 건 히틀러가 처음이 아니었다. 중세에도 종교적, 민족적 이방인을 식별하기 위해 유대인에게 노란 다윗의 별을 달게 한 적이 있었다. 13세기에 공표된 교황 칙령에 따르면 이러한 조치는 기독교 남성이 유대인 여성과 '관계를 맺는 일(또는 그 반대)'을 방지하기 위해 필요했다.

이스라엘 국기의 푸른색은 유대교에서 특별한 의미를 지닌 다. 유대인이 기도할 때 걸치는 술 달린 숄인 탈리트에도 흰색과 푸른색 줄무늬가 들어가기 때문이다. 고대에는 푸른색 염료를 특정 달팽이(아마도 지중해에 사는 뮤렉스 달팽이)에서 얻었는데, 이는 토라에도 여러 차례 언급된 바 있다. 이 염료를 제조하는 비법은 오래전에 소실되었지만, 소수의 과학자가 마침내 그 과정을 재현하는 데 성공했다고 한다. 이 달팽이에서 추출한 염료는 파란색에서 보라색에 이르기까지 색조가 다양했다. 만약 다른 달팽이가 사용되었더라면 이스라엘 국기는 파란색이 아닌 보라색이 되었을지도 모르는 일이다.

이스라엘 법은 국기에 어떤 파란색을 사용해야 하는지 정확히 명시하지 않았지만, 인터넷상에서 이스라엘 국기를 표현하는 데 가장 흔히 사용된 색은 프랑스 예술가 이브 클랭이 개발한 '인터내셔널 클랭 블루'라는 색과 놀랍게도 일치한다. 클랭은 모델이 알몸에 이 색을 칠하고 흰 캔버스 위에서 구르게 해 가치가 수백만 달러에 달하는 그림들을 탄생시켰다.

유대인을 둘러싼 음모론은 셀 수 없을 정도로 많은데, 국기도 예외가 아니다. 잡지 《플레이보이》와의 인터뷰에서 팔레스타인 지도자 야세르 아라파트는 이스라엘 국기 속 두 푸른 줄이 나일강과 유프라테스강을 상징하며, 이는 두 강 사이에 있는 땅을 모두 차지하겠다는 야심을 드러낸다고 주장하기도 했다.

이스라엘이 건국될 즈음 국기에 다윗의 별을 넣은 나라가 또 하나 있었으니, 바로 나이지리아다. 유대인의 상징이 머나먼 아프리카에 위치한 나라의 국기에까지 안착하게 된 배경에는 꽤 복잡한 사연이 있다.

현대 나이지리아의 영토는 19세기에 영국의 식민지였다. 한

나이지리아(1960년 이후)

튜더 왕관이 들어간 국기(1914~1952년)

성 에드워드 왕관이 들어간 국기(1953~1962년)

동안 이 지역은 북부와 남부로 나뉘어 있었지만, 1914년 영국은 나이지리아 총독 프레더릭 루가드 경의 주도로 두 지역을 합쳐 하나의 거대한 국가로 만들었다. 지금도 나이지리아의 북부와 남부는 상당히 다른 편이다. 주로 북부에는 무슬림이 살지만, 남부에는 기독교인이 거주한다. 지리적으로 남부가 바다와 가까워 유럽을 오가기에 편리하다는 점을 생각하면 당연한 일이다.

영국은 새로 형성된 식민지 국기를 만드는 데 그다지 독창성을 발휘하지 않았다. 캔턴에는 유니언잭을 넣고 우측에는 튜더 왕관이 들어간 다윗의 별을 배치했는데, 엘리자베스 2세가 즉위한 후에는 튜더 왕관 대신 성 에드워드 왕관을 넣었다.

다윗의 별이 국기에 포함된 건 아름다운 고블릿 잔의 뚜껑 덕분이었다. 그 뚜껑에는 다윗의 별이 새겨져 있었는데, 루가드는 당시 이 문양을 보고는 솔로몬의 인장이라고 부르며 마음에 들어 했고 곧바로 국기에 넣어버렸다. 그런데 사실 이 고블릿 잔은 영국군이 나이지리아에서 가장 다수에 속했던 하우사족에게서 빼앗은 전리품이었으며, 하우사족은 그들보다 수적으로 열세했던 이그보족에게서 빼앗은 것이었다. 이그보족은 유대인 상인이 이 지역을 방문하기 시작한 13세기 초부터 수 세기 동안 이 육각별을 사용해 왔다고 한다. 그리고 오늘날 아프리카 최대 민족이 된 이그보족의 일부는 유대교를 믿는다.

이 절묘한 기학의 역사를 거꾸로 되짚어보자. 수 세기 전 유대인은 이그보족에게 영향을 주었고, 이후 하우사족은 이그보족의 고블릿 잔을 전리품으로 바쳤으며, 이 잔에 새겨진 다윗의 별을 보고 반해버린 총독은 아무 생각 없이 영국 식민지의 중요한 상징으로 만든 것이다.

독립을 한 해 앞둔 1959년, 나이지리아 정부는 새 국기를 도안하기 위한 공모전을 열었다. 이 대회에서 우승한 사람은 바로 마이클 타이워 아킨쿤미라는 젊은 나이지리아 학생이었다. 런던에서 유학하고 있던 아킨쿤미는 도서관에서 이 공모전에 대해 알게 되었다고 하는데, 그가 제출한 도안에는 국기 중앙에 베르기나 태양을 또렷이 연상시키는 붉은 태양이 그려져 있었다. 하지만 결국 태양이 빠지면서 나이지리아는 흰색과 초록색 줄무늬로만 간결하게 구성된 국기를 가지게 되었다.

나이지리아에서 해안을 따라 남쪽으로 내려오면 적도기니라

아킨쿤미가 제출한 독립 나이지리아 국기 원안(1959년)

고 불리는 작은 나라가 나온다. 적도기니라는 국명은 이 나라가 적도에 위치했다는 오해를 사기 쉽지만, 실제로 영토는 북반구에 속하며 기니만 중에서는 적도와 그나마 가깝다는 의미로 지어진 이름이다. 그리고 적도기니는 국기에 육각별이 그려진 또 다른 아프리카 국가이기도 하다.

국기에 등장하는 육각별 6개는 본토와 5개의 주요 섬을 나타낸다. 이 도안은 유대인과 아무 관련이 없지만 노란 육각별은 테오도르 헤르츨이 도안한 이스라엘 국기와 통하는 점이 있다. 별 아래로는 판야나무가 그려져 있고 '단결, 평화, 정의'를 뜻하는 국가 표어가 스페인어로 적혀 있다. 하지만 이 아프리카 국가에서 정의는 아직까지는 머나먼 이야기인 듯싶다. 적도기니는 주요 석유 수출국이지만 소득은 매우 불공평하게 분배되고 있기 때문이다.

과거 스페인의 식민지였던 적도기니는 스페인령 기니로 불렸으며, 지금도 아프리카에서는 유일하게 스페인어를 공용어로 사용한다. 1968년 독립을 얻은 후에는 프란시스코 마시아스 응게마가 정권을 잡았다. 일설에 따르면 응게마가 집권하는 동안 인구의

적도기니(1979년 이후)

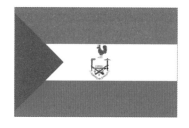

프란시스코 집권 당시의 국기(1973~1979년)

약 4분의 1이 학살되었다고 전해진다. 처형은 때로 아주 괴상한 방식으로 이루어졌는데, 이를테면 1979년 크리스마스에는 산타클로스 복장을 한 군인들이 축구 경기장에 모아놓은 정적 150명을 총살하기도 했다. 집권 말기에 이르자 응게마는 정신 질환의 징후를 보이기 시작했다. 다른 국가들과의 관계는 악화되었고 테러가 기승을 부렸다. 1973년에 채택된 새 국기도 인지증 징후 중 하나였을 것이다. 여기에는 다리 하나가 흰색인 검붉은 닭, 검 한 자루, 곡괭이와 괭이를 비롯한 연장들이 그려져 있었다.

이 독재자는 자신의 조카에게 타도되어 사형을 선고받았다. 하지만 곧 문제가 발생했다. 적도기니 사람들은 응게마에게 초능력이 있다고 믿었으므로 현지 군인 중에는 처형을 집행하겠다고 나선 사람이 아무도 없었던 것이다. 결국 응게마를 처형하기 위해 모로코에서 용병 소대를 불러와야 했을 정도였다.

이 글을 쓰는 2023년을 기준으로 이 나라의 대통령은 여전히 응게마의 조카인 테오도로 오비앙 응게마 음바소고다. 음바소고는 세계에서 가장 오래 집권한 비왕족 출신의 대통령이 되었다. 적도기니는 전체 인구의 75퍼센트가 빈곤선을 밑도는 생활을 영위하고 있으며 다섯 살이 되기도 전에 사망하는 어린이의 비율이 20퍼센트에 달한다. 이 통계만으로도 음바소고 정부의 상황을 짐작할 수 있을 것이다. 그러나 대통령의 아들인 테오도린만큼은 매우 잘 살고 있다. 부통령 겸 농림부 장관이라는 명예로운 직책을 맡고 있는 테오도린은 전 세계의 럭셔리 스포츠카와 고가의 부동산을 사들이는 것으로 유명하다. 경찰은 수년간 테오도린이 소유한 최고급 자동차들을 여러 차례 압수했지만, 여전히 인스타그램에 온갖 사치품을 자랑하는 모습을 보면 부통령은 자신의 취미 생활을 굳이 숨길 생각도 없는 듯하다.

다시 다윗의 별과 육각별로 돌아가보자. 삼각형 2개가 겹쳐진 형태는 기하학 용어로 헥사그램이라고도 불리며 세계 곳곳에서 발견된다. 이슬람 국가, 기독교 국가, 불교 국가, 심지어 아리스토텔레스의 저작에서도 등장하기 때문에 어느 문화권에서 이 상징을 가장 먼저 사용했는지 가늠하기는 쉽지 않다. 어쩌면 세계 각지에서 독립적으로 생겨난 것인지도 모르겠다.

이슬람 문화권에서 다윗의 별과 상응하는 것은 솔로몬의 인장이다. 솔로몬 왕의 생애는 토라와 코란에 모두 기술되어 있다. 이 경전들에 따르면 솔로몬은 일종의 초능력을 발휘할 수 있게 하는 특별한 인장이 새겨진 반지를 착용했다고 한다. 오늘날 솔로몬의 인장은 몇몇 아랍 국가의 국기에서 발견되지만 육각별보다는 오각별로 표현된 경우가 더 많다. 오각별은 세계에서 가장 영향력 있는 국기 중 하나인 에티오피아 국기에도 등장한다. 많은 아프리카 국가가 독립 후 에티오피아 국기의 색을 국기에 사용했는데, 아프리카에서 단 한 번도 식민 통치를 받은 적 없는 나라이기 때문이다.

13세기에서 1974년까지 에티오피아는 솔로몬 왕의 후손이라 주장하는 왕조가 다스렸다. 국기에 그려진 오각별도 솔로몬의 인장에서 왔다. 솔로몬 왕과의 연관성은 사자가 그려진 에티오피아의 이전 국기에서도 발견된다. 붉은 눈을 한 이 무시무시한 짐승은 단순히 추상화된 동물이 아니라 '유다의 사자'라는 고유한 이름을

유다의 사자가 그려진 에티오피아 국기
(1913~1936년, 1941~1974년)

혁명 이후 유다의 사자에서 왕관이 제거되고 십자가 대신 창이 들렸다.

에티오피아의 전통 깃발. 사자가 더는 못 견디고 가버렸다.

솔로몬의 인장이 그려진 국기(2009년 이후)

가지고 있다. 유다는 토라에 등장하는 인물 중 하나로 사자가 그의 상징이다. 에티오피아 통치자들이 늘 자랑스럽게 여기는 솔로몬 왕도 같은 가문 출신이었다.

사자 국기는 이탈리아에 5년간 강점당하기 전인 1936년까지 에티오피아 상공에 휘날렸다. 파시스트 독재자 베니토 무솔리니 휘하의 이탈리아 군대가 에티오피아를 침공하자 국제연맹은 이탈리아에 경제제재를 가하려 했다. 하지만 이 조치는 별다른 효과를 거두지 못했고 무솔리니는 화학무기마저 동원했다. 나중에 무솔리니는 에티오피아의 광물을 대상으로 제재를 가했더라면 이탈리아는 일주일도 못 가 철수해야 했을 거라고 히틀러에게 말하기도 했다.

이탈리아 점령기에 망명 생활을 했던 에티오피아 황제 하일레 셀라시에는 1941년 조국으로 돌아왔다. 이와 함께 에티오피아는 사자 국기를 되찾았지만, 1974년 군사 쿠데타가 일어나 셀라시에가 실각하면서 국기의 사자에도 불똥이 튀었다. 처음에는 사자 머리에 얹어진 왕관이 제거되고 기독교 십자가가 창으로 대체되더니 이후 완전히 깃발에서 사라진 것이다.

하일레 셀라시에 1세는 라스타파리라 불리는 종교운동을 일으키며 세계 문화에 뜻밖의 족적을 남겼다. 이 단어는 셀라시에의 황제 칭호인 '라스'와 그가 황제로 즉위하기 전의 이름인 '타파리 마코넨'을 조합한 것이다. 자메이카 인구의 1퍼센트를 포함해 최대 백만 명으로 추산되는 라스타파리 신도는 하일레 셀라시에를 살아 있는 신으로 믿으며 대마초를 좋아한다. 밥 말리는 아마도 그

모로코(1915년 이후)　　　(1147~1269년)　　　(1666~1915년)

중 가장 유명한 라스타파리 신자일 것이다. 다음 장에서 만나게 될 마커스 가비는 이 종교를 이끈 선지자로 여겨진다.

　솔로몬의 인장은 또 다른 북아프리카 국가인 모로코 국기에서도 찾아볼 수 있다. 에티오피아와 달리 모로코는 이슬람이 국교로 정해져 있기 때문에 별은 이슬람교의 초록색으로 표현되었으며, 별을 이루는 꼭짓점 5개는 이슬람의 다섯 기둥을 상징한다. 바탕색은 거의 1000년간 붉은색을 유지하고 있다. 12세기와 13세기의 특정 왕조 시기에는 국기에 체스 판이 등장하기도 하였는데, 이후 250년간 아무 무늬 없는 붉은 기를 유지했다.

　모로코는 프랑스령과 스페인령으로 나뉜 채 20세기 전반을 보냈다. 스페인은 사하라사막으로 거의 완전히 뒤덮인 남서부 지역을 차지했다. 모로코는 1956년 프랑스로부터 독립했지만 스페인은 1975년이 되어서야 서사하라를 떠났다. 스페인으로부터 이 지역을 돌려받기 위해 모로코 국왕은 엄청난 규모의 시위를 조직했다. 분쟁 영토에 국민 35만 명을 보내 평화 행진을 시킨 것이다.

　오늘날 서사하라라고도 불리는 사하라 아랍 민주 공화국Sah-rawi Arab Democratic Republic, SADR은 국가로서의 지위를 부분적으로만 인정받고 있다. 유엔 회원국 45개국으로부터 승인을 받았지만 여전히 주권을 둘러싼 갈등이 끊이지 않고 있다. 2010년 모로코는 무게 20톤, 면적 6만 제곱미터에 달하는 거대한 모로코 국기를 이곳에 내걸기도 했다. 이 국기는 세계에서 가장 큰 국기로 기네스 세계기록에 등재되었지만, 영토 분쟁 지역이었던 탓에 이 기록은 이후 삭제되었다.

11

동유럽의
가로 줄무늬

동유럽 국가들의 역사에는 공통점이 많다. 제1차 세계대전 이전에는 오스만 제국, 오스트리아헝가리 제국, 러시아 제국의 영향을 주로 받았다면, 현대로 접어들면서 러시아의 지배를 받게 된 후로는 베를린장벽 뒤, 다시 말해 공산주의 블록에 속하게 되었다. 또한 동유럽 국기에는 공통적으로 가로 줄무늬가 등장한다. 물론 가로 줄무늬는 다른 곳에서도 사용되지만 동유럽에서 특히 많이 찾아볼 수 있다.

거대한 그린란드가 딸린 덴마크를 제외하면 유럽에서 가장 넓은 영토를 가진 나라는 우크라이나다. 이 나라의 수도는 9세기 후반부터 12세기까지 강대국으로 군림한 키예프 루스의 중심지였지만, 이후 대부분의 역사에서 몽골, 폴란드, 오스트리아헝가리 제국, 러시아 제국의 지배를 받았다. 1918년 제1차 세계대전이 끝나고 러시아에서 볼셰비키 혁명이 일어나면서 우크라이나는 잠시 독립을 얻었다. 이때 채택한 국기가 파란색과 노란색으로 칠해진

깃발이다. 파란색과 노란색은 12세기부터 우크라이나 문장에 전통적으로 사용되었다.

불행히도 우크라이나의 독립은 오래가지 못했다. 몇 년 뒤 정권을 장악한 볼셰비키가 우크라이나를 소비에트 연방에 가입시켰기 때문이다. 소비에트 시대에 파란색과 노란색 깃발을 게양하는 것은 금지되었고 이를 어기면 2년의 징역형에 처해질 수 있었다. 1991년 소련이 붕괴하고 우크라이나가 독립을 되찾자, 그 이듬해에 파란색과 노란색 깃발은 다시 우크라이나의 국기가 되었다.

오늘날 가로 줄무늬 2개로만 구성된 국기는 전 세계에 네 곳밖에 없다. 그중에서도 우크라이나 국기는 유독 눈에 띄는데, 다른 세 곳인 폴란드, 모나코, 인도네시아의 국기는 모두 빨간색과 흰색을 사용해 서로 비슷해 보이기 때문이다.

우크라이나 국기는 우크라이나에서 흔히 볼 수 있는 풍경인 황금빛 밀밭 위의 푸른 하늘을 상징한다고 한다. 하지만 혹자는 줄무늬 배열이 잘못되었다면서 노란 줄무늬가 파란 줄무늬 위에 와야 한다고 주장하기도 한다. 우크라이나가 국기를 거꾸로 들면 나라 형편이 즉각 좋아질 거라나. 이러한 배열은 공산주의가 도래하기 전에 이미 정해져 있었다고 주장하는 이들도 있는 반면, 국기가 묘사하는 건 밀밭 위의 푸른 하늘이 아니라 푸른 드니프로강 위의 황금빛 맑은 하늘이라고 믿는 이들도 있다. 또 누군가는 풍수를 언급하기도 한다.

2014년 러시아가 우크라이나를 상대로 개시하였던 전쟁이 2022년 전면전으로 치닫자 우크라이나 국기는 특별한 의미를 갖게 되었다. 우크라이나 군대가 도시나 마을을 해방할 때마다 지역의 행정 건물에는 승리를 상징하는 우크라이나 국기가 게양되었다. 주민들은 러시아 점령기에 몰래 숨겨둔 푸른색과 노란색의 깃발을 꺼내 들고 우크라이나 군인들을 맞이했다. 이런 광경을 볼 때마다 나 역시 다른 수백만 우크라이나인처럼 완전히 새로운 눈으로 내 조국의 국기를 바라보게 된다. 평화로웠던 시기에는 결코 알 수 없었던 감정이다.

팬톤 컬러 연구소는 이번 전쟁에서 우크라이나를 지지하는 의미로 우크라이나 국기에 사용된 파란색과 노란색에 새 이름을 지어주었다. 이름하여 '프리덤 블루'와 '에너자이징 옐로우'다. 이로써 우크라이나는 국기 색상에 고유한 이름이 붙은, 전 세계의 몇 안 되는 국가 중 하나가 되었다.

우크라이나 북쪽에는 러시아 편에서 전쟁에 가담하고 있는 벨라루스가 있다. 이 나라는 소비에트 시대의 국기를 유지하고 있는 유일한 구소련 공화국이지만, 독립 이후 변화가 한 차례 있었

1995년 이후 벨라루스 국기는 1951년부터 사용된 소비에트 시대의 벨로루시 국기를 개조하였으며 2012년에 약간 수정되었다.

1991년부터 1995년까지 사용한 국기는 오스트리아 국기를 도치한 형태다.

다. 1991년 소비에트 연방에서 분리된 뒤 백적백 삼색기를 채택했는데, 이는 오스트리아 국기를 줄무늬 순서만 반대로 한 것이었다.

몇 년 뒤 대통령에 당선된 알렉산드르 루카셴코는 새 국기 채택에 대한 국민투표를 실시하였는데, 그 결과 소비에트 시대에 사용했던 국기를 아주 약간 손본 도안이 채택되었다. 달라진 것은 공산주의를 상징하는 붉은 별, 망치, 낫이 제거되고 맨 왼쪽 문양의 색상이 반전되었다는 점뿐이었다. 그리고 벨라루스의 백적백 국기는 현재 야당이 사용하고 있다. 언젠가 이 나라에서 민주 세력이 집권하면 이 깃발이 다시 공식 국기가 될 가능성이 높아 보인다.

유럽 동부와 아시아 서부에 위치한 아르메니아 역시 1991년에 독립하면서 빨간색, 파란색, 오렌지색으로 구성된 가로 줄무늬 깃발을 국기로 채택했다. 이 국기는 아르메니아 국가에도 언급되는데, 이와 관련해 흥미로운 이야기가 전해진다. 국가는 아르메니아의 시인 미카엘 날반디안이 쓴 「이탈리아 소녀의 노래」라는 운문을 바탕으로 쓰였는데, 이 시는 오스트리아 점령에 맞선 이탈리

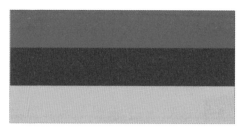

아르메니아(1990년 이후)

아 국민의 투쟁을 묘사한 작품이다. 따라서 아르메니아 국가에서는 이탈리아가 아르메니아로, 오스트리아는 적으로 대체되었지만, 삼색기를 언급한 부분은 그대로 살아남았다. 이탈리아와 아르메니아의 국기가 모두 삼색기인 덕분이었다.

국기뿐 아니라 국장에도 흥미진진한 이야기가 얽혀 있다. 아르메니아 국장에는 아라라트산이 그려져 있는데, 성경에 따르면 대홍수 이후 노아의 방주가 좌초된 곳이 바로 이 산이라고 한다. 원래 아라라트산은 아르메니아 땅이었지만 1921년 소련 정부가 이 영토를 튀르키예에 이양했다. 한번은 튀르키예에서 아라라트는 아르메니아 땅이 아닌데 왜 소비에트 아르메니아 사회주의 공화국의 국기에 그려져 있느냐고 소련에 따진 적이 있다. 그러자 소련의 외무 장관 안드레이 그로미코는 달은 튀르키예의 것이 아닌데 왜 튀르키예 국기에 초승달이 그려져 있느냐고 재치 있게 응수했다고 한다.

리투아니아, 라트비아, 에스토니아의 국기에도 가로 줄무늬

리투아니아(1988년 이후)

에스토니아(1990년 이후)

라트비아(1990년 이후)

3개가 그려져 있다. 이 국기들은 우크라이나 국기와 비슷한 역사를 가지고 있다. 1918년 이 발트 3국은 독립을 선언하고 새 국기를 채택했지만, 이후 스탈린과 히틀러가 맺은 모종의 계약으로 인해 소련에 속하게 되었고 소련 붕괴 후에야 점령 전 채택했던 국기를 되살렸다.

리투아니아 국기에는 흔히 범아프리카색이라 불리는 초록, 노랑, 빨강이 사용되었다. 리투아니아 국기는 이 개념이 등장하기 훨씬 전에 생기긴 했지만 말이다. 에스토니아 국기는 각각 하늘, 땅, 눈 덮인 봉우리를 상징하는 파란색, 검은색, 흰색 줄무늬로 이루어졌으며, 라트비아 국기는 빨간색(엄밀히 말하면 진홍색) 줄무늬 2개와 중앙의 가는 흰 줄무늬로 구성되어 있다.

이 중 라트비아 국기가 가장 오랜 역사를 가지고 있다. 13세기경부터 리보니아 기사단의 깃발로 사용되었으니 세계에서 가장 오래된 국기 중 하나로 여겨지기도 한다. 전설에 따르면 라트비아 지도자가 한 전투에서 치명상을 입었는데, 그때 피에 물든 흰 셔츠가 군기로 사용되었다고 한다. 오스트리아의 현대 국기에도 비슷한 기원 설화가 얽혀 있다는 것이 기억날 것이다.

러시아 국기 또한 삼색의 가로 줄무늬를 사용한다. 일설에 따르면 이 국기의 기원은 표트르 대제가 네덜란드 장인들을 고용해 러시아 해군을 위한 최초의 선박을 건조했던 17세기까지 거슬러 올라간다. 당시 러시아에는 해군기가 없었으므로 네덜란드의 적백청 국기를 순서만 백청적으로 바꾼 깃발을 사용하기로 결정했고, 그렇게 삼색 줄무늬가 러시아 문장에 등장하게 되었다.

러시아(1917년 10월 혁명 이전, 1991년 이후)   러시아(1858~1896년)

19세기에 이르러 러시아 차르가 또 다른 삼색인 흑황백을 사용하기 시작하면서 러시아 문장은 혼란에 빠졌다. 한동안 러시아는 국기 2개를 사용했는데, 결국에는 백청적이 공식 국기로 인정받았다. 이 국기는 러시아의 마지막 황제인 니콜라이 2세의 대관식에도 사용되었다. 당시 대관식 참석자는 백청적 색상으로 된 리본과 메달을, 모스크바 일반 시민은 같은 색 조합의 머그잔을 기념선물로 받았다.

그런데 모스크바에서 이 선물들을 나눠 주던 중 엄청난 인파가 몰리면서 약 1400명이 사망하는 끔찍한 압사 사고가 일어났다. 이 사건은 러시아 여론에 지대한 영향을 미쳤는데, 니콜라이 2세가 이러한 참극에도 아랑곳하지 않고 계획대로 모든 기념행사에 참석하면서 더 악화되었다. 많은 이가 이 사건을 나라의 불길한 징조로 여겼는데, 그 예감은 곧 사실이 되었다. 1917년 혁명이 일어나면서 러시아는 20세기 대부분을 소비에트 깃발 아래서 보내게 되었으니 말이다.

백청적 삼색기는 제2차 세계대전 중 히틀러 편에서 싸운 러시아군의 깃발로 사용되었고, 1980년대 후반에는 공산주의 정권에 반대하는 민주 세력의 상징이 되었다. 또한 가리 카스파로프와 아나톨리 카르포프가 맞붙은 1990년 세계 체스 선수권 대회에서도 사용되었는데, 두 선수 다 소련 출신이었기 때문에 카스파로프는 백청적 깃발을, 카르포프는 소련 국기를 걸고 경기에 임했다.

소련 붕괴 후 러시아는 혁명 전에 사용했던 백청적 국기를 되찾았다. 이 국기가 처음 크렘린궁에 게양되었을 때 실수로 위아래가 뒤바뀐 채 한동안 걸려 있었다는 설도 전해진다.

러시아가 우크라이나를 상대로 정복 전쟁을 벌이고 있는 오늘날 러시아 국기는 전체주의와 침략주의의 상징이 되었다. 그래서인지 러시아 야당은 공산주의와 피를 연상하는 붉은 줄무늬를 제거하고 그 대신에 흰 줄무늬를 추가한 도안을 새로운 반전 깃발로 사용한다. 백청백 깃발은 점차 러시아의 반전 문화에 스며들기 시작했지만, 현재 러시아 당국은 이 깃발을 과격파의 깃발로 간주하기 때문에 이 기를 게양하면 징역형을 선고받을 수 있다. 참고로 우크라이나 국기를 휘날려도 마찬가지다.

동유럽의 구소련 공화국만 국기에 가로 줄무늬를 가지고 있는 건 아니다. 앞서 언급했듯이 헝가리는 이탈리아 때문에 가로 줄무늬를 채택하게 된 경우였다. 이제는 국기와 나라의 운명이 밀접하게 뒤얽혀 있는 폴란드, 체코, 슬로바키아를 살펴볼 차례다.

슬로바키아 국기는 범슬라브주의 색상을 사용한 국기로 흔히 분류된다. 이 국기의 역사는 혁명의 물결이 유럽 전역을 휩쓸었던

슬로바키아(1992년 이후)

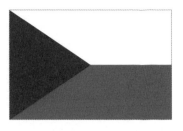

1993년 체코슬로바키아가 해체된 후로도 체코는 같은 국기를 사용한다.

폴란드(1980년 이후)

1848년에 시작했다. 당시 슬로바키아는 러시아 제국의 지원을 받아 헝가리에 맞서 싸웠고, 이후 러시아와 똑같은 색상의 깃발을 사용하기 시작했다.

폴란드와 체코의 국기에는 둘 다 흰색과 빨간색 줄무늬가 들어가 있는데, 이는 우연이 아니다. 전설에 따르면 이 두 나라의 시조인 체흐와 레흐는 형제 사이라고 한다. 고대부터 두 나라는 흰색과 빨간색을 문장에 사용하면서 결국 골치 아픈 상황에 놓였다. 제1차 세계대전 후 체코와 슬로바키아가 체코슬로바키아로 통합되면서 이 신생국가는 흰색과 빨간색의 두 가지 색으로 된 깃발을 국

슬로바키아 국장   헝가리 국장   아르메니아 국장에 그려진 아
라라트산은 튀르키예에 있다.

기로 채택했는데, 비슷한 시기에 독립한 이웃 나라 폴란드의 국기
와 완전히 똑같았던 것이다. 인도네시아와 모나코의 국기가 비슷
한 것 정도야 어쩔 수 없다 치지만, 이웃한 두 나라가 국기까지 똑
같으면 얼마나 혼란스러울까! 다행히 2년 후인 1920년에 체코슬
로바키아가 푸른색 삼각형을 추가해 국기를 수정했다.

체코와 슬로바키아는 통일 후 체코 오페라의 한 소절과 슬로
바키아 노래의 한 소절을 하나로 합치는 독창적인 방식으로 새 국
가를 만들었다. 1993년 체코슬로바키아가 해체한 후에는 이 국가
에서 각자 나라에 해당하는 소절을 도로 가져와 자국의 국가를 만
들었다. 하지만 국기 문제는 그렇게 쉽게 해결되지 않았다. 체코와
슬로바키아는 둘 다 체코슬로바키아의 국가 상징을 사용하지 않
기로 합의했지만, 체코가 이 약속을 어기고 체코슬로바키아 국기
를 자국 국기로 채택해버린 것이다.

문장의 흥미로운 혼합은 슬로바키아 국장에서도 찾아볼 수
있다. 여기에는 타트라, 파트라, 마트라라고 하는 경쾌한 이름이

붉은 산맥 3개가 그려져 있다. 타트라와 파트라 산맥은 슬로바키아에 있지만, 마트라 산맥은 헝가리에 있다. 그런데 놀랍게도 이세 산맥이 헝가리 국장에도 똑같이 그려져 있다. 알고 보면 이웃 나라 땅에 있는 산이 자국 문장에 사용된 경우인데, 우리는 이 비슷한 경우를 아르메니아 국장에서도 발견한 바 있다.

러시아 국기에서 파생된 국기를 가진 또 다른 나라로는 불가리아가 있다. 불가리아의 백록적 국기는 러시아 튀르크 전쟁이 끝난 1878년 이후에 처음 등장했다. 추정하건대 불가리아가 러시아 국기를 가져와 파란색만 초록색으로 바꿔 사용했을 가능성이 높다. 그런 점에서 이탈리아 국기의 탄생 비화와 근사한 짝을 이루는데, 이탈리아 역시 이웃 프랑스의 청백적 국기를 가져와 파란색만 초록색으로 바꿔 사용했기 때문이다.

8장에서 니제르와 인도의 국기가 놀라울 정도로 유사하다는 이야기를 했는데, 슬로바키아와 슬로베니아의 국기도 이에 못지 않게 서로 닮았다. 둘 다 줄무늬가 백청적 조합이고 좌측에 국장이 배치되어 있으며 국장에 산맥 3개가 그려져 있다는 점까지 똑같다. 가뜩이나 국명도 비슷해서 걸핏하면 오해를 사는 마당에 말이다. 더욱 당황스러운 점은 슬로바키아 사람은 자신의 나라를 '슬로벤스카 레푸블리카'라고 부른다는 사실이다.

독립한 지 10년쯤 되자 슬로베니아에서도 이러한 혼란이 어지간히 짜증이 났던지 좀 더 독자적인 국기를 만들기 위한 공식적인 움직임이 일어나기도 했다. 2003년 공모전이 열리자 예상 밖의 많은 제안이 몰려들었는데, 그 이상 진도가 나아가지는 못했다. 여

불가리아(1979~1847년, 1990년 이후)   슬로베니아(1991년 이후)

기까지 읽은 독자라면 국기를 바꾸는 일이 결코 쉽지 않다는 사실을 잘 알고 있을 것이다.

2022년 러시아가 키이우를 폭격하기 시작했을 때 슬로베니아 외교관 대부분은 우크라이나 수도를 떠났다. 몇 달 후 러시아군이 키이우 일대에서 철수하자 다시 대사관으로 돌아왔는데, 우크라이나 경찰로부터 슬로베니아 국기가 러시아 국기로 오인될 수 있으니 국기를 게양하지 말아달라는 요청을 받았다고 한다. 이러한 사건으로 슬로베니아 사람은 자국 국기가 러시아 국기와 유사하다는 사실에 다소 불안감을 느낄 수밖에 없다.

슬로베니아는 1848년 혁명 당시 오스트리아헝가리에 맞서 싸우며 백청적 국기를 처음 휘날리기 시작했다. 슬로베니아 국기도 범슬라브주의 국기로 흔히 언급되지만, 세르비아나 슬로바키아의 국기와는 달리 러시아와 똑같은 색상의 줄무늬를 공유한 건 그저 우연의 일치였던 것으로 보인다.

1848년은 크로아티아 왕국에서 현대 국기의 원형이 등장한 해이기도 했다. 이 깃발 역시 범슬라브주의 계열의 줄무늬 3개로

슬로베니아 국기 공모전에서 우승한 도안

2등상

명예상

이루어졌지만 빨간색과 흰색의 체크무늬가 들어간 고유한 국장이 첨가되어 있다. 일설에 의하면 이 문양은 크로아티아 국왕이 체스 게임을 두어 새 영토를 획득한 뒤 깃발에 등장했다고 하는데, 애석하게도 이 이야기는 아름다운 허구일 뿐이다. 체스 팬이라면 이 체크무늬가 체스와는 아무 관련이 없고 현지의 오랜 문장 전통에 기초한 것이라는 사실에 낙담할지도 모르겠다. 체스 판 위에는 크로아티아의 여러 지역에서 유래한 작은 방패 5개가 그려져 있다. 그 중 가운데에 있는 달마티아의 문장을 눈여겨보기 바란다. 여기에는 표범 세 마리가 그려져 있는데, 잉글랜드 왕의 문장에 등장하는 사자와도 비슷해 보인다. 문장학에서 표범은 전통적으로 사자와

278

크로아티아(1990년 이후)

비슷하게 묘사되지만, 고개를 돌려 얼굴 정면을 보이며 걸어가는 자세로 그려진다는 점에서 다르다. 달마티아 문장에 그려진 짐승은 걸어가고 있지는 않지만 정면을 바라보고 있기 때문에 표범으로 해석된다.

방패 5개 중 2개에는 육각별이 그려져 있는데, 이 별은 다윗의 별과는 관련이 없고 흔히 샛별이라 불리는 천체를 표현한 것이다. 해가 뜨기 전 가장 마지막에 사라지는 별이 바로 샛별이기 때문이다. 흥미롭게도 여기에는 천문학적 오류가 숨어 있다. 샛별은 이름 때문에 오해받기 쉽지만, 사실은 행성인 금성을 가리킨다. 금성은 해와 달 다음으로 세 번째로 밝은 천체로 간주되는데, 천문학에 대한 연구가 본격적으로 이뤄지지 않았던 시기에는 사람들의 눈에 마치 가장 먼저 뜨고 가장 늦게 지는 별처럼 보인다고 해서 샛별이라는 이름으로 불리기 시작했다고 한다. 이렇게 깃발을 공부하면 천문학에 대해서도 배우게 된다. 정말이지 실용적인 학문 분야가 아닐 수 없다.

12

범아프리카색

지금까지 우리는 라틴아메리카에 노랑, 파랑, 빨강을 부여한 프란시스코 데 미란다나, 개신교 국가에 오렌지색을 선사한 빌럼 오라녜처럼 국기 색에 영향을 미친 역사적 인물들을 만나봤다. 이제는 아프리카 국기에 지대한 영향을 미친 마커스 가비를 소개할 차례다.

19세기 말 자메이카에서 태어난 가비는 20대 후반에 미국으로 이주했다. 그는 전 세계 흑인 인권을 위한 투쟁에 평생을 바쳤다. 특히 아프리카계 미국인의 독자적인 자기 개발을 촉구했고 이를 위해 세계 흑인 지위 향상 협회Universal Negro Improvement Association, UNIA를 설립하기도 했다. 1914년 자메이카에서 창립되어 2년 후 미국을 건너간 이 협회의 깃발은 적청록 삼색기였다.

우리가 잘 아는 몽고메리나 마틴 루터 킹의 흑인 민권운동이 1950년대부터 시작되었다는 점을 떠올려보면 가비의 투쟁은 시대를 앞서가 있었다. 하지만 흑인 권리 인정에 기여한 가비의 공로에도 불구하고 역사는 그를 비판하거나 망각했다. 아이러니하게도 인종 간의 분리를 옹호한 가비의 입장은 KKK단[*]의 주장과 맞닿아 있었기 때문이다. 가비는 궁극적으로 모든 흑인이 아프리카의 고국으로 돌아가야 한다고 믿었다.

1922년 가비는 금융 사기 혐의로 체포되어 감옥에 수감되었다. 석방 후에는 자메이카로 추방되었다가 1935년 런던으로 이주했다. 1940년에는 가비가 아직 살아 있는데도 런던 신문에 그의 부고가 실린 일도 있었다. 이 일로 큰 충격을 받은 가비는 심장마비를 일으켰고 6개월 후에 실제로 사망했는데, 이는 자기 충족적 예언의 한 사례로 보이기도 한다. 가비가 죽고 난 뒤 그를 따르는 광신적인 추종자들이 생기면서 라스타파리교의 선지자로 여겨지기까지 했다. 1965년 가비의 시신은 자메이카의 수도인 킹스턴으로 옮겨져 엄숙한 분위기 속에서 다시 묻혔다. 마틴 루터 킹도 가비의 묘를 다녀간 적이 있다.

그리하여 마커스 가비의 UNIA 삼색기에 사용된 빨간색, 검은색, 초록색은 흑인 인권을 위한 투쟁을 상징하게 되었고 일부 아프리카 국가의 국기에 스며들었다. 가비가 주로 영어권에서 활동했기 때문에 대부분 과거 영국의 식민지였던 나라들이었다.

케냐의 독립 투쟁을 이끈 케냐 아프리카 민족 동맹Kenya Afri-

---

[*] 백인 우월주의를 표방했던 이 단체는 온몸을 흰색 천으로 감싸고 흑인과 흑인 해방에 동조하는 백인들을 구타하거나 그들의 집을 불태우며 끔찍한 테러를 자행하였다.

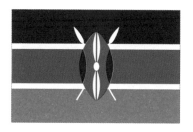

케냐(1963년 이후)

can National Union, KANU은 1963년 영국의 식민 지배로부터 해방된 후 근 40년간 나라를 통치했다. 이 단체의 깃발은 마커스 가비의 UNIA 깃발에 사용된 세 가지 색으로 구성되었으며 케냐 국기의 기초가 되었다.

국기의 굵은 줄무늬 사이에는 가느다란 흰 줄이 삽입되어 있는데, 기학에서는 이런 형태를 가두리 장식이라고 부른다. 중앙에 배치된 인상적인 이미지는 마사이 방패와 그 뒤로 교차해 놓인 2개의 창이다. 마사이는 아프리카 일대에 사는 유목민으로, 이 민족은 나무 프레임에 버펄로 가죽을 씌운 뒤 국기에 그려진 것과 같은 기하학적 무늬로 장식하는 전통적인 방식으로 방패를 만든다.

케냐보다 6개월 늦게 영국으로부터 독립한 말라위의 국기도 비슷한 사연을 가지고 있다. 케냐와 마찬가지로 말라위의 해방운동을 주도한 세력도 UNIA 색을 사용했고, 이 색이 이후 국기로 옮겨갔다. 국기의 맨 위쪽 줄무늬에는 햇살이 31개인 태양이 그려져 있는데, 이 숫자는 말라위가 아프리카에서 31번째로 독립한 국가

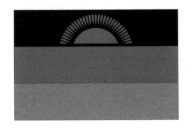
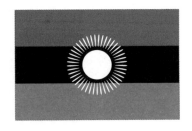

말라위(1964~2010년, 2012년 이후)　　　(2010~2012년)

라는 사실을 상징한다. 숫자는 전 세계 국기에서 실로 다양한 것을 상징한다.

　말라위를 약 30년간 이끈 사람은 헤이스팅스 반다라는 사람 이었다. 미국 대학에서 철학을 공부하고 영국에서 의학 학위를 받은 반다는 진보적인 지도자로서의 자질을 갖춘 듯 보였다. 하지만 반다는 독재자로 변모해 조국을 아프리카에서 가장 가난한 나라로 끌어내린 반면, 자신의 사업 제국을 구축해 국내 총생산의 최소 10퍼센트에 달하는 부를 벌어들였다.

　2010년 뜻밖에도 말라위 내각은 국기를 새로 도안했다. 가비 깃발과 동일하게 만들기 위해 줄무늬 순서를 바꿨으며, 태양을 가운데로 옮겨 흰색으로 칠했다. 이러한 변화는 말라위가 그만큼 발전했다는 걸 상징했다. 그러나 말라위 국민은 새 국기를 달가워하지 않았고 대통령이 바뀌자 이전 국기를 되살렸다. 어쩌면 말라위가 발전하려면 아직 멀었다고 생각했는지도 모르겠다.

　피비린내 나는 내전 끝에 2011년 수단으로부터 독립해 세계

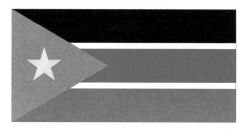

남수단(2023년 이후)

최연소 국가가 된 남수단 역시 비슷한 국기를 채택했다. 수단과의 전쟁을 이끈 수단 인민 해방운동도 깃발에 가비의 색상을 사용했다. 남수단이 독립하자 해방운동의 지도자였던 살바 키르가 대통령이 되었고(그는 공개 석상에서 늘 조지 W. 부시에게 선물받은 카우보이 모자를 썼다), 군기에 사용된 색상이 국기의 기초가 되었다. 검은색, 빨간색, 초록색 줄무늬는 케냐 국기와 동일한 순서로 배열되었으며 평화를 상징하는 가는 흰 줄이 줄무늬 사이에 삽입되었다. 하지만 안타깝게도 흰 줄무늬는 별로 도움이 되지 못했다. 2013년 이 신생국가에서 가장 세력이 큰 두 종족 간에 내전이 일어났기 때문이다.

가비의 색상은 리비아에서도 찾아볼 수 있다. 리비아 국기는 이슬람교의 초승달이 그려진 검은 기에서 진화했는데, 이 깃발은

▟   이때 제정된 도안은 2022년까지 쓰이다 이듬해 8월에 삼각형을 파란색에서 하늘색으로, 기울어져 있던 별은 바르게 세워 수정했다.

리비아(2011년 이후)   (1949~1951년)

(1977~2011년)

붉은 바탕에 흰 초승달이 그려진 오스만 제국의 깃발에서 영감을
받은 것으로 보인다.

　1969년 리비아에서 일어난 쿠데타로 권력을 장악한 자는 베
두인족 출신의 무아마르 카다피였는데, 그는 세계 역사상 가장 혐
오스러운 정치인 중 한 명으로 꼽힌다. 카다피는 40년 넘게 장기
집권하며 세계 곳곳에 극단적인 감정을 불러일으켰다. 범아랍주
의 신봉자였던 카다피 대령의 꿈은 모든 아랍 국가를 하나의 단일
국가로 통합하는 것이었다. 이에 따라 리비아는 이집트(1970년),
튀니지와 알제리(1974년), 시리아(1980년), 모로코(1983년) 등 이웃
국가들과 수차례 동맹을 맺었다. 이 중 어떤 것도 오래 지속되지는

못했지만, 그때마다 거의 매번 범아랍 색상을 사용한 새 국기를 채택했다. 범아랍색에 관한 주제는 뒤에서 다시 다룰 것이다.

카다피의 정치는 그가 『녹색서』에서도 설명한 제3 국제 이론을 핵심으로 했다. 유럽 무정부주의 사상과 이슬람교 교리를 뒤섞은 이 놀라운 이론에 '제3'이라는 수식어가 붙은 이유는, 카다피에 따르면 이것이 자본주의와 사회주의 사상의 대안이기 때문이다. 카다피는 『녹색서』 출간을 기념해 1977년에 아무 무늬 없는 초록색 깃발을 새 국기로 채택하기도 했다.

2011년에 일어난 리비아 혁명으로 카다피는 성난 반군들의 손에 붙잡혀 잔혹하게 살해되었고, 그의 시신은 정육점 냉동창고에 전시되었다. 카다피를 몰아낸 뒤 리비아는 카디피 집권 이전에 채택했던 국기로 돌아갔다.

다시 마커스 가비의 이야기로 돌아가자면 그가 전 세계 국기에 영향을 끼친 것은 색상뿐 아니라 검은 별도 있다. 1957년 영국으로부터 독립한 가나가 국기에 검은 별을 넣은 까닭은 가비가 세운 해운 회사인 블랙 스타 라인에 경의를 표하기 위해서였다. 풍부한 금 매장량 덕분에 이 지역은 황금해안이라 불렸다. 실제로 국기의 가운데 노란 줄무늬는 금을 상징한다. 가나라는 국명은 '강인한 전사의 왕'을 의미하며 중세 아프리카 제국의 황제에게 주어진 칭호였다. 역설적이게도 이 아프리카 제국은 오늘날 가나의 영토 바깥에 위치했다.

가나의 초대 대통령으로 당선된 콰메 은크루마는 가비가 그랬듯이 모든 아프리카 국가가 점진적으로 하나의 국가로 통합되

가나(1957년 이후)

기니와의 통일 후 아프리카 국가연합의 첫
번째 국기(1958~1961년)

말리 합류 후 아프리카 국가연합의 두 번째
국기(1961~1963년)

가나(1964~1966년)

기를 꿈꿨다. 이를 목표로 1958년 가나는 기니와의 통일을 발표했
고, 1961년에는 말리가 합류했다. 그때마다 국기에 검은 별이 1개
씩 추가되었는데, 만약 더 많은 국가가 이 연합에 가입했더라면 어
떤 디자인이 탄생했을지 궁금해지기도 한다.

　서로 다른 국가를 자발적으로 통합하려는 시도가 얼마나 가
망 없는 일인지 우리는 역사를 통해 알고 있다. 이 연합 또한 예외
가 아니어서 얼마 못 가 와해되고 말았다. 그렇게 가나는 하나의
별만 그려진 원래 국기로 돌아가게 되었는데, 이때 노란색 줄무늬

가 흰색 줄무늬로 대체되었다. 하지만 2년 후 또 다른 군사 쿠데타가 일어나 노란색 줄무늬가 제자리로 돌아왔다.

　1979년 제리 롤링스 중위는 쿠데타를 일으키려 했지만 그저 시도에 그친 채 실패로 돌아갔다. 롤링스는 붙잡혀 재판에 넘겨진 뒤 총살형을 선고받았지만 하급 장교들의 도움으로 감옥에서 탈출할 수 있었다. 게다가 그는 이후 정권을 잡는 데 성공하기까지 했다. 그 후 다분히 이례적인 일이 발생했는데, 1992년 롤링스가 아프리카 군사정권 지도자로서는 처음으로 대통령 선거에서 당선된 것이다. 가나의 경제성장 속도로 미루어 볼 때 롤링스는 꽤 뛰어난 지도자였던 듯하다.

기니비사우(1973년 이후)

카보베르데(1975~1992년)

카보베르데(1992년 이후)

범아프리카색

기니비사우와 카보베르데의 국기에서도 마커스 가비의 삼색과 검은 별을 찾아볼 수 있다. 두 국기의 토대가 된 것은 이 두 나라가 포르투갈로부터 독립할 수 있도록 싸운 기니비사우 카보베르데 아프리카 독립당Partido Africano da Independência da Guiné e Cabo Verde, PAIGC의 깃발이었다. 두 나라는 앙골라와 모잠비크와 비슷한 운명을 맞았다. 네 나라 모두 포르투갈에서 카네이션 혁명이 발발한 후 독립해 맹렬하게 공산주의 노선을 걷기 시작한 것이다.

PAIGC 수뇌부는 기니비사우와 카보베르데에서 동시에 정권을 잡았다. 이들은 원래 두 국가를 통합할 계획이었지만, 기니비사우에서 군사 쿠데타가 일어나는 바람에 뜻을 이루지 못했다. PAIGC는 지금도 여전히 기니비사우에서 가장 유력한 정치 세력인데, 흥미로운 점은 이 정당이 카보베르데의 앞 글자인 C를 당명에 고수하고 있다는 것이다.

1992년 카보베르데는 완전히 새로운 도안의 국기를 채택해 마침내 기니비사우와 함께한 역사를 뒤로하고 새롭게 그다음 장을 열었다. 원형으로 배치된 노란 별 10개는 이 작은 대서양 국가를 이루는 주요 섬들을 나타내며 유럽기를 강하게 연상시키기도 한다. 또한 카보베르데는 포르투갈어로 '초록색 곶'을 의미하는데, 의외로 국기에 초록색이 사용되지는 않았다.

과거 포르투갈의 또 다른 식민지였던 상투메 프린시페도 국기에 검은 별 2개를 넣었다. 익히 짐작할 수 있듯이 이 별은 상투메와 프린시페라는 두 섬을 상징한다.

이렇게 마커스 가비의 영향을 받은 아프리카 국가의 깃발을

상투메 프린시페(1975년 이후)

차례로 살펴보았는데, 사실 범아프리카색이 무엇인지 똑 부러지게 정의내리기에는 조금 난감한 측면도 있다. 범아프리카색은 마커스 가비의 검은색, 빨간색, 초록색 조합뿐 아니라 종종 에티오피아 국기의 초록색, 노란색, 빨간색 조합도 포함하기 때문이다. 앞서 우리는 에티오피아 국기의 영향을 받은 몇몇 국가를 살펴봤는데, 이제 나머지 다른 국가를 살펴보자.

카메룬은 가나에 이어 국기에 에티오피아 색상을 채택한 두 번째 나라다. 역사적으로 카메룬은 포르투갈, 네덜란드, 독일의 통치를 받았으며, 제1차 세계대전 이후에는 프랑스령과 영국령으로 분할되었다. 이 분할은 여러 면에서 여전히 이 나라의 운명에 결정적인 영향을 미치고 있다.

둘 중 먼저 독립을 쟁취한 곳은 1960년에 독립한 프랑스령 카메룬이었다. 이 나라는 프랑스 국기와 비슷한 세로형 삼색기에 범아프리카색이 칠해진 국기를 채택했다. 이듬해 영국령 카메룬은 카메룬과 나이지리아 중 어느 국가에 합류할지를 묻는 국민투표

카메룬(1975년 이후)　　　　　(1961~1975년)

(1957~1961년)

를 실시하였다. 결과는 카메룬의 승리였고, 그리하여 구영국령 카메룬과 구프랑스령 카메룬은 하나로 통합되었다.

　카메룬은 소수파인 영어권 주민의 권리를 존중하기 위해 연방제를 채택했고 국기에 별 2개를 추가해 그 뜻을 표현했다. 하지만 15년 후 카메룬은 영어권 주민의 반발에도 불구하고 단일국가가 되었다. 또한 국기의 좌측 줄무늬에 그려져 있던 별 2개를 지우고 그 대신 보란 듯이 정중앙에 별 1개를 넣었다. 카메룬의 영어권 지역에서는 분리를 요구하는 목소리가 여전히 터져 나오고 있으며, 주기적으로 무력 충돌도 일어나고 있다.

기니(1958년 이후)

적황록 삼색기를 사용하는 또 다른 나라로는 기니가 있다. 적도기니나 기니비사우와는 이름만 비슷할 뿐 전혀 관련이 없다. 기니는 1958년 프랑스로부터 독립했으며, 아메드 세쿠 투레가 기니의 초대 대통령이 되었다. 투레 동지는 가나 대통령 은크루마 동지의 협력자이자 친구였기 때문에 기니 국기 또한 가나 국기에서 영향을 받은 것으로 알려져 있다. 이미 눈치챘겠지만 투레는 공산주의자였으며 공산주의 이데올로기를 최전방에 내세웠다. 이를테면 기니 정부는 시장의 상인 수부터 시작해 모든 것을 통제하려 했다. 그리하여 1977년 '시장 여성들의 반란'으로 알려지게 된 시위와 폭동이 연이어 일어났고, 이후 정부는 좌파 사상을 점차 폐기하기 시작했다.

막대한 광물 매장량에도 불구하고 오늘날 기니는 세계에서 가장 가난한 나라 중 하나다. 한때는 다양한 야생동물을 자랑하기도 했는데, 지난 세기에 고릴라, 표범, 코끼리 등이 거의 다 자취를 감췄다. 어쩌면 이 나라에서 마지막으로 코끼리를 볼 수 있었던 곳

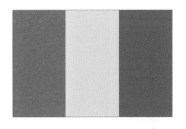

말리(1961년 이후)　　　　　흑인 형상이 그려진 말리 국기
　　　　　　　　　　　　　　　　(1959~1961년)

은 국장 속이었는지도 모르겠지만, 1984년 코끼리는 국장에서도
제거되고 말았다.

　기니 국기를 뒤집으면 이웃 국가 말리의 국기가 된다. 또한 처
음에 이 나라는 프랑스령 수단으로 불렸는데, 이 국명이 바뀌지 않
았더라면 아프리카에는 기니뿐 아니라 수단이라는 이름을 단 나
라도 세 곳이 될 뻔했다.

　1960년 독립하기 직전에 말리는 검은색으로 양식화된 인간
형상, 일명 '카나가'가 중앙에 그려진 매우 독특한 국기를 채택했
다. 하지만 이 작은 인간은 이듬해 국기에서 제거되었는데, 말리의
주요 종교인 이슬람교에 따르면 인간을 형상화한 이미지가 일절
금지되었기 때문이다.

　세네갈은 말리가 프랑스로부터 자치권을 부여받았을 때 통합
된 국가다. 이후 말리로부터 독립한 세네갈은 말리 국기를 기초로
하되 가운데 줄무늬에 초록색 별을 넣은 국기를 채택했다. 2004년
정부에서 별 대신 바오바브나무를 넣으려고 하다 실패한 적은 있

세네갈(1960년 이후)

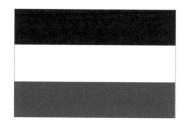

오트볼타

부르키나파소(1984년 이후)

지만, 이후 이 국기는 단 한 번도 변경되지 않았다.

　　원래는 말리 연방에 가입할 계획이었던 또 다른 국가가 있었는데, 바로 과거 프랑스의 식민지였던 오트볼타다. 오트볼타는 흑백적 삼색기를 국기로 채택했는데, 이 지역에서 흔히 볼 수 없는 색 조합으로 공교롭게도 독일 제국의 국기와 디자인이 똑같다.

　　1983년 군사 쿠데타로 정권을 잡은 토마 상카라는 특유의 카리스마와 좌파적 정치관으로 '아프리카의 체 게바라'라는 별명을 얻었다. 상카라는 오트볼타를 통치한 4년 동안 가난한 조국을 위해 여러 중대한 개혁을 단행했다. 아동 사망률을 낮추고 여성 할례와 일부다처제를 금지시켰으며 적극적으로 부패와 싸웠다. 국명을 '정직한 사람들의 땅'을 뜻하는 부르키나파소로 변경한 것도 상카라의 결정이었다.

부르키나파소는 새 국호와 함께 새 국기도 채택했다. 빨간색과 초록색이 사용되었고 중앙에는 노란 별이 그려져 있었는데, 여기서 별은 정직한 사람들을 공산주의로 인도하는 불빛을 의미했다. 상카라는 확실히 정직한 사람이었으며 세계에서 가장 가난한 대통령으로 불리기도 했다. 집무실에서 에어컨도 사용하지 않았고, 비행기를 탈 때는 이코노미석을 이용했으며, 모든 공직자에게도 이와 똑같이 할 것을 강요했다. 집권 4년 만에 타도되어 처형당했을 때 상카라의 개인 소유물이라고는 낡은 푸조 자동차 한 대, 자전거 네 대, 기타 세 대가 전부였다.

이웃 나라인 베냉도 1975년까지 다른 이름으로 불렸다. 프랑스로부터 처음에는 자치권을 부여받은 후 이어서 독립을 쟁취한 이 나라의 국명은 다호메이였다. 국기는 초록색 세로 줄무늬 하나와 노란색과 빨간색의 가로 줄무늬 2개로 구성되었다. 그때쯤이면 나올 수 있는 세로형 삼색기는 이미 다 나온 후였을 테니 새로운 구성을 시도해야 했을 것이다.

독립 초반에 이 신생국가는 마티외 케레쿠 준장이 정권을 잡을 때까지 거의 해마다 군사 쿠데타를 겪었다. 케레쿠는 이 나라의 역사에 큰 족적을 남겼다. 집권 초기에 마르크스 레닌주의 사상을 적극적으로 도입했으며, 이를 기념하기 위해 국명을 베냉으로 변경하고, 1975년에는 초록색 바탕에 붉은 사회주의 별이 그려진 새

베냉(1959~1975년, 1990년 이후)

공산주의를 상징하는 붉은 별이 그려진 국기
(1975~1990년)

다호메이 왕국(1818~1858년)

다호메이 왕국의 마지막 국기에는 코끼리
대신 코끼리의 엄니가 그려져 있다.

국기를 채택했다. 정치적 행보와는 관련 없는 이야기지만, 케레쿠
는 자신의 아내와 내무부 장관의 간통 현장을 적발하고 그 자리에
서 남자를 쏴 죽이기도 했을 만큼 거침없는 인물이었다.

　　하지만 소련이 붕괴하자 케레쿠는 좌파 사상을 철회하고 다
시 이전 국기로 변경했다. 케레쿠의 유연한 세계관은 경탄할 만한
데, 정치인으로 활동하는 동안 경제관뿐 아니라 종교도 몇 차례 바
꿨기 때문이다. 원래는 가톨릭 신자였지만 리비아 독재자 카다피
의 영향으로 이슬람교로 개종했다가 마지막에는 개신교 신자가

되었다.

베냉의 국기 변천사를 살펴보다 보면 여전히 풀리지 않은 미스터리를 발견하게 된다. 19세기 전반에는 다호메이는 왕관을 쓴 코끼리가 그려진 매우 이색적인 국기를 사용했다. 더 신기한 점은 이것이 우리에게도 익히 알려진 성 에드워드의 왕관이었다는 사실이다. 어쩌다 성 에드워드의 왕관이 영국 식민지도 아닌 머나먼 아프리카 나라의 국기에 안착하게 되었을까? 다호메이가 노예무역으로 번성했고 주요 거래 상대가 영국 상인이었던 사실과 아마도 관련이 있을지도 모르겠다. 실제로 다호메이는 영국이 노예무역을 금지한 뒤 쇠락의 길을 걷다가 프랑스의 식민지가 되었다. 이 왕국의 마지막 국기에서 코끼리는 더 이상 모습을 보이지 않고 코끼리의 엄니만 등장한다는 사실 역시 흥미롭고도 슬프다.

토고(1960년 이후)

베냉 서쪽에 위치한 토고의 국기는 언뜻 라이베리아 국기를 연상시키는데, 앞서 살펴봤듯이 라이베리아 국기는 미국 국기에서 영감을 얻어 만들어졌다. 토고 국기를 자세히 들여다보면 오묘

하면서도 예술적인 아름다움을 느낄 수 있을 것이다. 이 국기를 도안한 토고의 예술가 폴 아히는 국기 도안에 황금 비율을 적용했다고 한다.

에티오피아 색상은 짐바브웨의 국기에서도 찾아볼 수 있다. 짐바브웨는 독립 직후 아프리카에서 가장 발전한 나라 중 하나로 꼽혔으며 당시에는 남로디지아로 불렸다(북로디지아는 잠비아가 되었다).

1960년대에 접어들자 영국은 자국 식민지에 점진적으로 독립을 허용하기 시작했지만 다수파에 의한 독립만을 허락한다는 원칙을 고수했다. 소수 백인의 권력을 다수파에 이양해야만 독립할 수 있다는 뜻이었다. 남로디지아에서는 이 원칙이 지켜지지 않

남로디지아(1969~1979년)

짐바브웨 로디지아(1979년)

**범아프리카색이 사용된 짐바브웨 국기
(1980년 이후)**

앞음에도 권력을 잡은 소수 백인이 일방적으로 독립을 선언했다. 국제사회에서 주권국으로 인정받지 못한 이 나라는 남아프리카의 아파르트헤이트와 유사한 인종 분리 정책을 추진했다.

이 미승인 국가의 국기는 나이지리아 국기와 디자인이 얼추 비슷했지만 가운데 흰색 줄무늬에 국장이 들어가 있었다. 국장 가운데에 놓인 것은 그레이트 짐바브웨라고 하는 고대 도시 유적에서 발견된 새 석상이었다. 이 새는 소수 백인과 다수 흑인 간의 타협으로 국명이 짐바브웨 로디시아로 변경된 1979년에도 살아남았고, 마침내 다수 민족이 권력을 쟁취해 새 국기를 채택한 1980년에도 굳건히 자리를 지켰다.

오늘날의 짐바브웨 국기에서 이 새는 사회주의적 이상을 좇겠다는 지도부의 약속을 상징하는 붉은 별 위에 그려져 있다. 줄무늬 7개는 백인 정부에 맞서 싸웠던 단체의 깃발에서 따온 것이다. 짐바브웨의 초대 대통령은 카난 바나나라는 정치인이었는데, 바나나는 1982년 자신의 이름과 관련된 농담을 금지하는 법을 통과시키기도 했다. 그럴수록 사람들은 보란 듯이 더 놀려댔지만 말이다.

짐바브웨는 한때 아프리카 대륙에서 가장 번영한 국가 중 하나였다. 그러나 바나나의 후임으로 대통령이 된 로버트 무가베는 30년 넘게 집권하며 나라를 극심한 빈곤에 빠뜨렸다. 심각한 경기침체와 인플레이션으로 인해 짐바브웨 사람들은 빵 한 덩어리를 사기 위해 수레에 돈뭉치를 싣고 다녀야 할 지경이 되었다.

이제 범아프리카색과 마찬가지로 서로 비슷한 역사를 지닌 범아랍색 국기를 살펴볼 차례다.

13

범아랍색

제1차 세계대전이 한창이던 1916년, 아라비아반도에서는 오스만 제국에 대항하는 아랍인의 민족주의 봉기가 시작되었다. 아랍 반란이라고 불리는 이 봉기를 이끈 자는 하심 가문의 샤리프 후세인 빈 알리라는 사람이었다. 영국과 프랑스는 아랍 편에서 이 반란을 지원했는데, 두 나라 입장에서도 오스만 군대를 최전선에서 철수시키는 편이 유리했기 때문이다. 영국 외교관은 후세인의 군대가 튀르크에 반란을 일으키는 조건으로 아랍의 독립을 지원해주겠다고 약속했다.

영국은 외교와 군사 분야에서만 지원을 약속한 것이 아니라 아랍의 문장에도 기여했다. 영국 외교관 마크 사이크스 경이 도안한 깃발은 아랍 반란군 사이에서 즉시 인기를 얻었는데, 검은색, 초록색, 흰색 줄무늬와 함께 깃대 쪽에 빨간 삼각형이 배치된 형태였다. 이 네 가지 색상은 각각 다른 아랍 왕조를 상징했다. 이를테면 빨간색은 후세인의 혈통인 하심 왕조를 의미했다. 국기의 빨간

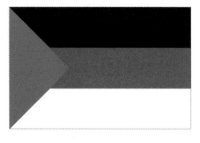

아랍 반란 깃발(1917년)

색 부분이 두드러지게 표현된 까닭은 이 사건에서 후세인이 맡은
역할이 그만큼 중요했기 때문일 것이다.

하지만 후세인과 유럽인은 이 약속에 대해 서로 다른 생각을
가지고 있었다는 사실이 드러났다. 소비에트 신문에 유출된 정보
에 따르면 영국과 프랑스는 사이크스 피코 협정(깃발을 도안한 그 사
이크스가 맞다)이라 알려진 비밀 합의를 따로 맺어 아랍 지역을 분
할 관리할 생각이었던 것이다. 후세인은 아랍 지역 전체가 아닌 아
라비아반도의 일부만 차지하게 된 것에 배신감을 느꼈다.

후세인에게는 네 명의 아내와 여덟 명의 자식이 있었다. 아들
들은 아버지와 함께 아랍 반란에 적극적으로 참여했고 이후 중동
의 몇몇 국가를 통치했다. 아들 중 한 명인 알리는 이후 사우디아
라비아가 된 헤자즈 왕국의 왕이 되었고, 또 다른 아들인 압둘라는
트란스요르단 왕국을 통치하다가 나중에는 독립한 요르단 왕국
의 왕이 되었다. 삼남인 파이살은 시리아의 국왕으로 있다가 나중
에는 이라크 국왕이 되었다. 이처럼 한 가문이 영토를 나눠 가졌기

때문에 형제가 통치하던 국가들의 국기는 매우 비슷했다. 모두 아랍 반란 깃발과 똑같은 색상을 사용했고 여기에 칠각별만 더해진 형태였다. 여기서 이 별은 코란에서 자주 반복되는 일곱 구절을 상징했다.

1958년 요르단의 후세인 1세 국왕은 자신의 사촌인 이라크의 파이살 2세 국왕과 함께 통합을 시도했고, 그 결과 하심 아랍 연방이 형성되었다. 하지만 이라크에서 군사 쿠데타가 일어나 연방은 단 5개월 만에 해체되고 말았다.

일반적으로 이 지역에서는 국가 간 연합을 이루는 것이 국제 관계의 급선무가 되었다. 거의 모든 아랍 국가가 한 번쯤은 주요 이웃 국가와 연합을 시도했기 때문에 대부분의 국기에서 아랍 색

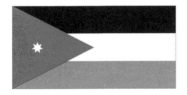

요르단(1928년 이후)

시리아 아랍 왕국(1920년)

이라크 왕국(1924~1958년)

상을 찾아볼 수 있게 되었다.

범아랍 색상인 빨강, 하양, 검정, 초록을 국기에 사용한 나라 중 인구가 가장 많은 곳은 바로 이집트다. 실제로 이집트는 국기의 변화로 역사를 살펴볼 수 있는 대표적인 나라다. 원래 오스만 제국에 속했지만, 1882년 반란 이후 영국군에 점령된 이 나라의 국기는 3개의 초승달과 별이 그려진 매우 독특한 형태의 붉은 기였다. 달 3개는 파나마 국기에 그려질 뻔한 태양 2개만큼이나 이례적인 천문학적 배열이라고 할 수 있다. 이 도안에는 이중적인 상징이 들어 있었다. 이집트의 활동 무대가 아프리카, 유럽, 아시아 이 세 대륙에 걸쳐 있음을 상징하기도 했지만, 이 국기가 오스만 제국 깃발의 영향을 받아 만들어졌다는 사실을 감안하면 이집트가 오스만 제국보다 우월하다는 것을 표현할 것일 수도 있었다. 충분히 가능한 이야기다. 조지아 국기에는 기독교 십자가가 5개나 그려져 있지 않았던가!

제1차 세계대전 이후 이집트에서는 영국으로부터의 독립을 요구하는 대규모 시위가 일어나기 시작했다. 이슬람교도와 기독

이집트가 오스만 제국의 속국(1881~1914년),
영국 보호령(1914~1922년)이었을 때 사용한 국기

1919년 반영 혁명 당시 사용했던 깃발

이집트 왕국의 국기(1922~1953년),
이집트 공화국의 국기(1953~1958년)

교도를 아우른 이 운동은 이슬람교의 초승달과 기독교의 십자가
가 함께 그려진 녹색 깃발을 탄생시켰다. 하나의 깃발에 두 종교의
상징을 넣는다는 것은 굉장히 이례적인 일이었다. 아쉽게도 이 대
담한 상징은 1922년 이집트가 영국으로부터 독립한 후 폐기되었
고, 십자가 대신 별 3개가 초승달 옆에 들어가게 되었다. 이 별은
이집트에 살았던 무슬림, 기독교인, 유대인(또는 이집트, 누비아, 수
단)을 상징하는 것으로 알려져 있다.

    1952년 가말 나세르 대령이 이끄는 장교단이 파루크 국왕을
몰아낸 이후 이집트는 오랜 역사상 처음으로 공화국이 되었다. 이
때부터 이집트 국기에는 새가 등장하기 시작했다. 처음에 등장한
것은 살라딘의 독수리로 배에 초승달과 별 3개가 그려져 있었다.
1972년 이집트는 또다시 국가 간 연합을 시도해 리비아, 시리아와
함께 아랍 공화국 연방을 결성했다. 이와 동시에 별 2개가 그려진
국기 대신 아랍 민족주의를 상징하는 쿠라이시의 매가 그려진 국
기를 채택했다. 이 연방은 5년 만에 해체되었지만, 이집트는 이 국

살라딘의 독수리가 그려진 이집트 공화국
국기(1953~1958년)

아랍 연합 공화국 국기(1958~1971년)

쿠라이시의 매가 그려진 아랍 공화국 연방
국기(1972~1984년)

살라딘의 독수리로 교체된 이집트 국기
(1984년 이후)

기를 계속 유지하다 1984년에 매를 다시 살라딘의 독수리로 교체
했다.

　유니언잭에 관해 다룬 2장에서 제3차 십자군 원정을 언급한
바 있다. 12세기 이집트와 시리아를 통치한 살라딘은 이 원정에서
리처드 사자심왕과 다른 유럽 왕들을 무찌르며 팔레스타인을 점
령했다. 그런 살라딘이 아랍 혁명가들이 우러러보는 특별한 존재
가 된 것은 놀라운 일도 아니다. 혐오스러운 영국과 프랑스에 맞서
싸운 상징적인 존재였으니 말이다. 살라딘은 군사적 능력뿐 아니

라 여러모로 위대한 통치자였다. 철학과 시를 좋아했고 잔혹한 시대에도 전대미문의 인간성을 보여준 사람이었다. 이를테면 예루살렘을 점령하고 나서도 성묘 교회를 보존했고 기독교 순례자들의 성지 방문을 허락해주기도 했다. 오늘날 이집트의 국기에는 살라딘의 독수리가 여전히 남아 있는데, 이렇듯이 거의 1000년 전에 벌어진 이집트와 영국 간의 전투가 반영되어 있는 셈이다.

새가 들어가지 않은 유일한 이집트 국기는 이집트와 시리아가 아랍 연합 공화국을 결성한 1958년에 채택되었다. 이 연합기역시 동일한 범아랍 계열의 삼색을 사용했지만 중앙에 이집트와 시리아를 상징하는 녹색 별 2개가 그려져 있었다. 이 국기는 예상치 못한 운명을 맞았다. 이집트와 시리아의 동맹은 3년밖에 지속되지 못했지만, 시리아가 연합을 탈퇴한 후에도 이집트는 이후 10년간 아랍 연합 공화국이라는 국호와 별 2개가 그려진 국기를 유지한 것이다. 게다가 녹색 별 2개가 그려진 깃발은 오늘날 시리아 아랍 공화국의 공식 국기가 되었다. ▰ 이게 어떻게 된 일인지 알아보자.

이집트와 마찬가지로 시리아도 국기의 변화로 이웃 국가와의 연합이나 군사 쿠데타의 흔적을 추적할 수 있다. 프랑스로부터 독립한 후 시리아는 붉은 별 3개가 그려진 녹백흑 삼색기를 채택했다. 역시 범아랍 색상을 사용했지만 순서만 다를 뿐이었다.

▰ 시리아 아랍 공화국은 1963년부터 아랍 사회주의 바트당이 통치하는 국가였으나, 2024년 12월 시리아 반군의 공세로 멸망했다.

시리아(1946~1958년, 1961~1963년, 2024년
이후)

아랍 연합 공화국(1958~1961년),
시리아 아랍 공화국(1980~2024년)

시리아, 이집트, 이라크 간의 연합(1963~1972년)

1972년에서 1977년까지 5년간 아
랍 공화국 연방 소속이었던 시리아
(1972~1980년)

　　이후 이집트와 동맹을 맺고 별 2개가 들어간 국기를 사용했는
데, 몇 년 후 시리아에서 군사 쿠데타가 일어나 이전 국기로 돌아
가게 되었다. 이후 또 다른 쿠데타가 일어나자 이집트, 이라크와의
향후 연합을 기대하며 별 3개를 넣은 적백흑 삼색기를 승인했다
(당시 이라크도 동일한 국기를 채택했다).

　　이라크, 이집트와의 동맹은 실현되지 않았지만, 1973년 시리
아는 이집트, 리비아와 또 다른 동맹 체결을 앞두고 쿠라이시의 매
가 그려진 국기를 채택했다. 마지막으로 이 연합 시도마저 실패했
다는 사실이 자명해지자, 1980년 시리아는 아랍 연합을 향한 헌신

영국 치하 이라크(1921~1932년), 　　　이라크 공화국(1959~1963년)
이라크 왕국(1932~1958년)

을 보여주기 위해 녹색 별 2개가 그려진 국기로 돌아갔다.

유성우처럼 쏟아지는 별들에 정신을 차리기 어려울지도 모르겠지만, 원래 중동은 만만한 곳이 아니다. 이 글을 쓰는 지금 시리아에서는 여전히 내전이 계속되고 있으며 일부 영토는 아버지의 뒤를 이어 대통령이 된 안과 의사 출신 바샤르 알 아사드가 통치하고 있다. 나머지 지역을 차지한 반군은 시리아가 독립 직후에 채택한 별 3개가 들어간 깃발을 사용한다.▐

이라크는 시리아나 이집트와는 달리 제2차 세계대전 이전인 1932년에 독립을 얻었다. 국기에는 붉은 삼각형 대신 흰 칠각별 2개가 그려진 사다리꼴이 들어갔는데, 이는 티그리스강과 유프라테스강을 상징했다. 1958년 군사 쿠데타로 공화국이 된 이후 이라크는 이 지역에서 흔히 볼 수 없는 도안을 새로 채택했다. 3개의

▐　2011년 민주화 요구와 정부의 과잉 진압으로 시작된 시리아 내전은 앞서 언급했듯이 2024년 12월에 비로소 종식되었다. 반군은 시리아의 수도 다마스쿠스를 장악하여 아사드 정권을 축출한 후 임시정부를 수립하였다. 13년에 걸친 이 전쟁으로 인해 수백만 명의 사상자와 난민이 발생했다.

세로 줄무늬와 함께 소수 민족인 쿠르드족을 상징하는 노란 태양
이 그려진 국기였다.

이후 새 정부가 시리아, 이집트와의 연합을 기원하며 별 3개
가 그려진 국기를 채택하였는데, 이는 쿠르드족에게 불길한 징조
가 되었다. 이 연합이 실현 불가능하다는 것은 곧 분명해졌지만 이
라크는 근 30년 동안 별 3개가 그려진 이 국기를 유지했다.

그다음으로 국기를 수정한 인물은 사담 후세인이었다. 그는
1979년 친위 쿠데타를 일으켜 자신의 사촌을 권좌에서 몰아냈다.
다만 실제로 국기가 변경된 것은 그로부터 12년이 흐른 후였다.

사담 후세인은 20세기를 대표하는 유명한 사디스트로 손꼽
힌다. 정권을 잡기 전 사담은 이라크 정부의 국가 안전부 수장이
었다. 집권 중에는 대략 25만 명을 학살했으며 개인적으로 고문을
즐겼다고도 전해진다. 사담이 고안한 107가지 고문 방법 중에는
사람의 눈에 담배를 비벼 끄는 것과 사람을 산성용액에 담그는 것
도 포함되어 있었다고 한다. 이 이라크 독재자의 잔혹함을 보여주
는 사례는 무궁무진하다. 1988년 쿠르드족에게 화학무기를 살포
해 무려 1만 5000명의 민간인을 죽이거나 불구로 만든 것은 그중
에서도 최악으로 꼽힐 만하다. 이 신경가스를 만든 것은 나치였지
만 막상 히틀러는 사용하지 않았다. 사담에게 큰 영향을 미친 그의
삼촌은 히틀러의 열렬한 추종자였는데, 「신이 창조하지 말았어야
할 세 존재: 페르시아인, 유대인, 파리Three Whom God Should Not Have
Created: Persians, Jews, and Flies」라는 제목의 소논문을 쓴 적도 있다.

정권 말기에 이르자 사담 후세인은 눈에 띄게 종교적으로 변

이라크(2008년 이후)

(2004~2008년)

(1991~2004년)

(1963~1991년)

했다. 이를테면 1990년대 후반에는 사담 후세인의 피로 썼다는 '피의 코란'이 공개적으로 전시되기도 했다. 후세인의 신심은 이라크 국기에도 반영되었다. 1991년 사담의 필체로 쓰인 '알라는 위대하다'라는 뜻의 아랍어 문구가 별 3개 사이에 삽입된 것이다. 미국이 후세인을 축출한 후 국기 도안은 2004년 또다시 바뀌었다. 처음에는 아랍어 문구가 표준 글꼴로 다시 쓰였고, 2008년에는 별 3개가 제거되었다.

흥미롭게도 2004년 미국은 전형적인 아랍 국기에서 벗어나 완전히 새로운 디자인과 색상을 적용한 국기를 이라크에 제안했

미국이 이라크를 점령했을 때 제안
한 국기(2004년)

아랍 에미리트 연방(1971년 이후)

다. 초승달은 이슬람을, 노란색은 쿠르드족을, 파란 줄 2개는 티크
리스강과 유프라테스강을 상징했다. 하지만 새 도안은 이라크 국
민에게 너무 급진적으로 다가왔기 때문에 결국 채택되지 못했다.

아랍 반란 깃발을 기하학적으로 변주한 또 다른 국가는 아랍
에미리트 연방United Arab Emirates, UAE이다. 여기서는 사다리꼴이나
삼각형이 아닌, 세로 줄무늬가 깃대 쪽에 배치되었다.

7개 토후국으로 구성된 아랍 에미리트 연방의 국기는 한 아랍
신문사에서 주최한 공모전으로 선정되었다. 이 대회에서 우승한
19세 소년 압둘라 모하메드 알 마이나는 훗날 아랍 에미리트 대사
로 칠레에 파견되었다. 알 마이나의 회고록에 따르면 그는 아부다
비의 무쉬리프궁에 국기가 게양될 때까지 자신의 도안이 당선된
줄도 몰랐다. 하필 그날은 바람도 불지 않았기 때문에 알 마이나는
새 국기가 자신이 도안한 깃발이 맞는지 확인하기 위해 바람이 불
기만을 기다렸다고 한다.

독립국이 되기 전 아랍 에미리트는 영국의 지배를 받았으며

오만(1995년 이후)

무스카트 오만 술탄국(1970년 이전,
1868~1871년 제외)

예멘(1990년 이후)

트루셜 오만으로 불렸다. 이 이름은 혼선을 초래하기 쉬운데, 아랍
에미리트 옆에 위치한 오만과는 별개의 나라이기 때문이다. 몇 세
기 전 오만은 탄자니아에서 파키스탄에 이르는 영토를 아우르는
상당히 큰 나라였지만 현재는 인구 500만 명의 비교적 작은 나라
다. 국기의 캔턴에 자리 잡은 국장에는 교차된 2개의 장검 위로 칸
자르라고 하는 오만의 전통적인 곡선형 단검이 고정되어 있다.

　오만과 남서쪽 국경을 접하고 있는 예멘은 이 일대에서 가장
단순한 국기를 가지고 있다. 적백흑의 삼색기로 독일 제국의 국기
를 반전한 형태다. 예멘이라는 국명은 아랍어로 '오른쪽'을 뜻하는

수단(1956~1970년)

수단(1970년 이후)

남수단(2023년 이후)

데, 오른쪽은 길조로 여겨지며 행복을 상징한다. 오늘날 예멘을 수식하는 형용사는 많이 있을 테지만 애석하게도 '행복'은 그중 하나가 아니다. 북예멘은 제1차 세계대전 이후 오스만 제국으로부터 독립했지만, 남예멘은 거의 40년 후에야 영국으로부터 독립했다. 이후 북예멘과 남예멘은 격렬한 전쟁을 거듭하다 1990년이 되어서야 단일 공화국으로 통일했지만, 지금도 여전히 예멘에서는 끔찍한 내전이 계속되고 있다.

국기에 범아랍 색상을 사용한 또 다른 국가로는 수단이 있다. 1899년부터 1956년까지 이집트와 영국의 공동통치를 받았던 수단은 독립 후 청황록 삼색기를 국기로 채택했는데, 이는 가봉의 국기를 반전한 형태다.

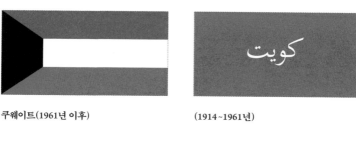

쿠웨이트(1961년 이후)

(1914~1961년)

(1871~1914년)

쿠웨이트의 알술라이미 깃발(1746~1871년)

수단의 국경은 식민지 시대에 형성된 것으로 인구 간 민족적, 종교적 차이를 고려하지 않았다. 최초의 수단 국기에 사용된 삼색이 이 지역에서 흔히 볼 수 없는 색이었던 것도 그나마 이것이 정치적으로 가장 중립적인 색상이었기 때문이다. 하지만 불행히도 국기는 별 도움이 되지 않았다. 수단은 2011년 남수단이 별개의 국가로 독립할 때까지 역사의 대부분을 내전 상태로 보냈다. 수단은 국기에 범아랍 색상을 넣은 반면, 남수단은 범아프리카 색상을 사용했다. 두 나라의 국기 색은 어째서 이곳에 그토록 오랫동안 평화가 찾아오지 못했는지를 단적으로 보여준다.

쿠웨이트 국기에도 범아랍 색상이 사용되었다. 1932년 제정된 이라크 왕국의 국기에서도 봤던 사다리꼴이 들어가 있는데, 쿠웨이트 국기에서는 검은색으로 칠해졌다는 점이 다르다. 이 국기에 쓰인 네 가지 색상은 14세기 어느 아랍 시인이 쓴 "백은 행동이요, 흑은 전투요, 녹은 땅이요, 적은 검이로다"라는 구절에서 유래했다는 게 정설이다. 하지만 쿠웨이트가 '검은 금'으로 불리는 석유 매장량 기준으로 전 세계의 10위 안에 드는 국가라는 사실을 감안한다면 이 사다리꼴은 유전을 상징한다고 해석할 수 있다. 여기서 상상력을 더욱 발휘하면 쿠웨이트 국기의 전체가 왼편에 검은 벽이 놓인 3차원의 방으로도 보일 것이다.

쿠웨이트라는 국명은 아랍어로 '물 근처의 요새'를 가리키는데, 실제로 이 나라는 페르시아만의 중요한 분기점에 위치해 있다. 다른 아랍 국가와 마찬가지로 쿠웨이트도 오스만 제국에 맞서 아랍 반란에 참여했다. 1914년 쿠웨이트 군대는 관습적으로 오스만 국기를 사용하다가 이를 오인한 영국군의 사격을 받은 적이 있는데, 이 사건을 계기로 붉은색 바탕에 '쿠웨이트'라는 글자가 적힌 새 국기를 채택하게 되었다.

오스만 제국이 영향력을 행사하기도 전인 수 세기 전, 쿠웨이트는 알술라이미라고 불린 깃발을 채택한 바 있다. 이 깃발은 이 일대의 두 작은 나라, 바레인과 카타르 국기의 시초가 되었다는 점에서 무척 흥미롭다.

바레인과 카타르의 국기가 쿠웨이트의 알술라이미 깃발과 유사한 이유는 이 세 나라가 오랫동안 한 왕조의 통치를 받았기 때문이다. 이 세 깃발을 아우르는 특징은 흰색과 붉은색 경계가 톱니무늬로 장식되어 있다는 것이다. 게다가 이 세 나라는 19세기가 되

바레인(2002년 이후)　　　　　　카타르(1971년 이후)

자 약속이나 한 듯 아무 무늬 없는 붉은 사각형을 공식 국기로 채택하기도 했다. 이 말인즉슨 19세기에 같은 국기를 사용한 나라가 전 세계에 여섯 곳이나 있었음을 의미한다. 파리코뮌 시절의 프랑스, 태국, 모로코, 오만, 카타르, 바레인을 모두 합쳐서 말이다. 또한 바레인과 카타르는 1971년 영국으로부터 독립한 이래 엄청난 오일 머니를 벌어들이며 지금까지도 큰 부를 누리고 있다.

　바레인 국기는 톱니 5개가 달린 흰색의 넓은 띠를 포함하고 있는데, 이는 이슬람의 다섯 기둥을 상징한다(앞서 모로코 국기의 오각별을 살펴보며 이 다섯 기둥을 언급한 바 있다). 카타르 국기에 그려진 톱니 9개는 이 나라가 훗날 아랍 에미리트 연방으로 개명한 트루셜 오만의 아홉 번째 회원국이 될 수도 있었음을 상기시킨다. 카타르는 결국 그 연방에 가입하지 않았지만 9개의 톱니는 국기에 그대로 남았다.

　카타르 국기는 두 가지 흥미로운 특징이 있다. 첫째, 가로 길이가 세로 길이보다 두 배 이상 긴 세계에서 유일한 국기다(가로세로 비율이 무려 28:11이다). 둘째, 다른 어떤 국기에서도 찾아볼 수 없는 밤색이 사용되었다. 여기에는 흥미로운 사연이 얽혀 있다. 역사적으로 카타르는 조개류에서 얻은 자주색 염료를 생산하는 주요 국가였다. 최초의 카타르 국기에 이 색상이 사용된 것은 당연한 일이었다. 그런데 시간이 흐르자 사막의 뜨거운 더위에 색이 바래면서 자주색이 밤색으로 변한 것이다. 이에 카타르는 자연을 거스르지 않기로 결정하고 밤색을 공식 색상으로 지정했다.

레바논(1943년 이후)

중동에서 국기에 범아랍 색상을 사용하지 않는 또 다른 국가로는 레바논이 있다. 1975년 기독교도와 이슬람교도 사이에 내전이 발발하기 전까지 레바논은 중동의 스위스라 불릴 정도로 부유하고 번성한 나라였다. 레바논 국기는 붉은 가로 줄무늬 2개와 가운데의 흰 줄무늬로 이루어졌다. 흰 줄무늬에는 백향목이라고도 불리는 레바논 삼나무가 그려져 있는데, 이 나무는 레바논의 상징으로 성경에도 72번에 걸쳐 언급되었다.

중동에서 면적이 가장 넓은 나라인 사우디아라비아 역시 국기에 범아랍 색상을 사용하지 않는다. 그 이유는 사우디가 아랍 반

사우디아라비아(1973년 이후)

란을 주도한 후세인 일가에 맞서 싸웠기 때문이다. 사우디아라비아는 사우드 왕조에서 이름을 따온 세 국가 중 하나로, 나머지 두 국가는 요르단과 리히텐슈타인이다.

사우디 국기에는 샤하다라고 하는 이슬람 신조가 적혀 있다. "알라 이외의 신은 없으며, 무함마드는 알라의 사도이다"라는 구절이다. 이 성스러운 문구 아래에는 칼이 그려져 있는데, 이 신조를 의심하면 처하게 될 운명을 암시하는 듯하다.

사우디는 국기에 종교 문구를 넣음으로써 많은 현실적인 문제를 초래했다. 우선 국기를 제작할 때 뒷면의 문구도 오른쪽에서 왼쪽으로 읽히도록 해야 한다는 것을 법으로 엄격히 규정하게 되었다. 게다가 사우디 국기는 때에 따라 사용하기도 어려워졌다. 이를테면 2020년 FIFA 월드컵을 앞두고 사우디아라비아를 포함한 모든 참가국의 국기가 그려진 축구공을 만들려고 하자, 사우디는 이슬람 신조가 누군가의 발에 채여서는 안 된다며 반발했다. 사우디 국기의 이미지가 이곳에도 실렸으니 여러분도 마찬가지로 신성한 마음으로 이 책을 다뤄주기를 바란다.

사우디아라비아를 살펴봤으니 이제 국기에 샤하다를 넣은 또 다른 나라인 아프가니스탄으로 넘어갈 차례다. 오늘날의 아프가니스탄 국기는 탈레반이 집권한 2021년에 채택되었다. 군사 및 친위 쿠데타로 점철된 험난한 역사를 가진 아프가니스탄은 20세기 들어서만 국기를 열아홉 번 바꿨다. 이 시기에 아프가니스탄만큼 국기를 자주 바꾼 나라는 세계 어디에도 없다. 20세기 초만 해도 아프간은 이례적으로 아무 무늬 없는 검은 천을 국기로 사용했다. 이후 모스크와 밀이 추가되었지만 국기는 여전히 흑백으로 남았다.

그러다 1928년 아프간 국왕은 유럽에 방문하면서 독일의 삼색기를 보고는 자신의 국기에도 새로운 색이 필요하다고 생각하게 되었다. 그렇게 아프간 국기에 초록색과 빨간색이 추가되었다. 새 국기의 검정색은 어두웠던 과거를, 초록색은 미래를, 빨간색은 아프간 국민이 독립을 쟁취하기 위해 흘린 피를 상징했다. 한 달 후 국왕은 가로 줄무늬를 세로 줄무늬로 변경했다.

혁명으로 인해 국기가 변경된 경우에 흔히 그렇듯 현재 아프간 국기는 두 가지 버전으로 세계 곳곳에서 사용되고 있다. 탈레반 정권이 채택한 국기는 검은색 샤하다가 들어간 흰색 깃발이지만, 새 정부를 인정하지 않는 아프간 국민과 국제 대회에 출전한 일부 아프간 선수는 흑적록 삼색기를 주로 든다.

아프가니스탄(1880~1901년)

(1901~1919년)

(1928년)

(2013~2021년)

아프가니스탄 이슬람 토후국(1997~2001년, 2021년 이후)

14

깃발에 초승달이
등장한다면

전 세계 195개국 가운데 약 3분의 1은 국기에 종교 이미지를 가지고 있다. 31개국 국기에 등장한 기독교는 전 세계의 국기에 가장 많이 표현된 종교로, 십자가를 거의 유일한 상징으로 사용한다. 반면 22개국 국기에 등장하는 이슬람교는 초록색, 숫자 5와 7, 샤하다나 타크비르 같은 아랍어 글귀처럼 보다 다양한 상징을 보유하고 있다. 그중에서도 가장 널리 알려진 것은 물론 초승달이다. 달에 국기를 꽂은 나라는 몇 없지만 국기에 달이 그려진 나라는 많다는 우스갯소리가 있을 정도다.

가장 먼저 살펴볼 것은 오늘날 튀르키예의 국기가 된 오스만 제국 국기다. 이때부터 초승달은 이슬람의 주요 상징으로 부상하게 되었는데, 대부분의 현대 이슬람 국가가 어떤 형태로든 이 거대한 제국에 속했던 과거를 생각하면 당연한 일이라 할 수 있다.

초승달이 오스만 제국의 상징이 된 것은 꿈 때문이었다고 한다. 오스만 1세는 훗날 오스만 제국이 된 나라의 첫 통치자로, 실

튀르키예(1922년 이후)

제로 제국의 이름도 그에게서 따온 것이다. 오스만은 달이 자신의 가슴팍에 떨어져 배꼽에서 나무가 자라고 온 세상이 그 그늘로 덮이는 꿈을 꾸었다. 지그문트 프로이트가 탄생한 것은 그로부터 600년이 지난 후지만, 그때 이미 현자들은 오스만이 전 세계를 정복해야 한다는 뜻으로 꿈을 해석했다.

이보다 덜 극적인 설은 오스만 제국이 기독교 국가인 비잔틴 제국의 주화에 그려진 초승달 이미지를 차용했다는 것이다. 아마도 비잔틴 제국은 이 상징을 이교도 신앙에서 가져왔을 것이다.

오스만 제국은 제1차 세계대전에서 패한 뒤 붕괴되고, 튀르키예가 그 뒤를 이었다. 튀르키예는 오스만 깃발을 국기로 채택한 후 단 한 번도 변경하지 않았다. 반면 다른 분야에서는 훨씬 더 유연하게 전통을 바꿨다. 1920년대에 튀르키예 대통령이 된 무스타파 케말 아타튀르크는 일련의 서구화 개혁을 단행했다. 시장경제를 성공적으로 도입하기 위한 토대를 닦았고 튀르키예를 세속적인 친서방 국가로 만들었다.

아타튀르크 대통령은 우아하고 세련된 옷차림으로도 유명했다. 1923년에는 복식법을 공표해 튀르키예 여성의 히잡 착용 의무를 해제하기도 했다. 같은 법령에서 매춘부에게는 히잡 착용을 강제했는데, 이로써 단시간에 히잡을 한물간 유행으로 만들며 의도한 효과를 거두었다. 이 법령에 힘을 실어주기 위해 아타튀르크 정부는 새로운 패션을 받아들이기를 거부한 여성을 처형하기도 했다.

2021년에 나는 아제르바이잔의 수도인 바쿠를 방문한 적이 있다. 당시 아제르바이잔은 나고르노카라바흐 전쟁에서 아르메니아를 상대로 승리를 거둔 것을 자축하고 있었다. 아제르바이잔의 국기는 주요 군사 동맹국인 튀르키예의 국기와 함께 도시 곳곳에 나란히 걸려 있었다. 두 국기는 상당히 비슷한데, 여기에는 역사적인 이유가 있다.

튀르키예와 마찬가지로 아제르바이잔의 국기도 초승달과 별이 정중앙을 차지하고 있다. 하지만 튀르키예와는 달리 아제르바이잔의 별은 오각별이 아닌 팔각별인데, 이는 전통적인 튀르크 계

아제르바이잔(2013년 이후)

아제르바이잔 민주 공화국(1918년 6~11월)

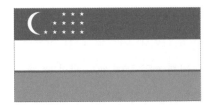

우즈베키스탄(1991년 이후)

알제리(1962년 이후)

튀니지(1999년 이후)

통의 여덟 민족을 가리킨다고 한다. 그런가 하면 아제르바이잔을 뜻하는 아랍어 단어가 여덟 글자라는 점에서 착안했다는 설도 있다. 1918년 소련에 합류하기 전 아제르바이잔의 국기는 붉은 바탕에 흰 초승달과 별이 나란히 그려진 형태로, 오스만 깃발과 거의 구분할 수 없을 만큼 비슷했다. 이후 튀르크족의 상징인 파란색과 이슬람의 상징인 초록색 줄무늬가 추가되었다.

　아제르바이잔 국기의 상징은 이웃 우즈베키스탄의 국기에서도 고스란히 찾아볼 수 있다. 여기에도 초승달과 3개의 줄무늬가 사용되었는데, 튀르크족을 상징하는 파란색과 흰색, 그리고 이슬람을 대표하는 초록색으로 칠해져 있다. 그리고 초승달 근처에는 황도 12궁을 상징하는 별 12개가 배열되어 있다. 천문학이 중세에 우즈베키스탄 지역을 중심으로 발전했다는 사실을 떠올리면 저절로 고개를 끄덕이게 된다.

초승달과 별은 16세기부터 19세기까지 오스만 제국에 속했던 알제리의 국기에서도 중앙을 차지한다.

1830년 알제리는 프랑스의 침공을 받게 되었는데, 그 배경에 얽힌 우스운 이야기가 있다. 프랑스 정부가 알제리의 밀 공급자에게 진 빚을 갚지 않자, 이에 분노한 알제리 군주가 프랑스 영사관을 파리채(부채라는 설도 있다)로 세 차례 가격한 사건이 기폭제가 되었다는 것이다. 이후 알제리는 나치 독일에 잠시 점령당한 시기를 제외하고 1962년까지 프랑스의 식민 통치를 받았다.

놀랍게도 1934년 최초의 알제리 국기를 재봉한 것으로 알려진 사람은 에밀리 뷔스캉이라는 이름을 가진 프랑스 여성이었다. 페미니스트이자 무정부주의자로 활동한 뷔스캉은 프랑스 식민주의를 강하게 비판하며 알제리 출신의 민족주의 지도자와 결혼하였다.

알제리 옆에 위치한 튀니지도 비슷한 역사를 가지고 있다. 수세기 동안 오스만 제국의 통치를 받다가 1881년 프랑스의 식민지가 되었다는 점에서 그렇다. 프랑스는 알제리를 침공하고 반세기 후에 튀니지를 식민화했는데, 다른 점이 있다면 튀니지는 정복이 아닌 조약에 의해 프랑스의 보호령이 되었다는 것이다. 튀니지 외교관은 파리채 사용을 극도로 자제했던 모양이다.

모리타니(2017년 이후)

빨간색, 파란색, 흰색이 전혀 사용되지 않은 이전 국기(1959~2017년)

튀니지 국기는 일찍이 1835년에 공식적으로 채택되었다. 이 국기가 오스만 깃발에서 영향을 받았다는 것은 자명해 보인다(국기의 붉은색 바탕은 오스만 제국과의 전투에서 흘린 튀니지인의 피를 상징하는 듯하지만 말이다). 튀니지 국기가 튀르키예 국기와 가장 크게 다른 점은 붉은 초승달과 별이 태양을 상징하는 흰 원 안에 들어 있다는 것이다. 천문학적 관점에서 보면 튀니지 국기는 일식을 묘사한 것처럼 보이기도 한다.

알제리 남서쪽에는 과거에 프랑스 식민지였던 또 다른 나라 모리타니가 있다. 모리타니 역시 독립 후 이슬람의 초승달과 별을 국기에 넣었다. 하지만 이웃 나라들의 국기와 달리 여기서는 초승달의 뾰족한 부분이 옆이 아닌 위를 향하고 있다. 처음에는 이 구도가 늘 이상하게 보였는데, 휴가차 열대지방에 갔다가 실제로 이 위도에서는 초승달이 옆이 아닌 위를 보고 뜬다는 것을 발견하고 깜짝 놀란 적이 있다.

최근까지 모리타니와 자메이카는 국기에 빨간색, 파란색, 흰색을 전혀 사용하지 않은 유일한 두 나라였다. 하지만 2017년 모리타니 대통령인 모하메드 울드 압델 아지즈가 상원 폐지와 국기 위아래에 붉은색 줄무늬를 추가하는(물론 피와 투쟁을 상징하기 위해서다) 사안에 대해 국민투표를 실시했다. 모리타니의 야당은 대통령이 국민투표를 실시하려는 진짜 이유는 3선을 하기 위해서라며 반발했다. 1장에서 언급했듯이 아이티의 뒤발리에 대통령이 비슷한 속임수를 쓴 적이 있다. 야당이 걱정했던 것과는 달리 국민투표 결과는 다행히 성공이었다. 국기는 변경되었지만, 압델 아지즈는 2019년 3선에 도전하지 않았다.

국기가 바뀌는 것이 자주 있는 일은 아니기 때문에, 모리타니가 국기를 변경했을 때 나는 애플, 구글, 왓츠앱 등의 플랫폼 기업이 국기 이모티콘을 얼마나 빨리 업데이트하는지 확인해보기로 했다. 그 결과 대부분의 플랫폼에서 국기 디자인을 업데이트하는 데 2년에서 4년까지 걸렸다. 깃발을 연구하는 사람들이 느끼기에는 이건 너무 굼뜨다고밖에 볼 수 없다.

모리타니에서 아프리카 남동쪽으로 이동하면 코모로라고 하는 작은 섬나라가 나온다. 코모로라는 국명은 아랍어로 '달'을 뜻하는 단어에서 유래했다. 달의 섬이라는 별명으로도 불리는 이 나라 국기에 초승달이 등장하는 건 그리 놀라운 일이 아니다.

코모로는 1975년 독립 직후부터 2001년까지 26년간 여섯 번이나 국기가 바뀌었을 만큼 격동의 역사를 가졌다. 프랑스로부터 독립한 지 겨우 한 달 만에 첫 군사 쿠데타를 겪어야 했다. 사회주의자들이 정권을 장악하면서 빨간색이 국기의 주요 색상으로 사

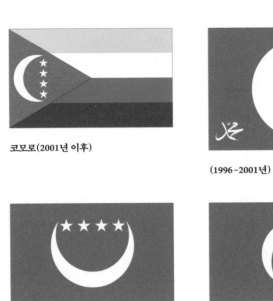

코모로(2001년 이후)

(1996~2001년)

(1992~1996년)

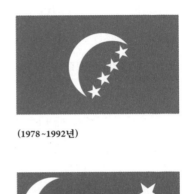

(1978~1992년)

(1975~1978년)

(1963~1975년)

용되었지만, 정권은 물론이고 국기의 빨간색도 그리 오래가지 못
했다. 초록색이 다시 국기에 돌아오게 된 후로 크게 변한 것은 초
승달의 위치였다. 대각선으로 배치했다가 거꾸로 뒤집어도 보고

위를 향하게도 해보았지만, 1996년에는 결국 옆을 향하는 모양으로 변경하였다. 그리고 5년 후 코모로는 새로운 헌법과 함께 과감한 색상이 사용된 국기 도안을 채택했다.

국기에서 변하지 않은 것은 초승달과 코모로의 주요 섬들을 상징하는 4개의 별뿐이다. 그중 하나가 마요트섬인데, 코모로 정부의 항의에도 불구하고 이 섬은 여전히 프랑스의 지배를 받고 있다. 이유가 조금 다를지라도 국기에 그려진 별과 실제 섬의 개수가 다른 경우는 앞서 투발루 국기에서도 만나본 바 있다.

몰디브 공화국은 국기에 초록색과 흰 초승달을 넣은 또 다른 섬나라이자 이슬람 국가다. 몰디브는 1965년 영국으로부터 독립한 이후 단 한 번도 국기를 변경한 적이 없는데, 이는 이 나라의 정치 상황이 얼마나 안정적인지 여실히 보여준다.

다른 나라 국기와 결코 헷갈릴 일이 없는 국기가 하나 있다면 그것은 브루나이 국기일 것이다. 이 이슬람 소국은 이 일대의 다른 영국령 식민지보다 훨씬 늦은 1984년에야 독립국가가 되었다.

몰디브(1965년 이후)

브루나이(1959년 이후)

브루나이 보호령(1906~1959년)

브루나이(1368~1906년)

1928년에 석유 매장지가 발견되는 바람에 영국이 독립을 늦췄기 때문이다.

처음에 영국은 브루나이를 말레이시아의 일부로 만들 계획이었다. 1930년대까지 브루나이는 가난한 나라였다. 술탄의 궁전은 낡아 허물어지고 있었고, 술탄 자신도 허름한 옷을 입고 다녔다. 하지만 석유가 발견되면서 모든 것이 변했다. 브루나이의 술탄은 세계에서 가장 부유한 사람 중 하나가 되었다. 가령 소유한 자동차만 해도 롤스로이스가 600대, 페라리가 450대, 벤틀리가 380대에 이른다고 한다. 그래도 적도기니와는 달리 오일 머니 일부는 국민의 주머니 속으로 들어가긴 했던 모양이다. 브루나이의 일반 가정은 평균 세 대의 자동차를 소유한다고 하니 말이다.

대부분의 역사에서 브루나이는 오늘날과 마찬가지로 이슬람을 국교로 하는 술탄국이었다. 전통적으로 노란색은 술탄의 권력을 상징하는 색으로 여겨졌다. 영국이 도착하기 전 브루나이 제국의 국기는 아무 무늬 없는 노란색 천이었다. 이후 흰색과 검은색의 대각선 줄무늬가 추가되었는데, 이는 술탄 휘하의 두 대신을 상징했다. 제1 대신을 상징하는 흰 줄무늬가 제2 대신을 상징하는 검은 줄무늬보다 12퍼센트 더 넓게 그려진 것은 지위의 고하를 표현하기 위함이었다.

1959년에는 브루나이의 국장이 국기 중앙에 삽입되었다. 국장 한가운데에는 뾰족한 부분이 위를 향한 초승달이 배치되었고, 위쪽에는 왕족의 상징인 양산이 들어갔다. "언제나 신이 인도하시는 대로 따르라"와 "평화가 깃든 땅 브루나이"라는 문구도 포함되었다. 양옆에 보이는 두 손은 국민의 안녕을 수호하는 정부를 상징한다.

이슬람교와 무관하게 국기에 초승달을 넣은 나라들도 있다. 앞서 대표적인 두 나라인 팔라우와 크로아티아를 살펴봤는데, 이제 네팔에 대해 알아볼 차례다. 네팔은 히말라야산맥에 위치한 매우 독특한 나라로, 이 나라의 개성은 국기에도 고스란히 반영되어 있다. 가장 눈에 띄는 점은 네팔이 세계에서 유일하게 사각형이 아닌 국기를 사용한다는 것이다(스위스와 바티칸 시국은 정사각형 국기를 사용하지만, 정사각형도 일종의 사각형이다). 이 이색적인 국기는 삼각기 2개로 구성되었으며, 각각의 삼각형은 에베레스트산의 남쪽과 북쪽 봉우리를 상징한다. 위쪽 삼각기에는 초승달이, 아래쪽 삼각

네팔(1962년 이후)　　　　　(1930~1962년)

기에는 태양이 그려져 있다. 이 천체들은 국가가 해와 달처럼 오래 지속되기 바라는 희망을 담고 있다. 시간 이야기가 나왔으니 말인데, 네팔은 그리니치 표준시보다 5시간 45분이 빠른 이례적인 표준시를 사용한다.

1962년까지 네팔 국기의 해와 달은 사람 얼굴을 하고 있어 만화에서 튀어나온 유령처럼 보이기도 했다. 여기서 해와 달은 역사적으로 서로 대립했던 네팔의 두 가문, 샤 왕조와 대대로 총리를 배출한 라나 가문을 상징했다.

네팔 국기는 2001년에 일어난 셰익스피어적인 비극의 슬픈 상징이기도 하다. 카트만두의 왕궁에서 열린 한 행사에서 왕세자가 총기를 난사해 국왕과 왕비를 포함한 가족 아홉 명을 죽이고 네 명을 다치게 한 참사가 발생한 것이다. 왕세자는 이어서 자신의 머리를 쏘았고 의식불명인 채로 즉위했으나 사흘 후 세상을 떠났다. 왕세자가 왜 이런 일을 저질렀는지에 대해서는 의견이 분분하다.

라나 가문의 여성과 결혼하려고 했지만 가족의 반대에 부딪쳤기 때문이라는 설도 그중 하나다.

대참사 이후 왕위에 오른 이는 살해된 왕의 동생이었지만, 그는 국민으로부터 큰 지지를 얻지 못했고 심지어 그가 총격 사건의 배후라는 음모론이 퍼져나갔다. 전국에서 시위가 일어났고, 결국 군주제는 무너지고 2007년 민주 공화국이 탄생했다.

달에 대해 충분히 알아봤으니 이제 국기에 종종 등장하는 또 다른 천체인 태양으로 넘어갈 차례다.

15

깃발에 태양이
등장한다면

제2차 세계대전을 치르며 일본 군국주의는 극단으로 치달았다. 일본 지도자들은 모든 면에서 일본이 다른 나라보다 우월하다는 점을 거듭 강조하며 군인의 사기를 돋우기도 하였다. 이때 일본 국기는 꽤 도움이 되었는데, 단순하면서도 아름다운 형태라 다른 국기들과 함께 놓고 보아도 확실히 눈에 띄었기 때문이다. 일장기는 일본어로 '태양의 원'을 뜻하는 히노마루라고도 불린다.

1184년 일본에서 이 깃발을 처음 사용하기 시작했다고 기록되어 있지만, 구전에 따르면 645년까지 거슬러 올라간다. 세계에서 가장 오래된 깃발 중 하나인 일장기는 희한하게도 1999년까지 공식 국기로 채택되지 않았다. 그 까닭은 바로 일본이 오랜 역사 동안 외부 세계와의 단절을 꾀했기 때문이다. 국기는 국제 무대에서 한 국가의 정체성을 드러내는 데 중요한 기능을 하는데, 사실 일본은 국기가 필요하지 않았던 것이다. 그러다 19세기 말 중국과 러시아를 상대로 한 전쟁에서 승리를 거두어 세계를 놀라게 하면서 모든

일본(1999년 이후)

일본 제국 육군기(1870~1945년)

일본 제국 해군기(1889~1945년),
일본 해상자위대의 자위함기(1954년 이후)

것이 바뀌었다. 이후 이 깃발은 신성한 지위를 얻게 되었다.

일장기는 제2차 세계대전 중 미국이 두 차례 원자폭탄을 투하해 일본의 항복을 얻어낼 때까지 국기로 사용되었다. 이후 미군이 주둔하는 동안 일장기의 사용을 엄격하게 제한했기 때문에 이 깃발을 보기 매우 어려워졌다. 깃발 자체가 수치스러운 과거를 상징하는 낙인이 되면서 일본은 권력을 되찾은 뒤로도 한동안 일장기를 거의 사용하지 않았다.

이 비슷한 상황은 독일에서도 있었다. 제2차 세계대전 이후 독일 국기를 게양하거나 어떤 식으로든 애국주의를 드러내면 안 된다는 암묵적인 합의가 이루어진 것이다. 다른 점이 있다면 독일은 전쟁 이후 국기를 변경해 이전 국기를 복원한 반면, 일본은 약간의 논의 끝에 국기를 바꾸지 않기로 결정했다는 것이다. 독일 국기와 달리 일장기는 전쟁이 일어나기 훨씬 전에 채택된 국기라는 것이 그들의 주장이었다.

제2차 세계대전 당시 일본은 일장기보다 붉은 원에서 빛줄기가 퍼져 나가는 문양의 욱일기를 더 많이 사용했다. 욱일기는 원래 행운의 상징이었지만 1870년부터 일본 육군과 해군의 전쟁 깃발로 사용되며 일본 군국주의를 상징하게 되었다. 현재는 일본 해상 자위대가 사용하고 있는데, 일부 일본 스포츠 팬이 자국 경기를 응원할 때 이 깃발을 들어 이웃 나라인 중국, 한국과 종종 마찰을 빚고 있다.

1999년 일본에서는 일장기를 국기로 규정한 국기 및 국가에 관한 법률이 통과되었다. 국가 제창과 국기 게양으로 하루를 시작하는 학교 관행을 놓고 교사와 학교 이사회가 대립하던 중 한 교장이 스스로 목숨을 끊은 사건이 발단이 되었다. 국기는 일본 사회에서 여전히 아픈 상처로 남아 있다. 일장기가 공식 지위를 얻기는 했지만, 국기법을 따르기를 거부하다가 벌금을 물거나 해고까지 당하는 교사들에 대한 뉴스가 잊을 만하면 언론에 보도되곤 한다. 그리고 대다수 국가와 달리 일본은 자국 국기를 불태우는 행위를 금지하지 않지만 다른 나라의 국기 화형식은 법으로 금지하고 있다. 이런 특이한 경우는 덴마크 국기를 다루면서 이미 접한 바 있다.

일본은 흔히 '떠오르는 태양의 나라'로 불리는데, 이는 일본 열도가 아시아 동쪽 끝의 태평양에 위치해 있다는 점을 고려하면 자연스러운 일이다. 일장기에도 떠오르는 태양의 이미지가 그려져 있다. 원래는 국기의 붉은 해가 왼쪽으로 아주 살짝 치우쳐 있었는데, 1999년에 정중앙으로 이동했다. 국기의 원이 중앙에서 살짝 비켜나 있는 방글라데시와 팔라우는 이러한 변화를 부러운 눈으로 지켜봤을지도 모르겠다.

팔라우 국기는 언뜻 보기에 일장기와 색만 다를 뿐 비슷해 보이지만, 국기 속 원이 해가 아니라 달이라는 점에서 본질적으로 다르다. 또한 팔라우는 국기뿐 아니라 일부 역사도 일본과 공유하고 있다. 제1차 세계대전부터 제2차 세계대전에 이르는 동안 일본에 점령당한 적이 있기 때문이다.

제2차 세계대전 중 일본에 점령당했던 필리핀 역시 원이 그려진 국기를 가지고 있다. 필리핀은 독립하기 전부터 새 국기를 만들기 시작하였고 1898년 스페인으로부터 독립을 선포하며 공식적으로 국기를 게양했다. 이 국기에 사용된 상징은 이를 활용하여 10여 개의 국기를 추가로 거뜬히 만들 수 있을 만큼 다양하다. 그래서인지 그동안 필리핀 국기는 조금씩 변화가 있었다.

먼저 오늘날의 필리핀 국기는 1998년 이후 개정된 도안이다. 흰 삼각형 안에 그려진 태양은 햇살 8개 가지고 있는데, 이는 스페인의 통치에 반기를 든 8개의 주를 상징한다. 또한 별 3개는 3개의 주요 섬을 나타내며 흰 삼각형은 자유, 평등, 박애를 의미한다.

국기의 가로 길이는 세로 길이의 정확히 두 배이며, 이 외에도 다양한 기하학 원칙이 적용되었다. 흰 삼각형은 세 변의 길이가 모두 같은 정삼각형이며, 각 변의 길이는 국기 가로 길이의 2분의 1에 해당한다. 또한 태양에서 뻗어 나오는 햇살 8개는 각각 굵은 줄기 1개와 양쪽의 가는 줄기 2개로 이루어져 있다. 가는 줄기 사이의 내각은 굵은 줄기 사이의 내각의 절반이며, 굵은 줄기가 가는 줄기보다 두 배 더 두껍다. 이처럼 다양한 요소가 사용되었음에도 국기는 중앙의 수평선을 기준으로 완벽한 대칭을 이루고 있다. 말이 난 김에 덧붙이자면 일명 휴먼 플래그라고 하는, 세로로 된 기둥을 붙잡고 몸을 수평으로 곧게 펴는 체조 동작이 이 국기 도안에서 유래한 건 아닐까 하는 생각을 해본 적도 있다.

하지만 필리핀 국기의 가장 놀라운 점은 다른 나라의 문장에

필리핀(1998년 이후)

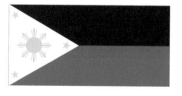

(1946~1985년, 1986~1998년)

(1985~1986년)

(1898~1901년)

깃발에 태양이
등장한다면

서 많은 부분을 차용했다는 사실이다. 1898년 처음으로 제정된 국기에는 리오데라플라타의 깃발의 영향을 받아 태양에 사람 얼굴을 그려 넣었고, 전체적인 구성은 쿠바 국기에서 따왔다. 제2차 세계대전 이후에는 항일 전쟁을 지원해준 미국에 감사를 표하기 위해 푸른색을 미국 국기에 사용된 파란색으로 변경하기도 했다.

필리핀 국기의 푸른색은 그 자체로 흥미진진한 서사를 담고 있다. 20세기 들어서만 무려 여섯 번이나 바뀌었으니 그리스 국기보다 더 자주 푸른색을 갈아치운 셈이다. 1985년까지는 진청색을 유지했지만, 이후 페르디난드 마르코스 대통령이 쿠바 국기의 색과 비슷한 연청색으로 변경했다.

마르코스는 20년 넘게 집권했는데, 1965년에 대통령에 당선된 후부터 빠른 속도로 어마어마한 돈을 긁어모으기 시작했다. 그가 재임한 동안 횡령한 것으로 추정되는 금액이 50억에서 130억 달러에 이를 정도다. 마르코스 일가의 재산을 조사하고 회수하기 위해 위원회가 결성되어 지금까지 약 50억 달러를 환수했다고 한다. 마르코스의 탐욕은 어느 정도 이해가 가기도 한다. 그의 아내인 이멜다는 신발만 3000켤레를 사들일 정도로 어마어마하게 사치스러운 인물이었으니 말이다. 이멜다의 신발 중 800켤레는 현재 필리핀 신발 박물관에 전시되어 있다.

국기의 푸른색을 바꾼 지 1년 만인 1986년 부정행위, 탐욕, 문서위조, 인권침해 등의 문제가 끝내 마르코스의 발목을 잡았다. 마르코스는 그해 열린 대선에서 승리했으나 반정부 시위의 여파로 결국 대통령 자리에서 내려왔다. 대통령 내외는 서둘러 미국으로

도피했는데, 두 사람의 짐을 검사한 미국 세관원은 국가 예산의 절반을 챙겨 온 것 같다는 평을 남기기도 했다. 그도 그럴 것이 금괴 24개("결혼 24주년을 맞아 남편에게"라는 감동적인 문구가 새겨져 있었다)와 현금 1500만 달러가 가방 안에서 발견되었기 때문이다.

마르코스의 후임자는 다시 진청색을 사용해 1년 만에 국기를 원상 복구했지만, 이것도 그리 오래가지는 못했다. 1998년 푸른 줄무늬가 어두운 군청색에서 밝은 감청색으로 다시 한번 바뀐 것이다.

필리핀 국기의 독특한 점은 또 하나 있다. 파란색 부분이 빨간색 부분보다 위에 있으면 평시를, 국기를 뒤집어 빨간색 부분이 파란색 부분보다 위에 오게 하면 전시를 의미한다는 것이다.

이처럼 오늘날의 필리핀 국기도 지난한 과정 속에 탄생했으나 언제 다시 바뀔지 모르는 상황에 놓여 있다. 이를테면 일각에서는 스페인에 반기를 든 아홉 번째 주를 상징하는 아홉 번째 햇살을 추가해야 한다고 말하고, 다른 일각에서는 네 번째 별을 넣자고 제안하기도 한다. 1995년에는 무슬림 인구를 상징하는 황금색 초승달을 태양 옆에 넣을 것을 대통령이 제안하기도 했다.

1935년까지만 해도 페르시아로 불렸던 이란은 국기에 태양의 발자국이 남은 또 다른 나라다. 15세기부터 이란의 통치자는 깃발에 사자와 태양 문장을 사용했다. 권력과 왕족을 상징하는 이 문장은 무려 12세기부터 사용되던 것이었다. 흥미롭게도 초승달 또한 페르시아 문장에서 발견되지만, 당시 달은 오스만 제국의 상징으로 이미 사용되고 있었기 때문에 페르시아는 태양을 선호했

이란(1980년 이후)

(1964~1979년)

(1852~1907년)

다. 달 대신 태양을 선택한 이유가 또 하나 있다면 태음력을 사용
한 대부분의 아랍 국가와 달리 전통적으로 페르시아는 오마르 하
이얌이 고안한 태양력을 사용했기 때문일 것이다.

페르시아 국기는 오랜 역사에 걸쳐 끊임없이 변화했다. 어느
시점에는 사자의 오른쪽 앞발에 검이 들렸고, 필리핀과 네팔 국기
와 마찬가지로 태양의 얼굴이 지워지기도 했다.

1979년에는 아야톨라 호메이니가 이끄는 이슬람 혁명이 일
어나 왕정이 무너졌다. 공교롭게도 혁명과 맞물려 메르세데스 벤
츠의 오프로드 차량인 G바겐을 대대적으로 수입하려던 첫 시도도
무산되었다. 팔라비 2세가 이란 군대를 위해 해당 차량을 20만 대

352

주문했으나 차량이 인도되기도 전에 그가 하야하는 바람에 대금을 지불할 수 없게 되었기 때문이다.

혁명에 성공한 호메이니가 처음으로 한 일은 바로 국기를 바꾸는 것이었다. 가로 줄무늬는 그대로 유지했지만, 알라의 위대함을 알리는 아랍어 글귀인 타크비르를 초록색과 빨간색 줄무늬에 추가했다. 특이하게도 이 문구는 정확히 스물두 번 반복되었는데, 이는 페르시아력 기준으로 혁명이 일어난 열한 번째 달의 스물두 번째 날을 의미했다.

국기에는 사자와 태양 문장 대신 새로운 국장이 들어가게 되었다. 이 양식화된 문양은 이란을 위해 희생한 군인들의 묘에서 자란다고 알려진 튤립처럼 보이기도 하고, 이슬람 글귀인 샤하다의 일부로 보이기도 한다. 국장 중앙에 자리 잡은 양날의 검은 사자의 앞발에 들린 검을 계승한 느낌도 준다.

이란 국기는 이란과 문화적, 역사적 공통점을 지닌 타지키스탄 국기에도 영향을 미쳤다. 국기 중앙에는 왕관과 7개의 별이 그려져 있는데, 7은 페르시아 신화에서 완벽을 상징하는 숫자다. 그래서인지 국기 속 별에 대한 해석은 굉장히 다양하다. 걸출한 타지크 시인 일곱 명으로 해석하거나, 천국에는 7개의 산과 별로 둘러싸인 아름다운 정원 일곱 곳이 있다는 타지크 전설로 보거나, 서로 다른 사회 계급 간의 화합을 상징한다고 볼 수도 있다. 내 생각에는 일곱 명의 시인 설이 그래도 가장 시적인 것 같다.

타지키스탄은 중앙아시아에서 면적이 가장 작은 나라지만 국가 홍보는 꽤나 적극적으로 하는 편이다. 2011년에는 세계에서 가

타지키스탄(1992년 이후)

장 높은 깃대를 세워 국기를 게양하였고, 2015년에는 천체 물리학에 기여한 타지크 과학자들의 공로를 기리기 위해 태양계의 작은 행성들 중 하나에 타지키스탄이라는 이름을 붙였다고 발표하기도 했다.

국명에 '스탄'이 붙은 다른 두 나라인 카자흐스탄과 키르기스스탄도 국기 중앙에 태양을 넣었다. 카자흐스탄 국기는 청록색 바탕에 태양이 있고 그 아래로 위풍당당하게 날아오르는 황금빛 초원수리가 그려져 있다. 카자흐스탄은 국기뿐 아니라 국장에도 청록색과 황금색을 주로 사용한다. 중앙에는 유목민의 전통 천막에서 지붕을 지탱하는 원형 구조물인 샤니라크가 십자형 격자무늬로 그려져 있다. 이웃 나라인 키르기스스탄 국기에서도 이와 비슷하지만 좀 더 양식화된 형태의 문양을 찾아볼 수 있다.

발칸반도의 북마케도니아 국기에도 태양이 정중앙에 등장한다. 역사적으로 마케도니아는 오늘날의 그리스, 불가리아, 세르비아 이 세 나라 영토에 자리를 잡은 제법 넓은 지역이었다. 1945년

카자흐스탄(1992년 이후)

카자흐스탄 국장

키르기스스탄(2023년 이후)

에 유고슬라비아의 여섯 공화국 중 하나가 되어 마케도니아 사회주의 공화국으로 불리다가 1991년에 독립했다. 이후 새 국명을 마케도니아로 정하자 마케도니아를 자국 유산의 일부로 여기던 그리스가 들고 일어났다. 그리스는 마케도니아에 경제제재를 가하고 마케도니아의 나토North Atlantic Treaty Organization, NATO 가입을 막았다.

해결책을 찾을 때까지 이 나라는 구유고슬라비아 마케도니아 공화국으로 불렸다. 그러다 2018년 마침내 합의가 이루어져 이듬해에 국명이 북마케도니아로 변경되었다.

이 신생국가의 국기를 둘러싸고 비슷한 논쟁이 펼쳐졌다. 1992년 마케도니아는 붉은 바탕에 노란 베르기나 태양이 그려진 국기를 공식 국기로 채택했다. 그런데 고대 마케도니아의 상징인 베르기나 태양은 그리스에서 이미 널리 쓰이던 상징이었다. 그리스 의회 표장, 그리스 주화, 지금은 그리스 영토가 된 마케도니아 지역의 깃발에도 이 문양이 사용되었다. 당연히 그리스는 분개했고, 마케도니아는 그리스의 압력에 못 이겨 1995년 국기를 변경할 수밖에 없었다.

북마케도니아 국기를 끝으로 태양에 관한 이야기는 여기서 마무리되지만, 이제 아프리카로 돌아가 조금 더 화창한 분위기를 이어가보자.

북마케도니아(1995년 이후)

**베르기나 태양이 그려진 마케도니아 공화국
(1992~1995년)**

마케도니아 사회주의 공화국(1946~1991년)

16

이색적인
아프리카 국기

앞서 우리는 여러 다양한 아프리카 국기를 살펴봤다. 그중에는 범아프리카 색상을 사용한 국기가 많았지만, 이 장에서 살펴볼 국기들처럼 예외도 있다. 아프리카 국가는 대부분 독립한 지 100년이 채 되지 않았기 때문에 국기에 얽힌 이야기도 꽤나 간결한 편이다.

과거 벨기에의 식민지였던 세 나라 콩고 민주 공화국, 르완다, 부룬디부터 시작해보자.

콩고 민주 공화국은 독특한 역사를 가지고 있다. 독립 전에는 벨기에령 콩고라 불린 식민지였는데, 그 전부터 이미 벨기에 국왕 레오폴드 2세의 사유지로 여겨졌다. 오스트리아 황제 프란츠 요제프는 그를 보고 뼛속까지 나쁜 사람이라고 칭했는데, 역사적 평가도 이와 별반 다르지 않다.

19세기 후반에 벨기에를 통치한 레오폴드 2세는 식민지에 대한 욕심이 아주 많은 사람이었다. 하지만 노른자 땅은 다른 유럽 국가들이 발 빠르게 먼저 채 갔으니 어찌하겠는가. 한동안 벨기에

콩고 민주 공화국(2006년 이후)

자이르(1971~1997년)

국제 아프리카 협회(1877~1885년),
콩고 독립국(1885~1908년),
벨기에령 콩고(1908~1960년)

는 스페인으로부터 필리핀을 사들이려고 애썼지만 결국 무산되자 아프리카 대륙에 집중하기로 했다. 이를 염두에 두고 레오폴드는 국제 아프리카 협회를 설립해 중앙아프리카 지역의 문명화와 발전을 목표로 하는 인도주의적인 단체로 위장했다. 이로써 레오폴드는 벨기에 면적의 72배에 달하는 콩고의 광활한 땅을 비롯해 아프리카 영토에 대한 권리를 확보할 수 있게 되었다. 거룩해 보이는 이름 뒤로 음흉한 속내를 숨겼던 이 단체는 푸른 바탕에 노란 별이 그려진 깃발을 사용했는데, 이 도안은 이후 식민지 깃발이 되었다.

레오폴드가 새 식민지에서 벌인 일은 인도주의와는 거리가 멀었다. 잔혹 행위가 판을 쳤으며 이로 인해 목숨을 잃은 사람이 1500만 명에 육박했다. 1904년에 찍힌 한 충격적인 사진에는 다섯 살짜리 딸의 잘린 손발을 바라보는 콩고 남성의 모습이 담겼는데, 딸과 아내는 그 남성이 그날의 고무 할당량을 채우지 못했다는 이유로 죽임을 당했다. 영국 작가 아서 코난 도일은 레오폴드 2세가 콩고에서 "인류 역사상 최악의 범죄"를 저질렀다고 쓰기도 했다.

콩고 민주 공화국은 1960년 벨기에로부터 독립했고, 오늘날 우리가 보는 국기가 콩고의 공식 국기가 되었다. 그러다 5년 후 군사 쿠데타가 일어났고, 새로운 지도자 모부투 세세 세코는 1971년 국명을 자이르로 변경했다. 새 국기에는 타오르는 횃불을 든 손이 그려졌다. 하지만 1997년 모부투가 실각하면서 옛 국명인 콩고 민주 공화국이 복원되었고 국기도 이전 국기로 돌아가게 되었다.

콩고의 현대 국기가 레오폴드 2세의 위선으로 시작된 국제 아프리카 협회 깃발을 계승하고 있다는 것은 분명해 보인다. 콩고인들이 벨기에의 흔적을 국기에 남기기로 결정한 것은 실로 놀라운 일이다.

이웃 나라인 르완다 국기도 푸른 바탕에 노란 태양을 담고 있다. 이 나라는 콩고 민주 공화국보다 2년 늦은 1962년에 벨기에로부터 독립했다.

르완다 역사에서 반복되는 테마 중 하나는 이 지역의 두 주요 종족인 투치족과 후투족 간의 갈등이었다. 1994년 후투족 출신의

르완다(2001년 이후)

르완다 공화국(1961~2001년)

르완다 대통령이 탄 비행기가 미사일 공격으로 격추되어 그가 사망하자 적대감은 절정에 달했다. 후투족 극단주의자들은 투치족을 상대로 잔혹한 대량 살상을 저지르기 시작했다. 당시 르완다 인구의 상당수가 폭력에 가담했으며 50만 명에서 100만 명 사이의 투치족과 온건파 후투족이 살해되었다.

40년 동안 르완다는 에티오피아 색상의 세로 줄무늬 삼색기를 국기로 사용했다. 처음에는 세 가지 색상뿐이었지만, 기니도 이것과 똑같은 국기를 가지고 있었기 때문에 몇 달 후 알파벳 R이 추가되었다. R은 르완다Rwanda, 혁명revolution, 국민투표referendum를 상징한다고 하니, 그중 가장 마음에 드는 것을 골라보시라.

2001년 르완다는 대량 학살이라는 참혹한 역사를 뒤로하고 새롭게 시작하기 위해 이전과 완전히 다른 디자인과 색상의 국기를 채택했다. 파란색은 행복을, 초록색은 번영의 희망을, 노란색은 경제 발전을 상징한다. 이후 르완다는 순조로운 경제 성장을 보이고 있으며 아프리카의 싱가포르라고 불리기도 한다. 부패 척결 순위에서 상위를 차지하고 있으며 GDP도 줄곧 높은 상승률을 유지하고 있다. 르완다의 기적 같은 경제 성장을 이룬 주인공은 자애로운 독재자로 평가받는 폴 카가메 대통령이다. 카가메는 서구식 민주주의를 따르지 않겠다고 말하는데, 다수파가 소수파를 거의 말살하다시피 한 나라에 그 방식은 적합하지 않기 때문이라고 한다.

이 독재 정권의 이면에는 꺼림칙한 면도 있었다. 2020년에는 카가메 정권에 다소 비판적인 입장을 취했던 사업가 폴 루세사비기나가 두바이에서 르완다 정보기관에 의해 납치되었다는 설도 흘러나왔기 때문이다. 후투족인 루세사바기나는 대학살 당시 1000명이 넘는 투치족의 목숨을 구한 인물이다.

사실 르완다가 독립하기 전에는 루안다 우룬디라는 식민지의 일부였으나, 그 지역은 이후 분리되어 1962년 르완다와 부룬디라는 두 독립국가가 되었다. 부룬디는 독립한 후로도 4년간은 이전과 같이 군주제를 유지했다. 그리고 처음에 국기 가운데를 차지했던 것은 신통력이 있다고 알려져 있는 전통 북인 카리엔다와, 부룬디의 주요 농산물인 수수였다. 왕정이 타도되어 공화국이 된 후에는 군주제의 상징인 북이 사라지고 수수만 국기에 남게 되었다.

하지만 수수도 자리를 오래 지키지는 못했다. 1년 후 국기에 육각별 3개가 등장했는데, 이 별들은 국가 표어인 '단결, 노동, 진보' 또는 투치족, 후투족, 트와족을 상징했다. 안타깝게도 르완다와 마찬가지로 부룬디의 투치족과 후투족도 평화롭게 공존하지는 못했다. 두 민족 간에 일어난 참혹한 내전은 1994년 부룬디 대통령이 르완다 대통령과 같은 비행기를 타고 가다 피살되면서 절

부룬디(1967년 이후)

(1966~1967년)

부룬디 왕국(1962~1966년)

정에 달했다. 두 나라의 대통령이 같은 비행기 추락 사고로 사망한 것은 이때가 유일하다.

　이제 한때 영국령 식민지였던 아프리카 국가들로 넘어가보자. 르완다와 국경이 맞붙어 있는 우간다는 독립 후 수차례 군사 쿠데타에 시달렸지만 그동안 한 번도 국기를 변경한 적이 없다. 국기 중앙을 장식한 관두루미는 영국이 식민지 깃발에 사용했던 것으로 이후 우간다의 국가 상징으로 채택되었다. 두루미가 한쪽 다리를 든 모습은 나라가 앞으로 나아가고 있다는 것을 의미한다. 하지만 안타깝게도 우간다는 크게 발전하지 못했는데, 그렇게 된 데

우간다(1962년 이후)

에는 이 나라의 세 번째 대통령이었던 이디 아민의 탓이 크다.

아민은 역사상 가장 잔인한 독재자 중 한 명으로 꼽힌다. 군사 쿠데타로 정권을 잡은 후 나라를 피로 물들였으며 온갖 농담과 만평의 소재가 되기도 했다. 아민은 제2차 세계대전 때 수여된 여러 훈장을 수집가들로부터 사들여 긴 재킷에 주렁주렁 달기를 좋아했다. 게다가 자신에게 '만물박사'니 '대영 제국의 정복자'니 '스코틀랜드의 왕'이니 하는 허황된 칭호를 멋대로 부여했다. 1975년에는 갑자기 미국과의 전쟁을 선포하고는 바로 그다음 날 자신의 승리를 선언하기도 했다.

1978년 아민은 탄자니아를 상대로 전쟁을 시작했다. 하지만 탄자니아는 그가 생각했던 것처럼 호락호락하지 않았다. 결국 탄자니아 군대는 우간다 군대를 제압하고 우간다 수도를 점령하기에 이르렀다. 아민은 전용기를 타고 리비아를 거쳐 이라크로, 최종적으로는 사우디아라비아로 도주했다. 이때 아민은 영국이 우간다의 독립을 기념해 선물한 국기와 국장 원본을 챙겨 갔다. 우간다는 사우디아라비아에 국기와 국장을 돌려줄 것을 공식적으로 요청했지만 아무런 답변도 듣지 못했다고 한다.

아민으로부터 우간다를 구해준 탄자니아의 국기에는 노란색 가두리 장식이 들어간 검은색 대각선이 중앙을 차지하고 있다. 이 국기는 과거 식민지였던 탕가니카와 잔지바르를 단일국가로 통일한 1964년에 공식 채택되었다. 새 국기는 이 두 나라의 국기를 조합하여 만들었는데, 탄자니아라는 국명 역시 두 나라의 이름을 합친 것이다.

보츠와나 국기 또한 검은 줄무늬와 가두리 장식을 특징으로 한다. 개인적으로 무척 단순하면서도 아름답다고 생각하는 국기다. 아프리카 대륙에서 흔히 쓰이지 않는 배색을 사용하였는데, 여기서 푸른색은 비를 상징하며 농업이 보츠와나 경제에서 매우 중요한 역할을 하기 때문이다. 국장에 '비가 내리게 하라'는 뜻의 국가 표어인 Pula가 적혀 있을 정도다.

검은 줄무늬는 흑인 원주민을, 흰 줄무늬는 소수민족을 상징한다. 이 둘의 결합은 인종 간의 우정과 화합을 상징하는 한편 얼룩말의 줄무늬를 연상시키기도 한다. 얼룩말은 보츠와나를 상징하는 동물로 국장에도 등장한다.

보츠와나가 독립을 얻게 된 배경을 알면 국기 속 줄무늬가 더욱 흥미롭게 보일 것이다. 보츠와나 역사를 화려하게 장식한 인물은 초대 대통령이 된 세레체 카마다. 세레체는 훗날 보츠와나가 된 영국 보호령, 베추아날란드의 왕족으로 태어났다. 제2차 세계대전 직후 영국으로 건너가 고등교육을 받았으며 1948년 영국의 백인

1964년 채택된
탄자니아 국기는…

잔지바르 국기와…

탕가니카 국기로 만
들어졌다.

보츠와나

여성과 결혼했다. 이 인종 간 결혼은 세레체의 집안뿐 아니라 남아프리카 연방 정부에도 일대 파란을 일으켰는데, 당시만 해도 아파르트헤이트법에 따라 인종 간 결혼이 금지되었기 때문이다.

남아프리카는 카마가 백인 아내와 함께 고국에 돌아오지 못하게 해달라고 영국 정부에 요청했다. 영국은 그곳에서 채굴되는 값싼 금 때문에라도 남아프리카와 각을 세울 수 없는 처지였기에 카마와 그의 아내를 베추아날란드에서 추방했다. 카마와 그의 아내는 1956년에야 일반인 신분으로 고국에 돌아올 수 있었다. 하지만 카마는 그곳에서 빠르게 정치 경력을 쌓아나가 결국에는 독립 국가 보츠와나의 초대 대통령까지 되었다. 보츠와나는 아프리카 대륙에서 가장 발전한 나라 중 하나로 성장했는데, 그렇게 되기까지는 카마의 공이 여러모로 컸다.

흥미로운 점은, 이야기가 조금만 다르게 전개되었더라도 보츠와나는 독립하지 못하고 영국이 원래 계획했던 대로 남아프리카 연방 소속이 되었을 수도 있다는 것이다. 하지만 남아프리카와

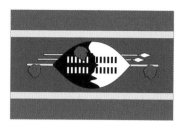

에스와티니(1968년 이후)

레소토(2006년 이후)

시에라리온(1961년 이후)

감비아(1965년 이후)

영국이 아파르트헤이트 문제로 충돌하면서 계획이 어긋났다.

남아프리카 연방에 속할 뻔했던 아프리카 국가는 두 곳이 더 있다. 바로 에스와티니와 레소토다. 이 두 나라의 국기도 남다른 개성을 자랑한다.

에스와티니 국기에서 가장 먼저 눈에 들어오는 것은 바로 흑백 방패다. 그 뒤로는 창 2개와 전투용 막대가 놓여 있다. 가만히 들여다보면 12장에서 살펴본 케냐의 국기가 떠오르는데, 아몬드 모양의 방패 뒤로 창 2개가 등장하는 형태가 꽤나 유사하기 때문이다.

레소토 국기에는 모코로틀로라고 하는 바소토족의 전통 머리 장식이 그려져 있으며, 아프리카 서부에 위치한 시에라리온의 삼색기와도 닮았다. 시에라리온 국기도 레소토와 마찬가지로 파란색, 흰색, 초록색의 가로 줄무늬로 이루어졌지만 그 순서는 정확히 반대로 되어 있다. 시에라리온이라는 국명은 '암사자의 산'을 뜻하는 포르투갈어에서 유래하였는데, 이 지역의 한 산맥을 사자의 산이라고 불렀기 때문이다. 애석하게도 이 아프리카 국가에 남아 있는 사자는 많지 않지만, 그럼에도 시에라리온은 사자 세 마리를 국장에 넣었다.

시에라리온과 이웃 나라인 감비아도 가로형 삼색기를 국기로 사용한다. 1965년 영국으로부터 독립한 후 국기를 채택해 한 번도 변경하지 않았다. 이웃 세네갈과 통합을 이루어 세네감비아 연합으로 존재했던 7년 동안에도 말이다.

영국이 거쳐 간
섬나라

이 책에서 나는 대영 제국을 다른 어떤 국가보다 자주 언급한 것 같다. 전 세계 어느 지역을 둘러보든 영국 식민지 개척자가 휩쓸고 간 흔적을 어김없이 마주치게 되기 때문이다. 영국과 한 번도 전쟁을 치러보지 않은 나라는 오늘날 전 세계에 22개국에 불과하다.

영국이 문장학에 기여한 바는 인정해야 한다. 다소 단조로워 보이긴 해도 각기 다른 깃발을 만들어준 것은 사실이니 말이다. 전형적인 영국 식민지의 깃발은 주로 푸른색이었고, 캔턴에는 유니언잭이, 오른쪽 원 안에는 독자적인 문장이 들어간 형태였다. 일반적으로 문장에는 주요 수출 작물이나 현지의 자연 요소가 묘사되었다. 그중에는 나이지리아 국기에 등장한 다윗의 별처럼 흥미로운 문화적 왜곡을 거친 경우도 있었다.

앞서 우리는 영국에 속했던 나라의 국기들을 대부분 살펴보았지만, 이 장에서는 그 밖의 나라들로 짧지만 흥미진진한 여행을 떠날 것이다.

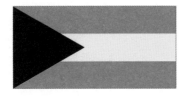

바하마(1973년 이후)

1869년부터 영국령 식민지였던 바하마 제도의 깃발. 중간에 성 에드워드 왕관이 튜더 왕관으로 교체되는 등의 작은 변화를 거쳤다.

먼저 카리브해부터 살펴보자. 이곳의 섬나라는 크리스토퍼 콜럼버스가 카리브해 지역에 우연히 도착하면서 서구 세계에 처음 발견되었다. 이후 유럽인들은 아프리카에서 노예를 들여와 사탕수수를 비롯한 작물을 재배하기 시작했다. 19세기에는 거의 모든 카리브해 섬이 영국의 지배를 받았다. 20세기에 이르자 그중 가장 성마른 나라들부터 독립하기 시작했다.

이 일대의 나라들 국기에는 파란색, 노란색, 초록색, 검은색이 대부분 포함되어 있고 그 의미 역시 비슷하게 정해져 있다. 파랑은 바다, 노랑은 태양, 초록은 자연, 검정은 지역 주민을 상징하는 식이다.

바하마 국기에서 가장 눈에 띄는 것은 아름다운 아쿠아마린 색상이다. 깃대 쪽의 검은 삼각형은 바하마 역사를 수놓았던 검은 깃발, 즉 해적기를 연상시킨다. 18세기 초 이 섬들은 해적이 주로 활동하는 지역이었는데, 그들은 두개골과 교차된 뼈 2개가 그려진 검은 깃발을 휘날리며 지나가는 배에 올라타 노략질을 일삼았다. 그래서 이 깃발은 해적에게 저항하면 험한 꼴을 당하게 되리라는 걸 선원들에게 경고하는 역할을 했다. 바하마에 정착한 가장 유명한 해적은 잉글랜드 출신의 검은 수염 선장으로, 그는 해적이 등장하는 수많은 창작물에 영감을 주었다.

영국은 이 섬들을 장악한 후 해적에게 거둔 승리를 바하마 국기에 기념했다. 영국 선박이 해적선 두 척을 쫓고 있는 이미지와 함께 '해적 추방, 상업 회복'이라는 뜻의 Expulsis piratis restituta commercia라는 문구를 국기에 넣은 것이다. 이 슬로건은 음반사들이 냅스터 같은 무허가 파일 호스팅 사이트를 폐쇄할 때 썼어도 적절했을 것 같다.

검은 수염은 이웃한 바베이도스의 역사에도 자신의 흔적을 남겼다. 바베이도스라는 국명은 스페인어와 포르투갈어로 '수염 난 사람들'을 뜻하는데, 최초로 이 섬에 상륙한 포르투갈인이 수염 같은 뿌리를 가진 무화과나무를 보고 이런 이름을 붙였다는 설도 있다.

바베이도스 국기는 세로 줄무늬 3개로 이루어졌다. 양쪽의 군청색 줄무늬는 이 나라를 둘러싼 바다를 상징한다. 중앙의 노란 줄

바베이도스(1966년 이후)

식민지 시대의 바베이도스(1870~1966년)

무늬에는 포세이돈을 상징하는 삼지창이 그려져 있는데, 윗부분만 잘려 있어 부러진 삼지창이라고도 불린다. 식민지 시대에 사용했던 바베이도스의 문장에서 가져온 삼지창이 부러졌다는 것은 영국 식민주의와의 단절을 상징한다.

주목할 점은 포세이돈이 그리스 신화에 등장하는 이교의 신이라는 사실이다. 기독교 국가의 국기에 이교도의 흔적이 남은 또 하나의 사례인 셈이다. 성 조지 십자가와 포세이돈이 한 국기에, 그것도 식민지 국기에 나란히 놓였다는 것은 특히 흥미롭다. 이건 마치 마블과 DC 코믹스의 히어로들이 한 영화에 함께 등장하는 수준 아닌가.

바베이도스 문장은 우크라이나 문장과 놀라울 정도로 비슷하다. 우크라이나도 국기에 파란색과 노란색의 두 가지 색을 사용하고 국장에 삼지창을 넣었다.

자메이카 또한 상대적으로 작은 카리브해 국가지만 세계 문화에 큰 영향을 미쳤다. 1494년 이곳에 지어진 포트 로열은 '세계에서 가장 사악하고 타락한 도시'로 악명을 떨쳤는데, 17세기 말에 연이어 일어난 대규모 지진과 해일로 거의 대부분 파괴되었다. 자메이카 해적의 습격으로 가장 큰 피해를 입었던 스페인 교회는 이 사고를 두고 하느님이 사악한 도시를 벌하였다고 말하기도 했다.

밥 말리의 고향이기도 한 자메이카는 매우 특별한 국기를 사용한다. 전 세계에서 빨간색, 흰색, 파란색 중 그 어떤 색도 쓰이지 않은 국기는 자메이카 국기가 유일하다. 물론 카타르 국기의 밤색

자메이카(1962년 이후)

처음 제안된 국기 도안

영국령 자메이카(1962년)

을 빨간색으로, 바하마 국기의 아콰마린색을 파란색으로 친다면 말이다. 일설에 의하면 1962년 독립 전날 자메이카는 국기 도안에 관해 영국과 의견을 주고받았다고 한다. 영국은 국기에 유니언잭 색상이 사용되기만 한다면 어떻게 만들든 상관하지 않겠다는 입장이었는데, 자메이카가 이를 듣고 정확히 그 반대로 했다는 것이다. 물론 지어낸 것이겠지만 참 아름다운 이야기가 아닐 수 없다.

　흥미로운 점은 자메이카가 원래 구상한 국기는 현재와 같은 색상을 사용한 평범한 삼색기였다는 사실이다. 하지만 이 국기 도안은 2년 후 탄자니아의 일부가 된 탕가니카 국기와 너무 비슷하다는 문제가 제기되었다.

앤티가 바부다(1967년 이후)

세인트빈센트 그레나딘(1985년 이후)

세인트루시아(2002년 이후)

식민지 시대 자메이카의 국기에는 다소 외설적인 문장이 들어가 있었다. 문장 속에는 맨가슴을 드러낸 소녀의 모습이 그려져 있었기 때문이다. 자메이카는 독립한 후에도 이례적으로 국장을 바꾸지 않았기 때문에 오늘날에도 이 소녀는 자메이카 국장 속에서 우리를 바라보고 있다.

앤티가 바부다 국기는 상당히 독특한 디자인을 자랑한다. 떠오르는 태양이 국기 중앙을 차지하고 있고, 흑백청의 가로 줄무늬가 승리를 상징하는 V자를 이루는 형태다. 바베이도스와 마찬가지로 바부다라는 국명도 '수염 난 사람들'을 뜻하는 포르투갈어에서 유래했다.

V자는 이웃 나라인 세인트빈센트 그레나딘의 국기에도 등장하는데, 여기서는 빈센트Vincent의 V를 뜻한다. 청황록의 삼색을 사용한 이 국기는 중앙의 노란 띠가 양쪽의 두 줄무늬보다 폭이 더 넓다. 이러한 디자인 요소를 캐나다 세로띠라고 부른다는 것은 2장에서 이미 배운 바 있다. 이 캐나다 세로띠에는 초록색 다이아몬드 3개가 V자 형태로 배열되어 있다.

이 독특한 국기를 만든 사람은 쥘리앵 판 데르 발이라는 스위스 디자이너로, 이전에 제네바주의 깃발을 도안하기도 했다. 이 섬들이 '앤틸리스제도의 보배' 또는 '카리브해의 보석'으로 불린다는 사실에서 영감을 얻었다고 한다. 마름모꼴의 다이아몬드는 국기 중앙에서 살짝 아래쪽에 배치되었는데, 이는 앤틸리스제도에서 세인트빈센트 그레나딘의 섬들이 차지한 위치를 반영한 것이다.

V자는 아주 작은 나라인 세인트루시아의 국기에서도 찾아볼 수 있는데, 여기서는 거꾸로 된 형태를 하고 있으며 사실상 일련의 삼각형에 가깝다. 이 삼각형들은 세인트루시아 섬에 있는 2개의 화산 원뿔을 상징한다. 전체 인구가 18만 명에 불과하지만 인구 대비 노벨상 수상자가 세계에서 가장 많은 나라로, 경제학과 문학 분야에서 각각 한 명씩 수상자를 배출했다. 서로 맞닿아 있는 검은색과 흰색은 보츠와나 국기와 마찬가지로 서로 다른 인종 간의 평화로운 공존을 상징한다.

프랑스와 영국의 식민 통치를 두루 거친 작은 섬나라 그레나다 또한 독특한 국기를 가지고 있다. 전설에 따르면 마르티니크의

그레나다(1974년 이후)   세인트키츠 네비스(1983년 이후)

임시 프랑스 총독이었던 자크 딜 뒤 파르케라는 사람이 1650년 프랑스 회사에 도끼 몇 자루, 유리구슬 몇 줄, 브랜디 두 병을 주고 이 섬을 샀다고 한다. 절대 손해 본 거래는 아니었으리라! 국기에 에티오피아 계열의 범아프리카 색상이 사용되었고 왼편에는 그레나다의 주요 수출품인 육두구 종자가 자리를 잡았는데, 대칭의 원칙을 깡그리 무시한 채 등장한 육두구는 이 섬나라의 별명이 향신료 섬이라는 사실을 우리에게 일깨워준다.

　세인트키츠 네비스도 에티오피아 계열은 아니지만 마커스 가비의 범아프리카 색상을 국기에 사용했다. 검은색 대각선이 국기를 가로지르고 있는데, 이는 아프리카의 뿌리인 지역 주민을 상징한다. 앞서 트리니다드 토바고 국기에서도 비슷한 대각선이 똑같은 상징으로 쓰인 것을 본 바 있다.

　이제 동쪽으로 빠르게 이동해 마다가스카르 너머로 가보자. 세이셸과 모리셔스는 비슷한 국기를 가진 섬나라다. 둘 다 주요 정당을 상징하는 밝은색과 특이한 구성을 사용했다. 나를 비롯한 우크라이나 동포들 눈에는 이 두 국기 안에 우크라이나 국기가 숨어

세이셸(1996년 이후)

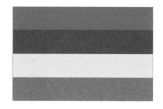

모리셔스(1968년 이후)

있는 것처럼 보일지도 모르겠다.

아프리카 남동부에 위치한 무인도였던 모리셔스는 1598년 네덜란드의 오라녜 공작 마우리츠가 점령하면서 식민지가 되었다. 모리셔스라는 국명 역시 전 세계 국기에 오렌지색을 선물한 마우리츠의 라틴어식 이름에서 따왔지만, 국기에 오렌지색이 사용되지 않은 것은 실로 아쉬운 일이다.

여기서 좀 더 동쪽으로 이동하면 파푸아 뉴기니가 나온다. 파푸아는 '곱슬머리'를 뜻하는 말레이어에서 유래했다. 현지인의 곱슬머리를 인상 깊게 본 한 포르투갈 항해사가 붙인 이름이라고 하는데, 뱃사람들이 머리털에서 힌트를 얻은 작명을 즐겼음을 알 수 있다. 국명에서 두 번째로 오는 뉴기니 역시 또 다른 포르투갈 탐험가가 이곳 주민을 보고는 아프리카의 기니 연안에 사는 종족과 비슷하게 생겼다고 하여 지은 이름이다.

파푸아 뉴기니 국기에는 남십자성과 이 일대에 서식하는 극락조의 실루엣이 그려져 있다. 수전 카리케라고 하는 15세 곱슬머리 학생이 이 국기를 도안했는데, 이 작업에 대한 보상은 거의 받

파푸아 뉴기니(1971년 이후)

지 못했다고 한다. 수전은 2017년에 가난하게 세상을 떠났다. 현지 언론 보도에 따르면 장례식은 3개월이 지난 후에야 치러졌는데, 총리실에서 국장을 치르겠다고 해놓고 끝내 약속을 지키지 않았기 때문이다.

마지막으로 태평양으로 건너가 남은 4개국 솔로몬 제도, 사모아, 키리바시, 바누아투의 국기를 살펴보자.

에티오피아 국기와 관련해 언급한 적 있는 성경 속 솔로몬 왕은 지구 이편에도 발자취를 남겼다. 스페인이 그를 기리며 이 섬들에 솔로몬이라는 이름을 붙였다. 아마도 이 땅이 성경 속 황금의 땅만큼 큰 부를 가져다줄 거라고 생각했을 것이다. 캔턴에 그려진 별 5개는 독립 당시 나라를 구성했던 5개의 주를 상징한다. 이후 주는 더 늘어났지만 국기의 별 개수는 그대로 유지되었다.

사모아 국기의 캔턴에도 별이 그려져 있다. 파푸아 뉴기니 국기와 마찬가지로 여기서도 별들은 남십자성 모양을 이루고 있다. 사모아 제도는 한때 단일국가를 이루었지만 역사의 격랑을 겪으

솔로몬 제도(1977년 이후)　　　　　　사모아(1949년 이후)

며 분리되었다. 서쪽 섬은 독립해 1997년까지 서사모아로 불리다가 이후 정식 국명을 사모아로 결정했다. 미국령 사모아로 불리는 동쪽 섬은 현재 미국의 미편입 영토로 남아 있다.

2011년 12월 사모아는 자국의 표준시를 변경했다. 경제적으로 밀접한 관계인 오스트레일리아와 시간대를 맞추기 위해 시계를 24시간 앞당긴 것이다. 이에 따라 12월 29일 다음에 12월 30일을 건너뛰고 바로 12월 31일이 오게 되었다. 반면 미국령 사모아는 미국 표준시를 유지했기 때문에 사모아에서 고작 50킬로미터를 이동했을 뿐인데 시간은 그대로고 날짜만 변경되는 기이한 상황이 발생하게 되었다.

이제 동서남북 반구에 모두 걸쳐 있는 세계에서 유일한 나라 키리바시로 넘어가보자. 눈썰미 좋은 사람이라면 키리바시 국기가 라트비아 소비에트 사회주의 공화국 국기와 닮았다는 사실을 곧바로 눈치 챘을 것이다. 라트비아 국기에는 물 위에 낫과 망치가 그려져 있는 반면, 키리바시 국기에는 힘, 자유, 키리바시를 상징하는 군함조와 태양이 그려져 있다는 점이 다를 뿐이다. 참고로 이

키리바시

라트비아 소비에트 사회주의 공화국

용감한 새는 활동 범위가 얼마나 넓은지 지구 거의 반대편에 있는 바부다섬의 깃발에도 등장한다.

키리바시 국기는 영국 식민지 시대에 사용했던 문장을 토대로 만들어졌다. 국가 문장을 관리하는 영국 기관 암스칼리지는 이 국기에서 물이 차지하는 비중을 줄이고 싶어 했다. 하지만 현지인들은 물이 국기의 절반을 차지하다시피 한 원안을 고집했다. 지금에 와서 보면 이 디자인은 무척 신랄한데, 이 작은 나라가 지구온난화로 인한 해수면 상승이라는 거대한 문제에 직면하고 있기 때문이다. 현재 인구밀도가 거의 도쿄와 맞먹는 키리바시가 기후변화로 인해 가장 먼저 바닷속에 잠기게 될 것이라는 예측이 나오고 있는 형국이니 말이다.

바누아투 국기에는 별이 전혀 등장하지 않는다. 대신 멧돼지의 엄니와 Y자 모양의 가느다란 가두리 장식이 사용되었는데, 이 국기를 도안한 현지 예술가에 따르면 Y자는 섬들이 모여 있는 모양을 구현한 것이라고 한다. 엄니 안에는 평화를 상징하는 소철나무 잎 2개가 서로 엇갈린 채 그려져 있다. 가지에 달린 작은 잎

39개는 초창기의 국회의원 수를 의미한다. 또한 X자 모양은 카자흐스탄과 키르기스스탄의 국기와 국장에서 발견한 디자인 요소와 비슷하다.

그러니 바누아투 국기에는 X자, Y자, 그리고 억지를 약간 부려보자면 Z자까지 들어 있는 셈이다. 알파벳의 마지막 세 글자 X, Y, Z가 모두 들어 있는 바누아투 국기. 이 의미심장한 국기를 마지막으로, 우리의 즐겁고 뜻깊은 깃발 대장정을 마치겠다.

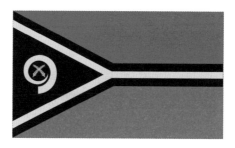

바누아투(1980년 이후)

맺는 말
세상을 더욱 선명하게 보는 방법

친애하는 독자 여러분, 드디어 책의 마지막 장에 이르렀다. 우리는 프랑스부터 바누아투에 이르기까지 전 세계의 모든 나라를 하나하나 살펴보았다. 어떤 장면은 실제로 벌어진 일이라고 믿기 어려울 만큼 터무니없어 웃음이 나고, 또 다른 장면에서는 피로 얼룩진 역사를 마주하며 마음이 무거워졌을지도 모른다. 그런 경험이 차곡차곡 쌓여 국기를 보는 눈도 조금은 달라졌으리라 생각한다. 이제 여러분은 스스로를 기학자라고 불러도 된다.

멀고도 낯선 나라들의 문화와 역사에 귀 기울여준 덕분에, 이 책은 누군가와 마음을 나눈 기록이 되었다. 이 여정을 함께 걸어준 여러분께 진심으로 고맙다는 말을 전하고 싶다. 책에서 다룬 이야기가 워낙 많았기 때문에 이 중에서 극히 일부만 기억나도 다행이다. 하지만 그건 중요치 않다. 막연히 지식을 습득하고 암기하는 것보다 흥미진진한 이야기를 만나거나 영감을 떠올리며 즐길 수 있는 책이 되었으면 한다. 우리는 일상 곳곳에서 국기를 마주치고 그럴 때마다 깃발에 얽힌 흥미로운 이야기가 줄줄이 생각날 테니 말이다.

국기는 지구상의 모든 나라를 한 번씩 들여다보고 그 나라에 대해 조금이나마 이해할 수 있게 하는 훌륭한 핑계가 되어준다고 생각한다. 나는 국기 덕분에 이 세계에 대해, 그리고 세상이 얼마나 놀라울 정도로 구석구석 연결되어 있는지에 대해 좀 더 선명히 알게 되었다. 여러분도 이 책을 읽으며 그렇게 느꼈기를 바란다.

지은이 | **드미트로 두빌레트**Dmytro Dubilet

우크라이나 드니프로에서 태어나 키예프 대학교와 런던 비즈니스 스쿨에서 공부했다. 기자와 은행가로도 일했고, 2017년 IT 회사인 펀테크 밴드를 공동 설립한 후 모노 뱅크를 출시하였으며, 2019년부터는 젤렌스키 정부의 내각 장관을 지냈다. 구글과《파이낸셜 타임스》가 선정한 뉴 유럽 100인The New Europe 100 list에 이름을 올리기도 하였다. 오랫동안 세계 곳곳의 국기와 깃발을 연구하며 알게 된 역사를 재치 있게 풀어낸『펄럭이는 세계사』는 우크라이나 러시아 전쟁이 일어나기 6개월 전에 처음 출간되었다.

옮긴이 | **한지원**

고려대학교 신문방송학과를 졸업하고 텍사스대학교에서 커뮤니케이션학을 공부했다. 현재는 좋은 책을 읽고 발굴하고 번역하며 살고 있다. 옮긴 책으로는『코카인 블루스』『말라바르 언덕의 과부들』『멘탈의 거장들』『편집 만세』『책을 먹는 자들』『호메로스의 딸』등이 있다.

펄럭이는 세계사

인간이 깃발 아래 모이는 이유

펴낸날 초판 1쇄 2025년 5월 12일

지은이 드미트로 두빌레트

옮긴이 한지원

펴낸이 이주애, 홍영완

편집장 최혜리

편집1팀 최서영, 김하영, 김혜원

편집 박효주, 강민우, 한수정, 홍은비, 안형욱, 송현근, 이소연, 이은일

디자인 윤소정, 김주연, 기조숙, 박정원, 박소현

홍보마케팅 백지혜, 김태윤, 김준영, 박영채

콘텐츠 양혜영, 이태은, 조유진

해외기획 정미현, 정수림

경영지원 박소현

펴낸곳 (주)윌북 출판등록 제2006-000017호

주소 10881 경기도 파주시 광인사길 217

홈페이지 willbookspub.com 전화 031-955-3777 팩스 031-955-3778

블로그 blog.naver.com/willbooks

트위터 @onwillbooks 인스타그램 @willbooks_pub

ISBN 979-11-5581-817-6 (03900)